U0534420

鄂温克族物质文化

朝克 卡丽娜 塔林 ■ 著

Material Culture of
Ewenki Nationality

中国社会科学出版社

图书在版编目(CIP)数据

鄂温克族物质文化 / 朝克，卡丽娜，塔林著 . —北京：中国社会科学出版社，2020.12
ISBN 978 – 7 – 5203 – 7663 – 1

Ⅰ.①鄂…　Ⅱ.①朝…②卡…③塔…　Ⅲ.①鄂温克族—物质文化—研究—中国　Ⅳ.①K282.3

中国版本图书馆 CIP 数据核字（2020）第 255963 号

出 版 人	赵剑英
责任编辑	马　明　李金涛
责任校对	王佳萌
责任印制	王　超

出　　版	中国社会科学出版社
社　　址	北京鼓楼西大街甲 158 号
邮　　编	100720
网　　址	http://www.csspw.cn
发 行 部	010 – 84083685
门 市 部	010 – 84029450
经　　销	新华书店及其他书店
印　　刷	北京明恒达印务有限公司
装　　订	廊坊市广阳区广增装订厂
版　　次	2020 年 12 月第 1 版
印　　次	2020 年 12 月第 1 次印刷
开　　本	710×1000　1/16
印　　张	19.5
字　　数	301 千字
定　　价	108.00 元

凡购买中国社会科学出版社图书，如有质量问题请与本社营销中心联系调换
电话：010 – 84083683
版权所有　侵权必究

前　言

　　鄂温克族是一个跨境民族，"鄂温克"（Ewenke）是该民族的自称，主要表示"从高山上走下来的人们"之意。鄂温克族作为一个跨境民族，主要生活在我国东北及新疆地区，以及俄罗斯的远东及西伯利亚地区，据不完全统计，鄂温克族总人口有 17 万余人。其中，在我国境内生活的鄂温克族约有 32000 人，占总人口的 13% 左右。这么一来，约占 87% 的鄂温克族生活在俄罗斯，那里的鄂温克族被人为地分成 Ewen、Ewenke、Nigdaar 等不同民族。再有，蒙古国北部库苏古尔省和日本北海道网走地区也生活着一些鄂温克族，他们分别被称为查嘎坦人 Chgatan（察坦人、查坦人）和乌依勒塔人 Uilta，但他们基本上失去了母语，使用蒙古语及日本语，人名也都变成了蒙古语名及日本语名。为了把我国境内和俄罗斯的鄂温克族划分清楚，在我国把俄罗斯鄂温克族的称谓用汉语转写成"埃文""埃文基""涅基达尔"等。事实上，这些都是属于不同方言土语区或生活区的鄂温克人的不同叫法，他们原本属于一个民族。我国境内的鄂温克族主要分布在内蒙古自治区呼伦贝尔市辖的辽阔草原和广袤的兴安岭。另外，在黑龙江省齐齐哈尔市、讷河、嫩江、甘南等市县也散居着一些鄂温克族。同时，在新疆维吾尔自治区的伊犁地区还有一小部分鄂温克族。鄂温克族有本民族语言，叫作鄂温克语，语言系属上属于阿尔泰语系满通古斯语族通古斯语支。鄂温克语有极其严谨而自成体系的语音系统和语法形态变化规则，内部还分有多种方言土语。我国境内的鄂温克族没有本民族语言文字，所以他们的孩子们从幼儿时期起就用汉文或蒙文学习文化知识。不过，我在美国进行学术交流的时候，亚利桑那州立大学的杰姆森教授给过一本叫《古代字》的书，该书中就提到早期鄂温克族的先民使用过一种写在桦树皮上的特殊文字系统，后来却消失得无影无踪。为寻找该文字，我还和杰姆森教授等人搞了三年合作研究，并到我国境内的所有鄂温克族生活区域进行过实地调研，但最后还是没有找到与鄂温克族桦树皮古代字相关的任何历史文献资料，我们反倒发现鄂温克族喜欢在桦树皮上画画写写的传统习俗和爱好，这给我们留下许多思考和问题。俄罗斯境内的鄂温克族，在20世纪30年代就创制了斯拉夫字母的鄂温克文，一直到现在还在使用，不过其文字的使用率变得越来越低。现在他们的小学里虽然也在教鄂温克语，也有相当成熟而精致的鄂温克语教材，但孩子们还是把精力放在学俄文上。总之，无论是我国境内的鄂温克语，还是俄罗斯的鄂温克语，都已进入濒危状态，他们中的母语使用者变得一天比一天少，使用汉语、俄语、蒙古语的人越来越多。

鄂温克族是一个具有悠久历史和优秀传统文化的民族。在南北朝（公元420—589年）时期，居住于贝加尔湖以东、额尔古纳河、外兴安岭南北和黑龙江中、上游地区的室韦诸部中的"北室韦""深末恒室韦""钵室韦"与鄂温克族先民有历史渊源关系，而《新唐书》中记载的"鞠部"涵括鄂温克族祖先。再有，鄂温克族先民同汉至晋时期的挹娄、南北朝时期的勿吉、隋至唐时期的黑水靺鞨、辽代的女真人等都有同根同族的历史来源。鄂温克族又是创造寒带及寒温带山林地区自然牧养驯鹿的民族之一，他们自然牧养驯鹿的年代甚至可能早于其他北极圈民族或族群。鄂温克族历来以勇猛善战著称，他们先民的历史几乎没有离开过战争，在辽、金、元、清的重大战役中作为该民族先民的通古斯人和鄂温克人做出了巨大牺牲。特别是在清代统一和保卫疆土的战争中发挥了十分重要的作用，这也是该民族人口锐减的根本因素。与此同时，他们创造了极其丰富的驯鹿语言文化。另外，他们的先民早在8世纪之前，就充分运用自然牧养驯鹿的生产经验和方法，从山林走入平原，开始接触和经营草原上的野牛、野马、野羊等，进而开发和拓展草原上的畜牧产业。到了13世纪初，一部分鄂温克族先民已开始从事温寒带地区农耕生产，迈入农耕文化社会。

鄂温克族在不同历史阶段有过不同称谓，直到20世纪50年代我国境内的鄂温克族还分别被称为 Solong "索伦"、Tungus "通古斯"、Yakuut "雅库特"、Honkor "洪库尔"、Kamnigang "喀木尼堪"、Teke "特格" 等。其中，被称为"索伦"的鄂温克族人口最多，占本民族的 85% 以上，他们基本上生活在辉河、伊敏河、莫和尔图河、雅鲁河、济沁河、绰尔河、阿伦河、格尼河、诺敏河、甘河、油漠尔河流域，主要从事畜牧业和农业生产活动，被称为"索伦"的鄂温克族也叫"洪库尔人"；被称为"通古斯"的鄂温克族主要居住于呼伦贝尔锡尼河与莫日格勒河流域的辽阔牧场，几乎都经营草原畜牧业生产，他们的人口占鄂温克族的 14% 左右，布里亚特蒙古人习惯于称他们为"喀木尼堪人"；被称为"雅库特"的鄂温克族人口最少，只占总人口的 1%，居住于额尔古纳河右岸，并从事山林中自然牧养驯鹿的传统生产活动。这部分鄂温克人，在历史上还把狩猎业和农业作为副业经营过。甚至，在俄罗斯远东地区生活期间，其中一些人一度经营过相当有规模的农业生产。远东地区的一些民族或族群，称"雅库特"的鄂温克族为"特格"。总而言之，由于鄂温克族生活地域或社会环境与条件的不同，在历史上有过诸多别称。1957 年，我国根据鄂温克族全体人民的要求，取消对他们的各种称呼与叫法，将他们的族称统一为"鄂温克"。并于 1958 年 8 月 1 日成立鄂温克族自治旗，成为我国三个少数民族自治旗之一，从此鄂温克族进入了新的历史发展阶段。

在漫长的历史进程和社会发展实践中，生活在不同地域、不同自然环境、从事不同生产活动的鄂温克族，用共同的劳动和智慧创造出了许许多多属于他们自己并属于人类的弥足珍贵的物质文化，这些丰富多彩而独具风格的文化生活几乎涵盖物质生活的各个领域。比如说，其中就有桦树皮文化、木雕文化、骨雕文化、奶食文化、肉食文化、毛皮文化、木车文化、雪橇文化、木房文化、游牧包文化、仙人住文化、婚俗文化、驯鹿文化、狩猎文化、游牧文化、山林文化、草原文化以及历史文化等。尤其可贵的是，他们这些文化除了浓重的民族特征之外，还体现出各自不同的地域性、自然性、文化性、生活性、生产性和生命性。

中华人民共和国成立以后，经过半个多世纪发展，鄂温克族的生活产生了翻天覆地的变化，他们的物质生活内容、生产方式、生存环境都在发生着历史性的变迁和发展。他们住进了高楼、砖瓦房，用上了全新的家用电器和现代化生产用具，开上了汽车，拥有了现代化的牧场、农场和生活区。他们还有了自己的工业产业、现代化的畜牧产业、加工产业、旅游产业和文化产业。特别是，畜牧产业、民族特色的加工产业、民族品牌的文化产业和富有浓郁的地方特色和民族风格的旅游产业发展得十分迅速，进而成为他们的经济社会又好又快稳步、快速、理想发展的重要因素和条件。他们每年以鄂温克族生活区域内草原"敖包会"、民族节日"瑟宾节"、冬季"那达慕"等为纽带开展丰富多彩的文化活动、旅游活动，伴随而来的经贸洽谈等各种活动为鄂温克族的繁荣发展，为建设他们更加美好幸福的家园注入了无穷活力。但是，日新月异的发展变化，以及快速崛起的现代一体化生活，无情地冲击着他们用生命和信仰传承的传统文化，使他们的传统文化面临着严峻的挑战，而且全范围地走入了濒危或严重濒危状态。从这个意义上讲，本书的出版具有文化遗产抢救保护和弘扬优秀传统文化的重要意义和作用。

鄂温克族同鄂伦春族、赫哲族、锡伯族、满族等均有族源关系，同蒙古语族诸民族、突厥语族诸民族、朝鲜族等也有不同程度的深层关系。另外，还和俄罗斯远东和西伯利亚地区的诸民族、日本人和日本的阿伊努人、北欧的萨米人、北美的因纽特人和印第安人等均有不同层面的共有关系。所以说，鄂温克族物质文化研究显得更为重要，我们可以通过鄂温克族物质文化，从另一个侧面去了解东北亚及北极圈远古的物质文化与文明。这也是本书的现实价值和长远的历史意义。

目　　录

第一章　鄂温克族服饰文化 …………………………………（1）
　　第一节　服饰文化的结构性特征 ……………………………（3）
　　第二节　服饰原料及其加工艺术 ……………………………（17）
　　第三节　服饰纹样 ……………………………………………（32）
　　第四节　索伦鄂温克族服饰文化 ……………………………（48）
　　第五节　通古斯及雅库特鄂温克族服饰文化 ………………（55）
　　第六节　富有民族文化象征意义的帽子与手套 ……………（63）
　　第七节　服饰文化的发展与变迁 ……………………………（75）

第二章　鄂温克族饮食文化 …………………………………（81）
　　第一节　奶食文化 ……………………………………………（83）
　　第二节　茶食文化 ……………………………………………（96）
　　第三节　肉食文化 ……………………………………………（104）
　　第四节　野味肉类饮食文化 …………………………………（113）
　　第五节　肉菜类饮食文化 ……………………………………（117）
　　第六节　面食类饮食文化 ……………………………………（124）
　　第七节　自然类饮食文化 ……………………………………（136）
　　第八节　传统与现代饮食文化的交融 ………………………（142）

第三章　鄂温克族居住文化 …………………………………（146）
　　第一节　仙人住 ………………………………………………（147）

第二节　游牧包……………………………………………（155）
　　第三节　圆木屋……………………………………………（162）
　　第四节　鄂温克族其他住房及其结构特征………………（165）

第四章　鄂温克族交通运输文化……………………………（172）
　　第一节　桦树皮船…………………………………………（173）
　　第二节　冰雪上的交通工具………………………………（187）
　　第三节　航盖车……………………………………………（194）
　　第四节　骑用交通工具和其他交通工具…………………（204）

第五章　鄂温克族生活与生产用品文化……………………（209）
　　第一节　传统生活用品用具文化…………………………（210）
　　第二节　传统生产用品用具文化…………………………（231）

附录一　鄂温克族传统风俗习惯……………………………（253）

附录二　民族地区现代化进程中要充分保护传统文化……（277）

附录三　关于本土文化与经济社会的发展…………………（292）

参考文献………………………………………………………（300）

后　语…………………………………………………………（303）

第一章
鄂温克族服饰文化

　　服饰是人类最为基本、最为基础的生活需求、生活需要、生活要素，也是人类文化的重要组成部分、人类文明进步的主要标志之一。服饰不仅有遮掩和保护身体、祛寒保暖、避免蚊虫叮咬等诸多功能和作用，同时又是特定自然环境、特定地域、特定历史条件、特定社会、特定年代的产物。通过所穿服饰，人们可以辨别不同国家和地区、不同的生存环境和条件、不同的文化与文明，也可以看出不同的民族、不同的族群、不同的人们和群体。我们还可以通过服饰的样式设计、面料选用、颜色组合等了解人们的不同阶级属性、社会关系、政治地位、经济条件、职业属性、职务类别、性别、年岁差异、生活习俗、兴趣爱好、性格特征、生活态度、文明程度、文化知识、伦理道德、思想理念、宗教信仰等诸多方面。众所周知，古往今来的人类文化与文明中，服饰文化的产生和发展占据着不可忽视的重要地位。人类最早的先民，用自身丝状毛物遮掩身体，不需要用衣物等来取暖保温。后来，由于人类食用熟食及食盐的逐渐增多，人体上的丝状毛物变得越来越少，接着就出现了遮掩人类生殖器官的遮挡物。再后来，又出现了保护皮肉、防护外伤、防备曝晒、遮雨挡风、祛严寒保体温的缝制粗糙、加工简单的所谓毛皮衣物。伴随人类劳动质量的提高及大脑的不断开发，创造出各色各样、各具风格、各有特点、花样繁多、功能齐全，代表不同民族、不同文化内涵的服饰文化与文明。从严格的意义上讲，服饰文化的变迁，以及服饰文明发展变化的历史，也能够从另一个侧面看出人类文明发展进步的基本情况和轨迹。

如前所述，通过不同民族的不同服饰及服饰文化与文明，能够看出他们的不同发展程度，也能够看出他们生活的特定自然环境和自然条件，以及他们从事的不同生产活动，甚至可以看出他们不同的社会地位、不同的身份、不同的审美价值等。正因为如此，服饰中包含有诸多文化内涵、文化要素、文化题材、文化符号、文化影像，以及与文明和文化的发展密切相关的历史的、社会的、政治的、经济的、民族的印记与概念。例如，因纽特人的服饰就会告诉人们他们生活在严寒的北极；阿拉伯人的服饰使人可以了解到他们的沙漠生活与文明；埃塞俄比亚人的服饰说明着他们贫困的生活；日本渔夫服饰展示着他们岛国的渔民文化；蒙古族长袍与长靴子张扬着他们的马背牧业文明；军服能够清楚地说明他们的军衔及服役年限；校服使人看清他们是小学生还是初中生或是高中生；白领的服饰表明了人们的公职身份；航空小姐的服饰鲜明地凸显她们的空姐风采；犹太人或回族人戴的帽子可以说明他们的不同宗教信仰；朝鲜人的服装能够明确地显示出独特的民族风格；我国"文革"时期的服饰完全可以说明那一特定历史阶段的政治运动，等等。只要我们仔细、认真、全面地观察不同地区和不同民族的服饰，包括他们的制作或缝制衣物鞋帽的不同原料、不同颜色、不同的线、不同样式、不同花纹、不同衣扣等，均可以看出许多值得思考的话题和要写的内容。说实话，服饰文化的内容极其丰富。其实，人们所说的服饰也就是指人们从头到脚穿在身上的衣物和鞋帽等，包括上衣、裤子、大衣、长袍、帽子、围巾、手套、鞋、袜子，以及领带、头饰、纽扣、胸针、遮阳伞和提包佩饰等。与服饰相关的这些内容，似乎无一例外地表现出不同民族的区别性特征，甚至成为区别于其他民族的一个个标志性因素。特别是，对于失去母语的民族来讲，有其鲜明民族特征的服饰，在民族认同、民族意识、民族识别等方面发挥着一定积极作用。而且，不同民族的服饰，伴随人类文明的进步，也会产生不同程度的变化。鄂温克族作为我国东北古老的民族之一，其服饰文化自然也有他们的独到之处。

鄂温克族在自身发展的漫长历史进程中，用他们共同的劳动和智慧，用他们勤于劳动的双手和善于思考的大脑创造出了适合我国温寒带草原、山林、农牧场生产生活的服饰文化与文明。所有这些，不只是属于他们物质文化世界的一个重要组成部分，同时也成为我国少数民族大家庭中不可或缺的服饰文化及文明。

第一节 服饰文化的结构性特征

说到鄂温克族服饰文化的结构性特征，首先要弄清楚它具有的极其突出而鲜明的自然性、地域性、历史性、民族性、传承性和生产生活性等特征。而且，这些特征都毫无保留且十分突出地表现在他们的服饰上。人们通过他们的衣着打扮，基本上能够看出他们是东北人口较少的民族——鄂温克人。那么，鄂温克族服装究竟有哪些显而易见的结构性特征？这个问题还得从历史说起，因为鄂温克族早期先民穿戴的一些服饰，伴随自然环境和条件及生存地域和地区、生活物资和资源、生产活动和方式等的改变，在不同历史发展阶段，有过不同的变化和发展。但是，其中一些核心的部分，包括服饰的缝制方法、服饰的基本款式、服饰的结构性特征等被传承了下来。

历史上，鄂温克族的先民曾在贝加尔湖、外兴安岭及黑龙江流域直至库页岛的辽阔地域和海域上捕鱼、狩猎、采集、游牧，过着衣食无忧、十分富有的美好生活。也就是说，鄂温克族的早期生产生活活动中，还有一个十分显著的特征，那就是他们的先民选择生活区域时，一定要靠近大海或江河湖泊，这也进一步证实了鄂温克族先民的生产生活活动中，渔猎或渔业是主要生产活动内容。现在的鄂温克族也是如此，习惯于以江河名称来相互称呼。比如说，杜拉尔鄂温克、伊敏鄂温克、辉鄂温克、莫日格勒鄂温克、讷河鄂温克等，都是分别指生活在杜拉尔河、伊敏河、辉河、莫日格勒河、讷河两岸的鄂温克族。这就自然而然地引申出作为鄂温克族先民早期服饰文化组成部分之一的鱼皮服饰（见图1-1）。可以说，鱼皮服饰是鄂温克族最早期的衣物之一。鱼皮服饰有很强的防水和防潮气的作用，对于鄂温克族先民从事的渔业生产有很多益处，进而成为他们赖以生存的一个重要的物质条件。正因为有了防海水、防雨水、防潮气，又能够防海风、防刺骨的凉风的鱼皮服

4　鄂温克族物质文化

图1-1　通古斯人的鱼皮服饰

饰，他们才能够长时间在海上或江、湖上进行渔业生产。在早期，鄂温克族先民生活的海岸及江河湖泊都属于大家共同经营的自然渔场，也是他们主要的衣食来源。他们不仅每天选择性地食用不同种类的鱼肉，同时也要精心加工用鱼皮缝制的各种服饰，包括鱼皮裤子、鱼皮套裤、鱼皮上衣、鱼皮半长袍子、鱼皮靴子、鱼皮帽子、鱼皮手套等，还有缝制的精美小书包、针线包、小兜子等。他们每次出去捕鱼时，都要有充分的准备，考虑好捕什么种类的鱼，哪类鱼在什么季节或什么时段不仅肉好吃而且鱼皮也好做衣物等问题。在具体捕鱼时，在不同季节选择不同种类的鱼，还要选择长大成形的大鱼来捕捞。大鱼的皮不仅有一定的厚度和韧性，而且加工起来比较方便。鱼皮衣服十分结实耐用，它有先天的耐磨耐水的特殊性能，是鄂温克族渔民在水面上从事渔业生产最为理想的劳动服装，也是他们在雨水多的季节，在室外从事各种生产活动时最喜欢穿的防雨水的衣物。不过，鱼皮衣服的御寒保暖功能比较差，在严寒的冬季穿鱼皮衣服不太合适。正因为如此，鄂温克族渔民到了冬季，都会把鱼皮衣服脱下来，换上用各种兽皮缝制的毛皮衣服。他们用鱼皮缝制的帽子和长筒靴子，虽然也有一定防寒保暖的作用，但到了冬季他们还是把鱼皮帽子和靴子都收起来，换成用动物毛皮制成的长毛皮帽子或毛皮靴子。很有意思的是，鄂温克族先民还用大小不同的鱼刺，加工出大小不等的缝衣服的骨针。在他们看来，鱼刺或鱼骨弯曲的部分，在缝制鱼皮衣服时能够恰到好处地发挥作用。所以鱼刺针深受妇女们的喜爱。他们缝鱼皮衣服的线也是由鱼皮加工而成。不过，也有用各种野生动物的筋加工而成的、粗细不一的线来缝制鱼皮衣服的情况。在鄂温克人的服饰文化中，鱼刺针的使用时间要早于松木针。对此，我们在想，鱼刺针或许是人类最早发明的缝制衣物的工具之一。鱼刺鱼骨针和鱼皮线等的出现和广泛使用，使鄂温克族服饰文化与文明得到意想不到的快速发展。毋庸置疑，鱼刺针和鱼皮线等的使用是鄂温克族鱼皮服饰文化走向成熟的必然前提，也是他们的鱼皮服饰兴起、发展的理想时期，充分反映出鄂温克族早期服饰的自然性、地域性、历史性、民族性和生产生活性等特征。

实际上，关于鄂温克族早期渔业生产生活方面留下的历史文献资料十分少，几乎没有用文字记录记载的资料。更加令人遗憾的是，现在的鄂温克族里传承早期鱼皮衣服制作工艺的人一个也没有，人们对于鱼皮衣服的记忆也都变成遥远的过去，在他们的记忆中这段历史几乎变得一片空白。尽管如此，鄂温克族先民鱼皮衣的缝制方法、服饰的基本款式、服饰的结构性特征却传承了下来，并对兽皮、驯鹿皮、牛羊皮服饰的缝制产生了重要影响。结果，这些兽皮服饰文化却流传至今，同样为他们的传统服饰传承和发扬光大发挥着积极作用，也成为鄂温克族向世人展示其悠久而古老的服饰文化与文明的一个主要方面。

众所周知，由于人类历史的不断变迁、自然环境和条件的不断变换、社会结构与制度及形态的不断变革，以及鄂温克族生活的宁静祥和的海域及大江大河流域不断发生的不同民族或族群间的各种冲突与战争，给鄂温克族的生产生活带来极大负面影响。再加上，他们生活区域外来移民的不断增多，使生活在俄罗斯西伯利亚及远东的一部分鄂温克人，放弃经营多年的渔业生产和牧养驯鹿的产业，放弃他们多年生活的美丽家园，走向了辽阔富饶的大草原及美丽如画的大小兴安岭，同生活在这里的鄂温克族一起开始了真正意义上的草原畜牧业生产生活。他们在辽阔无边的草原上从事牧养牛、马、羊和骆驼的畜牧业生产，在美丽富饶的兴安岭经营自然牧养羊、驯鹿生产活动。与此同时，他们一直将传统的渔业生产和狩猎生产作为副业来经营。然而，在那时，无论是在辽阔富饶的呼伦贝尔大草原上牧养牛、马、羊的鄂温克人还是在兴安岭深处的牧场上自然牧养驯鹿的鄂温克人，他们身上穿的绝大部分是用野生动物皮或用牛、羊皮等加工而成的服饰。缝制衣服时，用的是动物骨头精心加工的骨针，以及用动物强硬的筋加工而成的筋线。甚至，在严寒的冬季，他们在游牧包或"仙人住"中用的也都是用各种动物毛皮缝制而成的、防寒性能高、轻便耐用、易于携带的被褥。不过，生活在牧区，从事牧养牛、马、羊生产活动的鄂温克人，一般用绵羊皮或山羊皮缝制毛皮被褥；生活在山林里、经营自然牧养驯鹿产业的鄂温克人，几乎都用犴、驯鹿、熊、狍子等的毛皮缝制被褥。她们还专门给小孩用小牛犊皮及小羊羔皮，或用犴腿皮或狍腿皮制成小巧玲珑、美丽可爱、生动活泼的毛皮服饰。她们还喜欢在毛皮衣服的衣领、衣袖、衣边及胸部绣上各种颜色的花纹、图案或缝上多种颜色的毛皮来做装饰。

  谈到鄂温克族的毛皮服饰，主要关系到牧区及林区生活的鄂温克人。换句话说，生活在草原牧区并经营牧养牛、马、羊、骆驼等家畜牧场的鄂温克人，以及在兴安岭深处的山林牧场牧养驯鹿的鄂温克人，在制作毛皮服饰方面积累了相当丰富的经验，且有十分精细的制作技巧，还有极其丰富的款式和花样及种类。比如说，有皮袍、皮衣、皮裤、皮套裤、皮帽、皮手套、皮靴、皮袜、皮腰带、皮鞋带、皮包等。其中，绝大部分是由鹿、犴、狍、牛、羊、马等的皮或毛皮制作而成。所有这些服饰，在当初的经济社会条件下，对于他们从事的畜牧业生产生活产生过积极影响，发挥过积极作用。这些毛皮服饰，同样包含有特定历史发展阶段的特殊属性（见图1-2）。

  伴随棉质布料的不断普及，加上外来移民的逐年增多，鄂温克族生活的农区、牧区、山区、林区出现了进行易货交易的流动性商人。鄂温克人用野

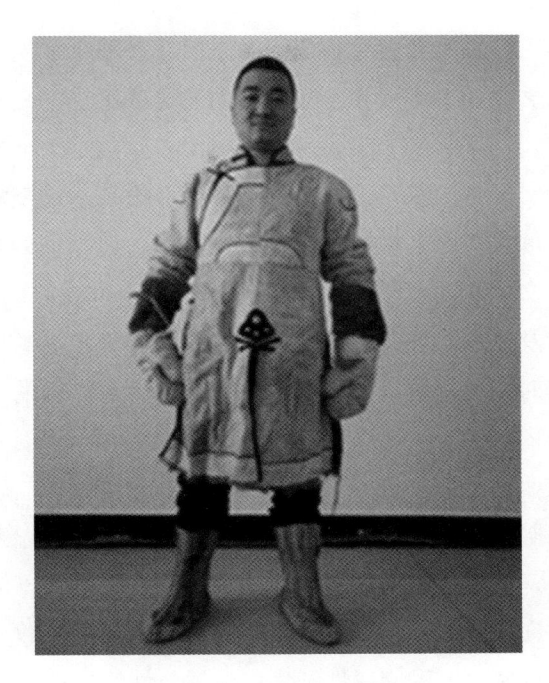

图1-2 鄂温克人的毛皮服饰

生动物（如牛、马、羊、鹿）的毛皮，从前来进行易货交易的商人那里换取各种布料或绸缎。鄂温克人用布料主要做内衣、内裤、上衣、裤子，以及毛皮衣服的里面料，就这样鄂温克族穿布衣的人多了起来。那时，她们还没有棉花做棉衣，所以用布料做的单面衣裤或带里子的双面衣等，只能在夏季或春秋季节穿用，在冬天或寒冷的季节，他们还是穿缝有衣面的毛皮衣。与此同时，这些地区的鄂温克族老年人，还是更喜欢或更多的时候穿本民族传统毛皮衣物。尤其是生活在纯牧区或山区的鄂温克人，绝大多数时间穿的是长袍，很少穿用布料或布棉缝制的短衣。在我们看来，这主要取决于草原或山林畜牧业生产活动的需要，也是这些区域的寒冷气候所决定。

远古时期，兽皮或毛皮服饰几乎对所有族群或民族的生产生活活动发挥着举足轻重的作用。鄂温克族早期生活也不例外，他们的服饰文化与文明，与兽皮及毛皮服饰同样有极其重要的联系。从他们兽皮及毛皮原料加工的复杂工序、巧夺天工的缝制手法、丰富多样的衣物样式及穿戴形式等进行全面观察分析，就会充分领略和感受到他们的先民在寒温带和温寒带地区创造的兽皮及毛皮服饰文化的多样性和丰富性，以及这些服饰的结构性能及特定使用价值等。可以说，鄂温克族先民在寒温带地区与温寒带地区的往返迁徙中，用他们劳动、勤劳的双手、智慧的头脑创造出了适应寒温带和温寒带地区自然气候条件的毛皮服饰文化。这些毛皮服饰，在他们的日常生活，包括各种生产活动、文化活动、节庆活动中，已成为不可或缺的重要组成部分。他们传统的兽皮及毛皮服饰文化，给现在的人们展现出极其珍贵的早期服饰文化与文明。同时，也提供给人们十分鲜活、立体、本真的早期毛皮服饰第一手资料。我们还通过这些毛皮服饰，进一步深入探索鄂温克族先民在从事草原或山林畜牧业生产活动时期，穿的衣物及其不同款式、不同结构类型。还可以通过这些服饰，了解鄂温克族早期生活的寒温带或温寒带地区的气候情况及自然条件，还有他们用共同的劳动和智慧创造的我国温寒带草原与山林兽皮及毛皮服饰文化内涵，以及与草原和山林牧场的畜牧业生产融为一体的自然属性、地域属性、民族属性和生产生活属性等特征。

那么，谈到现在的鄂温克族服饰，根据地域的不同出现了各自独立性较强的服饰文化。而且，这些服饰文化均有各自的款式及结构性特征，鄂温克人内部不用开口说自己是哪里的人，大家从彼此的服饰款式、结构、特征，就能看得一清二楚。所以说，鄂温克族不同地区的人有其不同的服饰文化与文明。有些地区的鄂温克人把早期传统服饰保存得较好，有些地区的鄂温克人在早期传统服饰上增添了不少新的内涵和内容，有些地区的鄂温克人对早期传统服饰做了大胆的创新改造，这都是鄂温克族早期传统服饰呈现千差万别风格的原因所在。这些问题的出现，以及同一个民族服饰文化中拥有的如此丰富的款式、色彩、花样及其绚丽多彩的内容和形式，自然引起了人们对于鄂温克族服饰的极大兴趣和关注，也自然成为我国少数民族服饰文化与文明的一个重要内容，成为研究我国少数民族服饰文化发展变化现象的主要素材之一。在我们看来，鄂温克族服饰发展变化到今天，呈现出以下几个方面的结构性特征。

一是，鄂温克族服饰文化中虽然隐含有早期寒温带地域特征，但它现已完全属于我国东北温寒带地区的服饰类范畴。而且具有了温寒带地域特有的四季分明的区别性结构特征，服饰的原材料、款式、花样、颜色等，都根据季节的不同，分有春夏秋冬四季鲜明的区别性特征。不同季节的服饰有各自不同的结构性特征、功能和作用，其缝制手法、缝制衣服的针线、选用的布料或动物毛皮，包括布料和动物毛皮的颜色等都有严格意义的讲究和明确的区分。比如说，冬季穿的是毛皮长袍，夏季穿的是单面布料或双面布料长袍，春季和秋季穿的是夹棉的布长袍；布料和毛皮的颜色上，冬季以深蓝色、深灰色、深绿色为主，夏季服饰以绿色、蓝色、粉色、红色及花色等五颜六色的靓丽颜色为主，春季服饰以灰色、淡绿、淡黄等颜色为主，秋季服饰以深黄色、棕色为主；毛皮原料的使用上，冬季使用加工好的柔软且毛又长又密的毛皮，春季和秋季主要使用加工好的柔软耐用的短毛皮或有一定厚度的动物皮，夏季则使用精细加工的薄皮；布料使用要讲究它的厚度，不同季节使用的布料厚度有所不同。比如说，冬天的衣服用的布料最厚，其次是春季布料的厚度，再就是秋季布料的厚度，夏季缝衣服或长袍用的布料都很薄。另外，在针线的使用上，也有不同的讲究和要求。比如说，缝制冬季衣服或长袍的针要又粗又长，使用的皮线或棉线也有一定粗度；缝制春季或秋季衣服或长袍的针要处在不粗不细、不长不短的程度，线也要用不粗不细的皮线或棉线；缝制夏季衣服或长袍的针一般又细又短，使用的棉线也比较细。这就是我们所说的不同季节的服饰，使用各自不同的原料、各自不同的颜色、各自不同的针线、各自不同的缝制手法。那么，所有这些自然构成了鄂温克族四季服饰的不同结构性特征，进而在他们的日常生产生活中发挥着完全不一样的效应、功能和作用。

二是，按照鄂温克族三大方言的划分，他们穿的衣服也自然而然地分为辉河方言区服饰、莫日格勒河方言区服饰、敖鲁古雅河方言区服饰等三大结构类型的服饰文化。而且，他们的服饰均有各自鲜明的结构特征。其实，在这里提到的辉河方言区也被简称为辉方言区，历史上称为索伦鄂温克人。索伦鄂温克人内部还有牧区鄂温克人和农区鄂温克人两种分类。毫无疑问，这些分类都体现在他们穿的衣服上。比如说，索伦牧区鄂温克人的服饰属于靓丽、自然、轻巧和舒适。其服饰最为突出的方面体现在长袍的云朵画上。索伦鄂温克人的长袍非常适合于马背上的牧羊生活（见图1-3）。莫日格勒河方言区简称莫方言区，也就是历史上所谓的通古斯鄂温克人。他们穿的服饰给人一种张扬、夸张、大方、潇洒、得体的美好感觉，尤其是妇女长袍肩角处翘起来的服饰艺术结构，给人留下极其深刻的印象和强烈的美感。他们的服饰同样适合于辽阔草原上的牧马人生活（见图1-4）。敖鲁古雅河方言区简称敖方言区，过去被称为雅库特鄂温克人。他们的服饰有淡雅、朴实、天然和宁静的属性，尤其是长袍别具一格的大圆领给人一种别样的服饰文化享受。他们的服饰也很适合于山林牧场上流动性牧养驯鹿的生产活动。为了把他们的方言以及服饰方面出现的区别关系说得更清楚，人们习惯于把他们分别称为穿美丽云花服饰的索伦鄂温克或索伦人、穿迷人翘肩服饰的通古斯鄂温克或通古斯人、穿漂亮圆领服饰的雅库特鄂温克或雅库特人等。值得一提的是，这三个方言区的鄂温克人的服饰文化中，还有各具特色的、结构类型各异的鞋帽及其他服饰。所有这些，自然而然形成了具有鲜明特征的不同结构类型的服饰文化。

图1-3 索伦牧区鄂温克青年夏装

图1-4 通古斯鄂温克少女春装

三是，人们还可以根据鄂温克族生活的自然条件和地域环境的不同、所处的生活地区的不同、生产关系和生产手段的不同，将他们民族服饰文化分为呼伦贝尔草原牧区服饰结构类型、兴安岭山区服饰结构类型、江河流域农区服饰结构类型、城镇区服饰结构类型四个部分。其中，呼伦贝尔鄂温克旗和陈巴尔虎旗鄂温克苏木鄂温克人的服饰划定为草原牧区服饰结构类型，根河市敖鲁古雅鄂温克民族乡的鄂温克族服饰属于兴安岭山区服饰结构类型，江河流域的扎兰屯萨马街鄂温克民族乡、阿荣旗得力其尔鄂温克民族乡、莫力达瓦达斡尔族自治旗的杜拉尔鄂温克民族乡和白彦鄂温克民族乡及黑龙江省讷河市兴旺鄂温克族乡等地的鄂温克族服饰属于农区服饰结构类型，生活在鄂温克旗南屯镇、海拉尔市区、莫旗尼尔基镇、扎兰屯市等城镇生活的鄂温克族服饰基本属于城镇化服饰结构类型。而且，被分为牧区、林区、农区和城镇区四种结构类型的鄂温克族服饰文化，相互之间的差异虽然不像前面提到的三大方言区服饰那么明显，它们之间的共性也没有那么强烈和突出，但是还是可以看出其中存在的一定共性和差异性。主要表现在牧区鄂温克族长袍长度到脚脖子，脚穿长靿皮靴；林区鄂温克族穿的长袍到膝盖下方，脚穿半长鹿皮软皮靴；农区鄂温克族穿的长袍的长度只到膝盖上方，脚穿棉布鞋；城镇区鄂温克族穿的长袍花样翻新过快，出现许多新式长袍，有脚穿皮靴等区别性特征。

　　四是，也可以依据他们的不同生产形式和生产内容以及所从事的不同生产活动，包括经营的产业结构的不同，区分出草原畜牧业服饰文化、山林自然牧养驯鹿产业服饰文化、农业生产服饰文化、半农半牧产业服饰文化、城镇化现代产业服饰文化等结构类型。其实，第四部分的鄂温克族服饰分类，同第三部分的服饰分类没有太大区别。只是通过这一分类，进一步阐明了鄂温克族服饰文化中包含不同产业化特征及其标志，同时也分出了农业生产服饰文化、半农半牧产业服饰文化、城镇化现代产业服饰文化等新的服饰结构类型，这使一些分类变得更加细化、更加明确。

　　对于鄂温克族服饰结构类型的分类，也就是人们所说的不同款式的分类，虽然有以上四个方面的结构性特征，但对鄂温克族服饰文化进行研究的专家学者，一般按照三大方言区内出现的区别性结构特征作为理论依据，兼顾地区性和产业型服饰文化的结构关系，来分门别类地探讨鄂温克族服饰文化与文明的结构特征。所以，我们在分析和阐述鄂温克族服饰文化时，也是主要从索伦、通古斯、雅库特三大方言区，分别阐述鄂温克族不同服饰文化与文明。当然，在具体分析它们的区别与关系时，也要充分考虑同三大方言区鄂温克族生活的不同自然环境、不同社会环境、不同人文环境，以及不同生产活动及不同生产内容密切相关的因素和条件。

　　在上面分析鄂温克族服饰时，我们也提到过他们的服饰文化中存在的冬夏春秋四季的季节性变化的突出特征。这当然同他们生活地区白雪皑皑且寒风肆虐的严寒的冬季、淡黄色且风雨多变的凉爽的秋季、郁郁葱葱且充满生机的温暖的春季、五颜六色且百花盛开的炎热的夏季等鲜明的季节颜色、季节温度、季节变化，以及四季分明的生产生活内容等都有十分密切的内在联系。反过来讲，他们生活的自然环境及气候变化，以及生产生活方式等注定了他们服饰文化的内容和形式。

（1）到了零下三四十摄氏度的严寒的冬季，鄂温克人就会穿上用手工鞣制的羊皮、山羊皮、羊羔皮等缝制而成的毛皮长袍①。而且，天越冷，他们穿的毛皮长袍的毛会越长、越密。冬季，"二九"到"五九"的时间段里，鄂温克人生活的东北草原牧区、大小兴安岭是属于最寒冷的地区，气温会降到零下四十摄氏度到零下三十五摄氏度。在这时，鄂温克族会在毛皮长袍外面穿上有长长细毛的山羊毛皮短大衣。对这种毛皮短大衣，鄂温克语叫 daha "达哈"，不过也有称其为 dahakqi "达哈克旗"的时候。除此之外，冬季的鄂温克人，不论男女老少都要头戴加工精致的各种野生动物的毛皮缝制的帽子。使用的多数是兔子、水獭、狐狸等的毛皮，以及小山羊羔、小牛犊等家畜毛皮。同时，他们脚上还要穿加工精美的带毛的长靿牛皮靴。他们穿的长靿牛皮靴子的长度几乎到了膝盖部或膝盖下方，这样不仅能够在严寒的冬季充分发挥祛寒保暖、防止膝盖、小腿部和脚下着凉或受冻的功能和作用，同时也给人们走雪原或林海雪地路时提供诸多方便。

（2）夏季，特别是到了三十摄氏度左右的炎热的夏天，他们自然而然地要穿上用各种布料或绸缎缝制的单布长袍②，或穿带里子的布长袍③。再说，在这个季节鄂温克族男女老少虽然也都穿长靿靴子，但夏季的长靿靴子是用去了毛的薄一些的牛皮或驯鹿皮等制作。加工好的夏季长靿靴子皮层较薄，也比较柔软，具有防御雨水及蚊虫叮咬等功能和作用（见图 1－5、图 1－6）。

---

① 鄂温克语把人们冬季穿的毛皮长袍叫 nanda suung。其中，nanda 是指"皮"或"毛皮"。而 suung 则表示"袍子""冬天穿的棉长袍或毛皮长袍"。
② 单布长袍是说用单面布料或绸缎缝制的夏季穿的长袍，鄂温克语叫 sanqi "伞旗"。
③ 带里子的布长袍也是鄂温克族在春末夏初或夏末秋初，或在夏日凉爽的清晨或傍晚穿的夏季长袍，鄂温克语叫 gagar "嘎嘎尔"。

图 1-5 雅库特鄂温克少妇的夏装

（3）到了郁郁葱葱而充满生机的温暖的春季，鄂温克族无论是生活在草原牧区，还是生活在山林和农村，都要顺应季节的变换脱掉毛皮长袍等冬季服装，换上春秋季节穿的 xijigan "西吉干"棉袍。"西吉干"有里子和衬面，中间还有一层薄薄的棉花。春天穿在身上，能够抵御春季的寒气，特别是初春季节完全能够抵挡春寒。因为，鄂温克族生活的草原牧场，包括山林和草原交界处从事农耕生产的鄂温克族农村地带，即使到了春季，很长一段时间还带着冬天的寒气，山上的冰雪还没能完全融化，且几乎延续到每年的4、5月份才能够彻底融化。不只是这些情况，在这期间还时不时地下一些零星小雪，这种节气一般延续到春季的后期。就在这些冷暖不均的春季，鄂温克人最喜欢穿薄棉长袍"西吉干"。由于"西吉干"中的棉花很薄，穿在身上十分轻巧，活动起来比较方便，还能够抵御春季寒气，所以，在春天忙碌的生产活动季节，"西吉干"深受鄂温克人的喜爱。很有意思的是，在春季他们

图 1-6　索伦鄂温克少女夏装

都要穿将毛处理干净的皮层又厚又硬的牛皮长靿靴子。用他们的话说，这种长靿皮靴子扛折腾，在春季冰雪融化的泥泞地，或在森林草原半化不化的冰雪地、潮湿地、松软地上走路都十分给力，不怎么费劲。更为重要的是，对于他们的畜牧业生产活动很有利。

（4）到了凉爽而风大的秋季，鄂温克人都习惯于穿带里子的长袍，或者穿用较厚的呢料缝制的长袍，以及薄棉长袍等。不过，在秋季穿这些长袍的具体时间上还是有所区别。一般来讲，在初秋季节穿的更多的是带里子的夏季长袍。不过，在秋季穿的带里子的长袍，长袍内侧里子的布料往往要选有一定厚度的布料，甚至做长袍面料也要选厚一些的布料。毫无疑问，这主要是为了抵御秋天带有几分寒意的秋风，以及秋雨天气带来的寒气。到了秋季中后期，鄂温克族生活的地区逐渐变冷，甚至会出现雨雪天气。其结果，肆虐的秋风带来的寒意变得更加浓重。所以，到了这个时节，鄂温克族男女老少都会换上初春季节穿的薄棉长袍，那些在牧场上放牧的鄂温克人，则要穿上用厚呢料缝制的披肩斗篷式的长袍。① 这一披肩斗篷式的长袍能够挡潮气、挡寒风、挡雨雪，非常适合秋季的中后期穿用。在这时，鄂温克族脚上穿的长勒靴子，同他们春季穿的去毛硬皮长勒靴子基本相同，最适合在秋季多风、多云、多雨雪的日子穿用。

  以上概括性分析了鄂温克族四季穿的长袍类衣物。在鄂温克族有史以来传承下来的衣物中，长袍类衣物是他们最为青睐的服饰。它更适合在温寒带地区的山林草原从事各种生产活动的人们。特别是对于畜牧业生产者来讲，有其特定穿用价值和意义。所以，生活在辽阔美丽的呼伦贝尔大草原的鄂温克族牧民，在牧区骑着马牧养牲畜时，根据季节的变换，穿着由不同材料缝制而成的适合不同季节的长袍。不过，伴随鄂温克族生活区城镇化进程不断向深度而广度的推进，他们的服饰文化也出现不同程度的变化，由此出现了半长型长袍。比如说，鄂温克人传统意义上的长袍的长度，应该从人的脖子到脚踝，然而，这里所说的半长型长袍的长度只到膝盖上部或下部。鄂温克族传统长袍还有一种根本性变化是，在城镇生活的人们把过去上下身连体结构类型的长袍，改造成上身和下身分离的服饰结构类型。结果，长袍的上身变成按长袍上半段设计缝制的上衣类服饰，长袍的下身变成按长袍的下半段设计缝制的裙形结构类型的服饰。在农区生活的鄂温克族服饰也有很大变化，他们出于对田间地头从事农业生产的实际情况的考虑，也都把长袍改成短袍，甚至有人将短袍再次缩短为上衣的长度，进而成为上衣类服装，但其衣领和衣扣设定上基本上保留了传统长袍的特征。然而，许多生活在城镇或农区的鄂温克人，受城镇化和农区农村生活的强烈影响，现已很少穿本民族传统特色的长袍等衣物，在平日的穿戴上都融入城镇文化及农耕文化中，将本民族的历史文化特征，包括服饰文化特征丢失得所剩无几。也就是说，生活在城镇和农区农村的鄂温克人身上，本民族符号变得越来越少。因此，人

---

  ① 鄂温克语把用厚呢料缝制的披肩斗篷式的长袍叫 suwukqi "苏乌克旗"，用蒙古语叫 suwa "苏瓦" 或 sobo "索波" 等。

们从他们的衣着打扮，已经很难看出不同于其他民族的区别性服饰特征。除了那些鄂温克族老人，仍然坚持穿本民族的传统长袍之外，其他人都改穿了冬天的短棉衣或羽绒衣、夏天的上衣或短袖衬衫、春秋季节穿的薄暖衣等。这些地区的鄂温克人，脚上穿的也不是过去的长勒靴子，而是穿不同季节的各种皮鞋、旅游鞋、凉鞋等。

第二节 服饰原料及其加工艺术

鄂温克族早期缝制毛皮服饰时，使用的原料主要是各种野生动物的毛皮，以及牛、马、羊、山羊、狗、骆驼、驯鹿等家养动物的毛皮。这些毛皮服饰的加工工序，或者说加工手段及方法十分讲究，是他们在漫长的历史进程中，在经营狩猎生产活动、草原牧区牧养牛、马、羊等畜牧业生产活动，以及森林牧场牧养驯鹿的生产活动等劳动时间中，慢慢积累起来的毛皮服饰原料加工技术及技巧。至今生活在牧区、林区、农区的鄂温克族，还不同程度地保存和传承着毛皮服饰加工的早期方法和技巧。特别是牧区鄂温克族和林区鄂温克族，保存和传承的比较完整，有些做法还得到进一步的发展和改进。比较而言，在早期缝制毛皮服饰时，基本上使用的是野生动物的毛皮，狐狸、狼、熊、老虎、驼鹿、獾子、狍子、野鹿、野兔、水貂及麝香鼠等野生动物的毛皮作原料的现象比较常见。就像在前面提到的那样，在辽阔草原上牧养牛、马、羊、山羊、骆驼五畜的鄂温克牧民的毛皮服饰原料中自然也有野生动物狼、狐狸、野兔、獾子、狍子、水貂等的毛皮，但更多的时候是用牛、羊、山羊、骆驼的毛皮缝制服饰。不过，在兴安岭深处牧养羊、驯鹿的鄂温克人的毛皮服饰的主要原料是驯鹿毛皮，以及野生动物驼鹿、野鹿、狍子、狐狸、獾子、野兔等的毛皮（见图1-7）。生活在农区从事农业生产、半农半牧生产或其他生产活动的鄂温克族，毛皮服饰主要用牛、羊及山羊或家养的狗等的毛皮做服饰原料，但也有用狍子、狐狸、水貂、野兔等野生动物的毛皮缝制毛皮衣服的现象。现在的鄂温克族，无论是生活在山区、林区还是生活在草原牧区、农区，毛皮服饰的原材料里，基本上不包括熊、老虎、驼鹿、狼等珍稀野生动物的毛皮了。与此同时，用獾子、野鹿、水貂、水獭、麝香鼠等野生动物的毛皮做服饰原材料也比较少了。

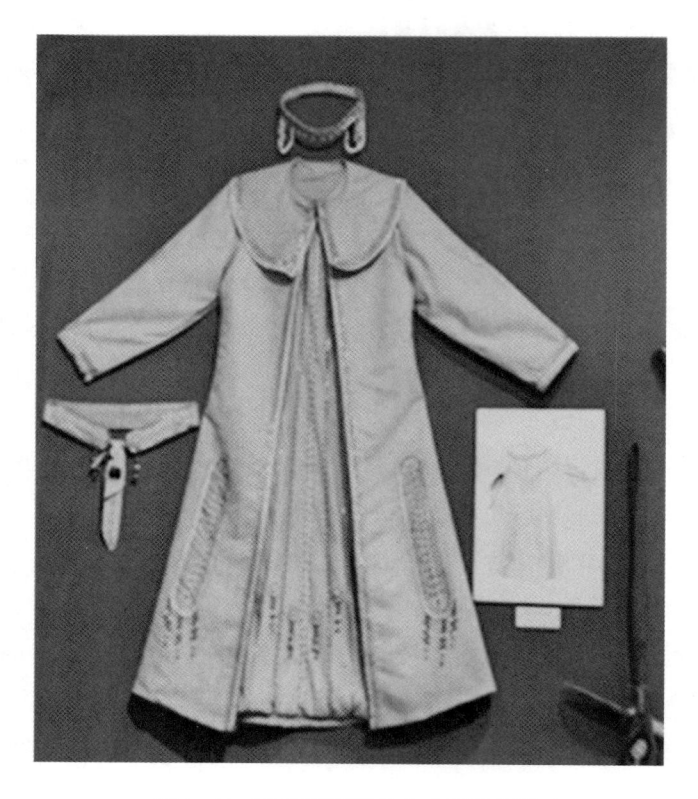

图1-7 驯鹿鄂温克族女士夏日长袍

如上所述，包括牧区鄂温克族在内，他们的先民身上早期穿的也是用各种野生动物毛皮缝制的各种衣物，他们是从驯服草原上的野生牛、马、羊、山羊、骆驼五畜，并开始经营草原牧区畜牧业生产之后，才穿起了用家畜毛皮作原料的服饰，从此也就有了牛皮、羊皮为主的服饰原料。不过，在温寒带草原上，他们身上穿的毛皮服饰的原料，根据季节的不同有一定的差异性。比如说，在严寒的冬季缝制毛皮衣裤及长袍时，使用的是属于加工好的皮层很厚，毛长得又长又密的羊及驯鹿等的毛皮原料；夏季缝制毛皮衣裤及长袍时，使用的原料是加工好的皮层十分薄、去掉毛的羊及驯鹿的皮张；春季或秋季缝制毛皮衣裤及长袍时，使用的原料一般是加工好的皮层较厚而去掉毛的羊及驯鹿等的皮。当然，也有用牛皮、马皮或其他野生动物皮缝制皮裤、皮衣或皮长袍的现象。鄂温克族在山林草原间从事畜牧业生产的历史十分悠久，尤其是他们的先民身上穿的毛皮衣物，要比从事畜牧业生产的历史年代更长，在他们以狩猎为主的生产关系、生产方式、生产资料的特定年代就已经有了初级的动物毛皮加工手段，以及用骨针和筋线或皮线缝制动物服饰的技术。从这个意义上讲，鄂温克族加工毛皮原料，用毛皮缝制服饰的技术有漫长的历史。所以，他们在熟皮方面积累了极其丰富的经验，摸索出了一套十分成熟且自成规则和系统的熟皮技巧与技术。下面以羊皮为例，介绍鄂温克人的熟皮工序。

（1）熟皮或加工毛皮衣料的工作，基本上由鄂温克族妇女来承担和完成，男人一般不插手这项家务或劳动；

（2）熟皮或加工毛皮衣料的家务，都在夏天或秋季完成，春天和冬天很少做加工毛皮衣料的活儿；

（3）选缝制毛皮衣物原材料的羊等家畜或野生动物的毛皮时，一定要选择那些没有任何疾病、没有任何伤痕，而且皮毛没有受过虫害、伤害、破坏而长得十分健康、皮上的毛色泽鲜艳、长势均匀、长短整齐的毛皮；

（4）毛皮衣物的原材料，最早用的基本上是野生动物毛皮，后来变成以驯鹿、羊、牛、马等家畜毛皮为主，同时也用野生动物毛皮缝制衣物；

（5）熟皮时，他们首先将准备加工的羊皮放在阳光下晒干或用风吹干，等到羊皮干后就会在羊皮不带毛的光滑的内侧涂抹一层酸性很强的自然酸奶，然后把羊皮带毛的一面朝外折起来在屋子里或屋外阴凉通风处放置三天；

（6）三天过后，用长约两尺、直径五厘米到八厘米的木棍将带有酸奶的羊皮紧紧地拧成一团放在屋里的避光处三天。同时，还要每天将拧成一团的羊皮左右改换方向反复拧四到六次；

（7）三天过后，把涂在羊皮内侧的酸奶全部刮干净，再用酸性极强的酸奶浸泡成红色的羊肝浓浆涂抹一层，紧接着再次将羊皮带毛的一面朝外折叠起来放回屋子的避光通风处一天；

（8）次日下午，把羊皮从屋子里拿出来，用松木钝齿木镰刀刮掉羊皮内部的一切杂物，包括紧贴在皮层上面的所有脂肪及油垢等；

（9）紧接着，要用松木钝齿鞣皮木镰刀反反复复地鞣，一直鞣到羊皮变得十分柔软为止。

除此之外，还有一种熟皮方法，就是把涂抹好酸奶放置屋里避光通风处三天的羊皮，朝里折叠卷成一团，放在带有钝齿的木制铡刀上反复铡压两天。然后，用约长二尺、宽约一寸五分、两端有木柄铲刮的工具刮掉羊皮上残留的一切脂肪及油垢。完成此项工序后，还要用松木钝齿鞣皮木镰刀铲刮到整块羊皮柔软为止。

其实，她们除熟皮或加工羊的毛皮之外，熟皮或加工其他家畜或野生动物毛皮的工序基本一致，没有太大的区别性特征。只是根据地区的不同，加工的原料上会出现一点变化。比如说，牧区鄂温克族在加工牛、马、骆驼毛皮时，包括林区鄂温克族加工驯鹿、驼鹿等的皮张时，都先让准备使用的毛皮在太阳下晒干，使其皮层内部的油被阳光烤出来。当毛皮皮层油被阳光烤干之后，还要将毛皮用盐碱水润湿，同时用木制钝齿铡刀反复铡压。用木制钝齿铡刀加工毛皮的工序，跟加工羊的毛皮一样把毛朝里卷成长条反反复复地铡压，铡压到毛皮有一定软度时在毛皮内侧涂抹一层高强度酸奶，并将毛皮皮层朝内卷起来用皮绳捆绑好将其拿到阴凉处放置两天。过两天之后，再打开毛皮卷用刮刀刮干净皮层上的酸奶及杂物，然后在皮层上面再次涂上一层獾子油，继续用木制钝齿铡刀铡压一天，这时家畜或野生动物毛皮变得十分柔软，达到可以缝制衣物的毛皮原料标准。

如前所说，加工好的家畜或野生动物的毛皮衣料，主要缝制严寒的冬季或初春季节及秋后天变冷时穿的长袍、毛皮大衣、毛皮短衣、毛皮披肩、长毛毛朝外的皮大衣[①]、长毛毛朝外的短大衣[②]、毛皮坎肩、毛皮围脖、毛皮裤子、毛皮马裤、毛皮帽子、毛皮手套、毛皮手筒、毛皮护膝、毛皮袜子、

---

① 在鄂温克语里叫 suukqi "苏克其"。
② 在鄂温克语里叫 daha "达哈"，蒙古语里也叫 "达哈"。

毛皮靴子、毛皮护脚筒等严寒的冬季使用的毛皮服饰。不过，他们在初春或秋后，天气还未变暖或天气即将变冷时穿的毛皮服饰，一般用羊羔皮或用短毛的毛皮缝制。

在早年，鄂温克人夏季也穿皮衣皮裤，只不过穿的是去掉毛后加工的皮制服饰。作为缝制夏季皮袍、皮衣、皮裤等的皮质原料，家畜或野生动物皮张的加工程序同前面谈到的方法和手段基本相同。不同的是，首先要用剃毛刀剃掉动物毛皮上的所有毛，紧接着就按照毛皮加工程序一步步地完成各项工序，使加工好的皮质原料变得绵软、柔和、舒适。用它可以缝制夏装、春装和秋装，也可以缝制皮长袍、皮短袍、皮大衣、皮短衣、皮坎肩、皮腰带、皮裤子、皮帽子、皮手套、皮护膝、皮袜子、皮靴子、皮鞋等。不过，值得提出的是，缝制夏装的皮质衣料的皮层厚度要比春秋穿的皮质衣料薄一些。也就是说，鄂温克族妇女加工夏装的皮质衣料时更加用心和细心，尽量加工得又薄又柔和、结实。春秋穿的皮衣原料的皮层，比缝制夏装的皮衣原料要厚一些。随着历史的变迁和社会的发展，鄂温克族生活的边境地区的商贸往来也变得十分活跃，这使她们用布料缝制衣物的机会也变得越来越多。进而他们开始穿上缝有棉布面料的毛皮长袍，到了春秋季节还在皮衣皮裤里穿上了衬裤衬衣。在这里，有必要解释的是，牧区鄂温克族冬季穿的毛皮服饰多数是用加工好的绵羊毛皮、山羊毛皮、羊羔毛皮等缝制而成，只有脚上穿的靴子是用加工好的牛毛皮缝制。或许正是这个缘故，人们常把牧区鄂温克族的毛皮衣物说成羊皮服饰文化（见图1-8）。

鄂温克族妇女一般在夏季将熟好的皮张存放起来，到了秋天用手工缝制各种皮衣、皮裤、皮帽、皮靴等。她们也用加工好的去毛牛皮做些服饰，比较而言缝制牛皮皮鞋或靴子的情况较多。不过，她们很少使用马皮，因为马皮光亮度不如牛皮，色泽又比较昏暗，革面又比较松软。与羊皮相比，马皮皮质较硬，用手触摸会感到皮面不光滑或粗硬。所以，即使用加工好的马皮缝制衣物或靴子，也比较容易出现皱褶或裂纹等。正因为如此，鄂温克族族妇女很少用马皮缝制衣物，用牛皮除了缝制靴子之外也缝制皮衣皮裤。

图 1-8　牧区鄂温克族牧民冬天的早期服饰

　　鄂温克族虽然至今还传承着毛皮服饰文化，但主要是在呼伦贝尔大草原上从事畜牧业生产，以及在兴安岭深处经营自然牧养驯鹿的鄂温克人当中保存得较好。特别是在兴安岭深处，伴随山林牧场的变化，一年四季赶着驯鹿游牧于深山老林的一小部分鄂温克族牧民至今还一定程度上保存着毛皮服饰文化。特别是在严寒的冬季，一些牧养驯鹿的牧民还穿由驯鹿、狍子、驼鹿等的毛皮加工而成的毛皮衣、毛皮裤、毛皮帽、毛皮靴等。也有人穿用狐狸、灰鼠、猞猁等的毛皮加工缝制的毛皮衣物及毛皮帽等。不过，很有意思的是，一部分学者十分猎奇地将兴安岭深处自然牧养驯鹿的鄂温克族牧民称为驯鹿鄂温克族猎民。这种说法，不仅不符合世世代代在山林牧场上牧养驯鹿的鄂温克族从事的生产活动，也不符合我国动物保护政策与法律及国家和地方执行的禁猎规定。从历史的角度来讲，这部分鄂温克族的先民，在俄罗斯西伯利亚及远东地区生活时期，或者可能比这个更早的历史年代就驯服了山林中的驯鹿，开始了在山林牧场牧养驯鹿的畜牧业生产活动。他们主要食用驯鹿肉、喝驯鹿奶茶，身上穿的也是驯鹿毛皮衣物。所以，在历史上，就称他们为驯鹿鄂温克。对于他们来讲，山林中狩猎或采集是属于附属性产业，而非他们的主业或主导性产业，这是客观存在的事实。其实，任何一位到过山林中牧养驯鹿的游牧点的人都十分清楚，他们是地地道道的在山林牧场中自然牧养驯鹿的鄂温克牧民，也是我国唯一以山林牧场为依托自然牧养驯鹿的人们。在过去的很长一段时期，他们一直把狩猎业和采集业作为不可或缺的副业来经营。到后来，伴随国家颁布野生动物保护法及其相关政策的出台，以及国家和地方政府公布并实施一系列的禁猎令之后，这部分鄂温克族就已放弃了作为附属产业来经营的狩猎生产，从而成为完全意义上的经营牧养驯鹿产业的牧民。然而，由于山里牧场及游牧生产活动的需要，加上兴安岭山林牧场冬季十分寒冷、春秋潮湿、夏季蚊虫多等自然气候、自然环境、自然条件的制约和直接影响，这部分鄂温克人直到20世纪80年代末，还较为完整地保留和传承了鄂温克族早期的兽皮或毛皮服饰及其传统的毛皮加工工序。由于毛皮衣物在严寒的冬季能够满足人们的保暖需求，春秋冰雪融化或雨雪大的季节又能够发挥祛寒祛湿作用，在炎热的夏季还可以防止蚊虫叮咬，所有这些使牧养驯鹿的鄂温克牧民直到改革开放初期还没有完全放弃用共同的劳动和智慧创造的独具匠心的毛皮服饰文化，以及毛皮服饰的加工工序和基本方法，包括毛皮服饰的制作原料、款式风格、缝制技巧、颜色调配、刺绣手段、图案纹样、饰品工艺、文化价值等方面的诸多因素。比如，她们加工驯鹿或驼鹿等的毛皮时：

（1）先将整张皮从中间割成两半，并用一尺长的剃刀，剃干净皮张上的毛；

（2）把剃干净的皮张紧紧地撑开，拴在两棵大树中间的阴凉处，慢慢晾干；

（3）皮张晾干后，用松木制成的扁圆形刮刀去掉皮张上的油脂和污物；

（4）把处理好油脂和污物的皮张，放入盛有事先熬制的驼鹿脑浆的大木桶，浸泡整整三天。这期间，还要用木棍时不时地搅拌，使驼鹿脑浆更好地发挥作用，让皮张变得更加柔软；

（5）三天过后，把用驼鹿脑浆浸泡发软的皮张，拿出来放在圆木垫上用木刮刀刮净皮张上的驼鹿脑浆，以及渗入皮张内的水分；

（6）把处理好的皮张挂在"仙人住"里用烟熏烤两到三天。每次熏烤约五个小时，将皮张熏成橘黄色后，用钝齿木锯加工成又柔又软的皮革成品。

通过以上六个工序，一张轻便、抗寒挡风的皮张就熟制好了。完整地加工一张驯鹿皮或驼鹿皮大概需要一周时间，但也有人需要十天半个月才能够弄好。据他们讲，加工驯鹿等体型大的动物皮张所用的时间长短，主要取决于加工皮张者的功底及配制的原料。不过，熟皮期间赶上阴雨天，皮张中的水分不易处理干净，由此也会出现拖长熟皮时间的现象。

另外，兽头皮、兽腿皮、熊皮、狍皮、獐子皮的加工，以及做皮垫子、皮褥子之类的生活用品时使用的驯鹿皮、驼鹿皮等的加工比较简单：

（1）把这些皮张连同毛一起撑开放在阴凉通风处晾干；

（2）用木制刮刀或用又长又扁的刮皮铁刀处理皮上的所有残留油脂；

（3）毛皮内侧均匀地涂上动物脑浆，再用木制刮刀反复刮揉或用手搓揉到完全变软为止。

但是，对于这些毛皮加工后的柔性及柔和程度的要求，没有像做皮袍、皮衣、皮裤的毛皮料那么严格。所以，熟练掌握熟皮技巧的人，一天之内能熟两张狍皮。像水獭皮、猞猁皮、狐狸皮、灰鼠皮、紫貂皮、獾子皮等小型野生动物的细毛皮张的加工所需的工序应该是：

（1）在筒状毛皮里，放入一定量的十分柔软的干草，并把整个毛皮从里向外撑开；

（2）将用干草从里向外撑开的小型野生动物毛皮，拿到阴凉通风处慢慢自然晾干；

（3）把干草从晾干的小型野生动物毛皮筒内全部拿出来，同时将毛皮筒内部清理干净；

（4）在毛皮筒内侧，均匀涂上野兽脑浆制成的浓浆，用手搓鞣到能缝制衣物鞋帽的软度就可以。

她们中的能工巧匠，一天之内能够熟制将近20张灰鼠皮等体型较小的野生动物毛皮。

鄂温克族妇女缝制衣物时，主要使用的加工好的兽皮包括驯鹿皮、狍皮、犴皮等。除此之外，还用加工好的熊、狼、狐狸、灰鼠、猞猁等野生动物的毛皮，缝制十分讲究且高档的毛皮帽子、毛皮围脖、女士毛皮长衣，以及毛皮手套、毛皮袜子、毛皮耳捂子，或者用这些毛皮原料镶衣领或衣边等。用她们的话说，加工这些兽皮有极其特殊的讲究和要求。正因为如此，用这些兽皮缝制服饰时，手工活儿要特别认真，比加工和缝制毛皮衣裤或被褥都要精细。在他们看来，用动物毛皮加工和缝制毛皮褥子是一个较粗的活儿。比如说，缝制毛皮褥子或皮垫子时，动物皮张基本上不需经过拔毛、刮鞣、烟熏等工序，只是放在阴凉处晾干的动物毛皮上，均匀涂抹一层动物脑浆制成的浓浆，反复搓揉至稍微变软即成。换句话说，缝制毛皮垫子或褥子的动物皮张不需要熟得太柔软，熟到有一定软度就可以。在这里，还要交代的是，用一头体型大的动物脑浆制成的熟皮浓浆，能够加工四张驯鹿毛皮、六张狍子毛皮、十余张狐狸毛皮等。令人感到庆幸的是，迄今为止，这些古老而传统的动物毛皮加工方法和工艺，在牧区鄂温克族和牧养驯鹿的鄂温克人当中被保存得相当不错，甚至有了进一步的发展。

就如前面所说，动物毛皮或皮制品的加工处理过程一般由妇女来完成，除非加工驼鹿、牛等体型大的动物毛皮时，怕妇女力不从心，才由男人们来帮忙熟皮。不过，即使是在男人不帮忙的情况下，鄂温克族妇女也会经过自己的努力，独立完成熟制体型大的动物毛皮的工作。也就是说，她们从生皮的初次加工到成品，从裁剪加工好的毛皮原料到缝制衣物，都常常要自己动手来完成。鄂温克族妇女无论缝制冬天穿的毛皮衣物，还是缝制春、夏、秋季节穿的去毛单皮服饰，一般使用由兽筋精细加工而成的粗细不等的筋线。更精确地讲，缝制严冬穿的长毛皮袍时，一定要使用粗些的兽筋线，这样才能把厚实的毛皮衣料缝合得结实而又不开线。与此相反，用去毛加工好的皮料缝制春、夏、秋穿的衣物时，甚至是缝夏季专用于狩猎生产活动的皮衣裤时，用的兽筋线都要弄得比较细，太粗了就容易撕坏单皮衣料。然而，他们缝制长筒靴子、长毛帽子及毛皮手套等用的是几乎最粗的兽筋线。毫无疑问，这完全是为了狩猎生产活动的需要。因为，在狩猎生产活动中，像长筒毛皮靴子、长毛皮帽子及手套等的使用率要相对高一些。而且，经常是穿了脱、脱了又穿。不过，在早期，鄂温克人主要用驯鹿、驼鹿、狍子等的筋制作各种粗细不一的线。他们用兽筋制作线时，首先将兽筋放置在阴凉通风处吹干，而后用木槌砸捣到一定软度，并会自然而然地分离成粗细有别的纤维。鄂温克族妇女将一条条长度等同的纤维，用手捻成一条条长二到三尺的筋线。而制作针的原料，从早期的鱼刺骨演化为兽角骨，后来又变成松木针，再后来就变成了用金属原料加工而成的针了。不过，在早期缝制毛皮服饰时，也使用过筒状薄骨或用厚兽皮制成的顶针。当然，到了后期，同样也用上了金属顶针。总而言之，用粗细不同的筋线缝制的毛皮服饰或皮制被褥，都十分结实、耐磨，不易断线也不易开绽。另外，筋线还经得住来回拉扯，是缝制毛皮服饰或被褥的理想线料。

通过以上分析和阐述，我们能够了解到，无论是牧区还是山区从事畜牧业生产的鄂温克族，在加工和缝制毛皮服饰与皮制衣物方面，虽然存在不少区别性特征，但其中共同点还是有不少，或者说占绝大多数。我们从熟皮工序可以看出，像在毛皮内侧涂抹发酵物去油脂并反复刮鞣，用兽筋线缝制毛皮服饰等，有很多约定俗成、自然成规、自成系统的手法和技巧。当然，与此同时，我们也应该理性地承认，由于鄂温克族历史上自然而然形成的，以家族为单位相对集中生活的格局，以及各自不同的生存环境和生产关系，自然也会引起有所差异或区别性特征的毛皮服饰及兽皮文化。比如说，生活在山林地带，从事牧养驯鹿业生产的一小部分鄂温克人，熟皮时用的就是驼鹿等的脑浆熬制而成的白色浓浆；生活在辽阔草原上，经营草原畜牧业生产的鄂温克人，在熟皮时所用的发酵物是酸度极强的酸奶；生活在农区，并从事农业生产的鄂温克人，熟制毛皮或加工兽皮原料时，则使用发酵后的野兽肝等。另外，农区鄂温克人有别于其他鄂温克族地区的熟皮方法是，在将要加工的皮张上涂抹一层泥或泥灰闷上一宿，使其稍稍发霉后再涂抹其他发酵物。另外，农区鄂温克人在制作皮靴底或靴帮时，就像我们在前面提到的那样，把牛皮等原料放在厚木板上用木槌捶打较长一段时间后，放入装满马粪的木桶里进行相对软化处理。所有这些，从另一个角度表明，早期鄂温克人生活在同一个地域，从事着同一项生产活动，因而在加工或处理毛皮原料及缝制兽皮衣物方面保持了一致性，即用发酵物涂抹皮张，然后用木制刮刀进行刮鞣处理，并用加工好的兽筋线缝制兽皮衣物。但是，随着历史的变迁，鄂温克族不同姓氏家族之间发生了不同变化，其中一部分人走向了草原牧场，一部分人走向了江河流域的农场，一部分人一直在山林之中从事自然牧养驯鹿的生产活动。与此同时，他们也从各自不同的层面和角度，与相邻民族或新来的移民产生了不同程度的接触关系，从而在他们的生产生活中注入了不少新的内涵与色彩。例如，他们传统的服饰文化也是如此，连加工毛皮服饰原料及兽皮的处理方法方面也发生了一些不同变化，即制作发酵物的原材料有用野兽脑浆的，也有用野兽肝脏的或用酸性很强的酸奶的实例等。牧区鄂温克人，还在酸奶中浸泡兽肝，从而制成红颜色发酵物。由此可见，在他们制作和使用的发酵物中，隐含着兽皮加工的远古形式与内容。通过以上谈到的兽皮服饰原材料的熟制手段和工序，我们也可以从另一个侧面充分认识到服饰与生产生活间产生的密切联系。我们认为，任何服饰文化与文明，都离不开人类生存的自然环境和经济基础，有什么样的自然环境、生存条件、经济基础，就会有什么样的服饰文化。

　　事实上，鄂温克人缝制的毛皮或兽皮服饰及相关用品有很多。其中就包括我们谈到的毛皮长袍、毛皮短衣、毛皮裤、毛皮长筒靴、毛皮短筒靴、毛皮袜、毛皮帽、毛皮包、毛皮围脖、毛皮耳捂子、毛皮被褥、毛皮坐垫，以及经过去毛处理的皮短衣、皮裤、皮长筒靴、皮短筒靴、皮袜、皮帽、皮背包、皮鞍具、皮垫子、皮盐袋、皮针线袋、皮筷子袋、皮烟口袋、皮工具袋、皮方便袋、皮壁画、皮制艺术品等。而且，绝大多数是用牛和羊的毛皮或驯鹿、驼鹿、狍子等的毛皮加工而成。当然，也有用其他动物的毛皮缝制的服饰。从这些毛皮服饰或制品的造型特征来看，衣物类里主要以长袍为主，就是上身穿的衣服也要相对长一些，往往要盖过膝盖。而且男的都要束腰带，女的因为经常在家里或家门口干活不用束腰带，她们只有骑马或骑驯鹿出远门时才束腰带。比较而言，女士们穿的毛皮衣裤，包括毛皮长袍都比较紧身，基本上从不穿宽大肥粗的毛皮服饰。她们缝制的男皮裤与女皮裤的区别性特征，也是表现在肥大和紧身的款式及尺寸上，其他没有什么样式方面的区别。鄂温克族穿的皮裤子或毛皮裤子都要束腰带，裤头处也几乎都有系裤头的皮绳。头上戴的毛皮帽，天越冷毛皮帽的毛就会越长，伴随天气的变暖，毛皮帽子的毛就会变短，毛皮帽两边的面颊下端都有皮制系绳。从事畜牧业生产的鄂温克族男性同胞，一年四季都穿长筒靴子，冬天穿的自然是毛皮长筒靴子，其他季节穿的基本上是去了毛的长筒靴子，妇女们一般穿半勒长筒靴子。鄂温克人穿的长筒靴子或半勒长筒靴子，都没有任何的系绳。她们缝制的毛皮被褥也是多种多样的，最早期使用的毛皮被褥，一般没有布料衬面，也没有布料里子的纯粹的毛皮被褥。这种传统的毛皮被褥，在过去严寒的冬季过夜时发挥着极其重要的作用。在冬天，他们还使用过毛皮睡袋，人可以把除了头以外的整个身子全部放入毛皮睡袋里，晚上睡觉时特别保暖。不过，这主要是为在严冬季节远出家门，从事狩猎生产的鄂温克族猎民准备的长毛皮睡袋。更有甚者，在缝制毛皮睡袋时，头部还要缝上把整个脑袋都遮住的毛皮盖头。这样一来，人的身子包括头部都可以进到毛皮睡袋里，不仅起到全身保暖的作用，同时也给那些在暴风雪肆虐的严寒冬天露天过宿的猎人增加几分安全感。在这里，需要说明的是，钻到毛皮睡袋里睡觉的人们，从来不脱衣裤，只脱外面的毛皮长袍及毛皮靴子，连同毛皮衣裤和毛皮袜子一起钻到毛皮睡袋里睡觉。还有，牧养驯鹿的鄂温克族妇女缝制的大小不一的毛皮服饰箱或去毛的皮箱，它们不论是竖式还是横式结构类型，基本上是长方形的。其中，毛皮服饰箱的毛都朝外，并在皮箱开口处有系皮箱的皮绳，有人还给皮箱专门缝制了软皮盖头。再有，许多服饰皮箱两端装饰有细细的皮条穗。这里说的毛皮箱也罢，去毛的皮箱也罢，都是为出门远行的人们准备的用具。

鄂温克族在严寒的冬季使用的这些毛皮服饰及皮制用品上面，一般有各种美丽的装饰花纹，看着既雅致又美观大方。其装饰纹样以云图或鹿角图为多，当然也有表现或象征各种花木及动物形体的图案或几何图形。同时，从颜色极其鲜艳的花草中提炼出红、橙、黄、绿、青、蓝、紫等各种自然属性的颜料加以点缀，这使那些皮制衣物及其皮制品上的各种图案或花样变得更加活灵活现，表现出诱人的不同风格及意味深远的远古文化内涵。她们还喜欢用精心加工的狍腿毛皮，缝制小巧玲珑又十分精美的女士毛皮背包。有人还在女士毛皮背包上用不同颜色的狍腿毛皮相互交叉搭配，缝制花样各异的毛皮图案，从而给人一种来自纯自然的美感与艺术享受。对此，她们解释说，在鄂温克族毛皮或皮制服饰文化中，展示出来的样式或花纹图案极其精美，但究竟选择什么样的图案或花纹完全由个人兴趣爱好来决定。不过，可以看得出来，鄂温克族服饰中表现出来的绝大多数图案及花纹，同她们生存的自然环境，以及所接触到的自然现象、自然景观、自然物种、自然变化、自然感觉、自然享受等有千丝万缕的内在联系。

农区从事农业生产的鄂温克族农民，把农业作为主要产业经营的同时，将狩猎业作为副业。所以，每当农忙季节过后，或者说到了冬天的农闲季节，他们就到山上的林子里从事传统意义上的狩猎活动。那时，他们身上穿的也都是毛皮衣物。而且，更多的时候穿的是用加工好的狍子皮缝制而成的毛皮半长皮袍。就如前面所说，所谓的半长皮袍是指长度只到膝盖部位的毛皮长袍。对于他们来讲，也有属于农区的加工毛皮的工序。也就是说，她们熟皮子或加工毛皮衣物原料的方式，与牧区鄂温克族的做法有所不同。例如，她们熟狍子皮时：

（1）首先，把狍皮晒干；

（2）然后，在晒干的狍皮上涂抹一层泥灰，并放在屋内避光处一宿；

（3）第二天，用长有一尺半、宽有一寸的钝齿木锯刮掉皮上的泥灰，再把皮张毛朝下放在木墩子上，或者用木棍将其使劲撑开，接着用铁铲子刮掉皮张上的脂肪和油垢；

（4）最后，用切碎煮烂并发酵的狍肝浓浆或野猪肝浓浆涂抹一层，拿到阴凉处放置半个多小时。紧接着再用钝齿锯条搓揉近三小时，等完全铲掉皮子上的所有残留的脂肪和油垢，使其达到一点油脂都没有的程度，进而变成十分柔软的狍皮原料。

根据调研资料，农区鄂温克族妇女在两三天时间里就会完整地加工出一张狍子毛皮原料。另外，她们在狍皮内侧涂抹狍肝浓浆或野猪肝浓浆时，一要使用新鲜的动物肝加工而成的浓浆，二要浓浆的涂抹必须达到十分均匀的程度，三要涂抹动物肝浓浆时一定把握好室内温度。否则，熟出来的皮张质量会有问题或不达标。比如说，涂抹太厚皮子会变硬，涂抹太薄动物肝浓浆发挥不了应有作用，涂抹不均匀熟好的皮子就会出现软硬不一致现象。在她们看来，切碎煮烂并发酵的动物肝浓浆的作用是让兽皮充分地膨胀起来，从而把残留于皮层的油脂等与皮张脱解。另外，很有意思的是，她们为了处理干净鹿皮、驼鹿皮、牛皮等大型动物皮张上的毛，在毛皮上喷上热水后再撒上一层薄薄的黑土，放在避光且闷热处让其自然发霉。当毛根部发霉到一定程度，她们就用手拔干净皮张上的毛。对其进一步加工时，在去掉毛的皮面上均匀地涂一层动物肝浓浆，等它充分发挥作用后，由两个人用钝齿木铡刀反复铡鞣。这时，一人把卷起来的皮张不断翻动，另一人反复用钝齿木铡刀铡鞣卷着的皮张。经过如此反复的半天劳作，把皮张基本上加工成形。不仅如此，她们还要用铲刀最后处理一次油脂或杂物。

在这里，还要提到的是，鄂温克人加工皮靴的皮革原料时，往往将去掉毛的生皮按用途剪成大小片放在木板上，用木槌子连续性捶打三个小时左右，加工成半成品后将其放入装有马粪的小木桶里，过一个小时之后拿出来用水清洗干净，就可以制作皮靴子的靴底或靴帮儿。不过，随着我国农业生产及农业经济的快速发展，农村农民生活的不断提高，尤其是他们的保护环境和野生动物的思想意识不断强化，农区鄂温克族农民即使到了冬天的农闲季节，也很少有人到深山老林里去打猎了。就算是对狩猎极其感兴趣的个别人，也只到周边的山林里走一走，打一些野兔、野鸡之类的小动物。特别是，随着东北地区气候逐渐变暖，穿动物毛皮衣服者也变得越来越少，取而代之的是防寒功能很强的、穿起来很舒服方便的羽绒衣裤及现代鞋帽了。

　　人类的文明推开21世纪的大门，走向更加辉煌灿烂的今天，鄂温克人的穿着也发生了很大变化。他们已开始用现代生活要求和标准打扮自己，尤其是年轻人夏天穿上西服皮鞋、戴上领带，冬季穿轻便保暖的羽绒服和旅游棉鞋或毛皮皮鞋，用起了工业化精加工的棉被褥或羽绒床上用品，过起了现代人的美好生活。但是，仍旧依恋山林牧场上自然牧养驯鹿的鄂温克族老牧民，依旧用传统方式熟制各种毛皮，用驯鹿、驼鹿、狍子、牛、马等动物的筋制成粗细不等的线，缝制不同的季节穿用的皮衣、皮帽、皮鞋等皮制服饰。他们依然十分喜欢穿毛皮衣物，依恋山林中自由自在的与大自然融为一体游牧生活。如果用现代人的目光浓缩、聚焦、凝视、阐述鄂温克族老人和年轻人的穿着打扮，以及在服饰文化与文明方面出现的裂变，人们就会清楚地感受到远古文明与现代文明之间产生的巨大反差，以及毛皮服饰文化的远古性、历史性、传统性和自然性，同时也会强烈地领悟到所有这些正在发生着的历史性和革命性的变化。伴随人类历史的变迁，鄂温克族从远古自然属性的渔业生产时代开始，走过了经营渔业生产、渔业与狩猎业兼营、纯粹意义的狩猎业、狩猎业与畜牧业并存、单一性质的草原畜牧业、畜牧业与农业共存、温寒带地区黑土地农业生产等不同生产方式与内容的漫长岁月。人们身上穿的服饰，同样伴随他们的生产形式、生产内容、生产环境和条件的不断变化，不断注入新的内涵与色彩，从而使他们先后创造出了适合不同自然环境、不同生产活动的各种各样的服饰，这使他们的服饰文化变得更加丰富多彩。毋庸置疑，即使是现在的生产生活中，不同地区从事不同产业的鄂温克族，在服饰文化方面同样表现出各自的鲜明特色。比如说，其中就有牧区服饰、林区服饰、农区服饰等，均充分表现出各自独有的地域性和地方性服饰文化特征。

第三节　服饰纹样

服饰纹样是服饰文化的主要组成内容，也是不可忽视的重要载体，是服饰文化与文明的标志性产物。一个民族有什么样的自然环境和生存条件，有什么样的历史文化与文明，有什么样的风俗习惯、思想意识、审美价值、宗教信仰，就自然有什么样的服饰纹样。人们走到哪里，他们身上穿的衣服纹样就会把一种文化与文明无声地、相当完美完整地传递到哪里。比如说，牧养驯鹿的鄂温克族牧民服饰上的驯鹿纹样、牧区鄂温克族牧民服饰纹样中的蓝天白云和牛、马、羊等纹样，都无可怀疑地展示、张扬、宣传着他们的物质世界和精神世界。从这个角度去考虑，人们的自然环境、生活环境、生产方式及手段，似乎自然而然地注定了服饰的不同纹样。众所周知，服饰纹样是指衣服上用来装饰的图案、花样、样式等。其中，就有自然景观纹样、植物纹样、动物纹样和几何形纹样，也有抽象的写实花样等。在鄂温克族服饰纹样中，最为常见的是植物纹样、动物纹样和几何形纹样等。而且，他们服饰纹样的表现方式，走过了从感性思维到理性思维、从形象思维到抽象思维、从自然属性到规范与写实属性等过程。鄂温克族早期服饰纹样似乎显得比较简练、质朴、自然，但其中却含有他们的先民对于赖以生存的自然界及其一切生命的高度规范、概括、抽象认识的思想内涵，进而升华为一种强调或追求和谐完美的对称、均衡、协调的审美意识、审美价值。更为重要的是，其中往往隐含着源自他们远古"万物有灵论"信仰世界的特殊内涵。后来，又演绎出更具审美、更有寓意、更能代表他们认知的物质世界与精神世界的细腻逼真、源自自然回归于自然的服饰纹样。在强有力地推动文化战略、弘扬优秀传统文化的今天，鄂温克族服饰上的这些纹样及其文化符号，焕发出新的生命力，从而更为完美、更加鲜明、更有价值地表现和张扬着他们历史上的服饰纹样。

鄂温克族服饰纹样表现出的是他们对于美好生活的无限向往、迷恋与追求。然而，所有这些，他们从远古时期信仰的美丽富饶的大自然，令人陶醉的自然界美丽诱人的景观，特别是太阳、月亮、星星、蓝天、白云、彩虹、大海、河流、森林、花朵、驯鹿等，这些是在他们的情感世界、思想意识、生活理念、精神享受里最具代表性的产物，进而成为他们服饰纹样的主题，无论是他们服饰上的图案纹样还是装饰的图画，其寓意所表达的都是美好心愿与心灵。服饰纹样被他们誉为一种吉祥的标志、吉祥的象征、吉祥的内涵，看到美丽如花、吉祥如意的服饰纹样，他们就会得到发自内心的享受、快乐与幸福。就如前面所说，鄂温克族服饰纹样源自他们最为熟悉的、相依为命、无法割舍的美丽如花的大自然的物种世界，所以给予他们精神无尽的享受、无限的美好感受、美好心灵、美好梦想。换句话说，服饰纹样是用最为高超的艺术手法，反映出鄂温克人对美好生活的不弃不舍的向往与追求，以及对于大自然的无限眷恋与崇拜，是万物有灵论信仰世界的一种完美展示。他们为了满足心理享受和高尚的审美需求，在一年四季穿戴的服饰上，平面或立体地设计极具民族特色的各种各样的纹样，他们走到哪里就将他们对美好生活的向往与期盼带到哪里。同样，人们可以通过鄂温克族服饰纹样，从另一个侧面了解、认识、欣赏服饰文化中的艺术世界，以及鄂温克族对于真善美的追求及万物有灵论的信仰世界。另外，也可以通过鄂温克族服饰纹样及其特点，从另一个层面了解鄂温克族历史文化、风土人情、风俗习惯等。比如说，从鄂温克族服饰纹样的太阳花、太阳纹样，可以充分了解他们的太阳崇拜。也可以从他们以抽象或写实的方式，在服饰上表现出的蓝天、白云、彩虹及动植物纹样，解释他们跟自然界万事万物融为一体的源自自然回归于自然的生命哲学。纵观鄂温克族服饰纹样，代表性的有自然物纹样及自然现象纹样、动植物纹样和几何图纹样等（见图1-9、图1-10）。

图 1-9 鄂温克服饰彩虹纹样

图 1-10 鄂温克族冬装的纹样与图案

一 太阳花及彩虹纹样

在鄂温克族服饰纹样中,太阳花饰品具有不可替代的重要地位,或者说它是鄂温克族服饰纹样的最具代表性的饰物。在早期,鄂温克族从头上戴的帽子，到身上穿的衣服，都有象征太阳神及太阳姑娘的饰物。而且，衣服上的纹样，一般出现在长袍的胸前部位。不分男女老少，他们的长袍都有太阳神及太阳花姑娘的纹样或饰品。这些纹样，都是用手工制作而成。虽然制作这些纹样的原材料都来自各种动物的不同颜色的毛皮，但以驯鹿毛皮或黄羊毛皮为主，也有使用珍珠玛瑙或彩色石榴石或加工好的珍奇动物的骨头制作的现象。太阳神及太阳姑娘的纹样虽有大小之分，但基本上属于直径在3—10厘米的圆形结构类型。比较而言，男士长袍上的太阳神纹样要大一些，女士长袍上的太阳姑娘的纹样要小一些，小孩长袍上的太阳花姑娘的纹样更小。太阳神纹样或饰品下面不带穗子或其他附属性饰物，只是一个象征太阳神的圆形纹样或饰品。而太阳姑娘的纹样或饰品不仅有各种穗子，还有其他一系列的附属性饰物。其颜色也变得各种各样，但传统意义上的太阳神或太阳姑娘的纹样或饰品基本上是红色或白色。在这里，还应该强调指出的是，鄂温克族以太阳为主题的纹样或饰品，现在已经演绎出许许多多的胸前佩戴式装饰品。其民族文化内涵变得越来越浓厚，制作工艺也变得越来越精美细致，制成的纹样及饰品的外观也变得越来越好看。正因为如此，太阳神及太阳姑娘的纹样或饰品，深受鄂温克人的青睐。特别是鄂温克族妇女、姑娘们更加喜欢太阳姑娘的纹样或饰品。

图1-11 女士长袍上的太阳花和各种太阳花饰品

根据我们掌握的资料,关于鄂温克族太阳神及太阳花姑娘服饰纹样和饰品的来龙去脉还有一则美丽的神话,其中讲道:"传说很久以前,包括鄂温克族的先民在内,人类的先祖都无一例外地生活在常年见不到光明的北极阴暗寒冷的世界里。那时,人类在黑暗与寒冷中每天祈求万能的上天能够赐予人类阳光与温暖美好的生活。生活在太阳神身边的美丽可爱、勤劳智慧的希温乌娜吉①,无意中听到太阳神父亲在说此事,就跪在父亲面前向他祈求,允许她给在黑暗与严寒中挣扎和死亡的人类送去光明与温暖。太阳神父亲看着女儿纯洁、善良、诚恳、坚定而渴望的目光,同意了女儿的祈求。同时,给看守太阳神宫殿之门的门神下令,要给太阳神的姑娘随时打开大门,为她的进出提供方便。从此,太阳神的姑娘起早贪黑地给黑暗中的人类送去阳光和温暖,使人类看到了光明、获得了阳光,开始过上了温暖幸福的生活。然而,就在此时,看守太阳神宫殿之门的门神,总起早贪黑地给太阳神的姑娘开门,觉得很累,所以总是找各种借口不给她开门,不让她出去。淳朴、善良、无私、伟大、美丽的太阳神的姑娘,说服了父亲并让他惩治了不守规矩、心术不正、好吃懒做,经常阻碍她给黑暗世界送去光明和希望的坏门神。从此太阳神的姑娘又开始了历经磨难、辛辛苦苦、一日不间断地给人类送去光明而温暖的生活。就这样,她每天都会把太阳的光明与温暖,无私地奉献给黑暗与严寒中的鄂温克人及所有人类,这才使今天人类的生活充满阳光而温暖。"为此,鄂温克人感恩太阳神的姑娘,进而有了太阳神和太阳神姑娘的信仰,后来就有了人们服饰或饰品上的太阳神和太阳神姑娘头像纹样。太阳神姑娘的服饰纹样深受女士和姑娘们的青睐,在鄂温克族中,一直延续到今天。

美丽迷人的彩虹,也是鄂温克族服饰纹样的重要内容之一。在阳光充足的早晨,从江河湖泊的水面上自然升起,或雨后在挂满水珠的草原或山林上空形成的拱形的红、橙、黄、绿、蓝、靛、紫七色彩虹,色彩十分艳丽,令

---

① 希温乌娜吉是鄂温克语,它是一个合成词,其中的 xiwen "希温"指"太阳"或"太阳神",unaji "乌娜吉"有"姑娘""女儿"的意思,xiwen unaji "希温乌娜吉"应该表示"太阳神的姑娘"之意。

人陶醉、迷恋。尽管它是属于气象中的一种光学现象，但在鄂温克人的心灵里，以及在他们万物有灵论的信仰中，它是一个有生命的自然界神灵的显现，它是自然界献给人类的最美好的梦境，也是天神给人类打开的幸福之门。在他们看来，这是太阳神让自然界打开大门，真诚地召唤世间的所有真善美，以及有灵魂有信仰者迈入这一幸福之门和梦想之门。所以，鄂温克族虔诚地膜拜它、崇拜它、信仰它。他们进而将彩虹作为一种信仰的象征性图案或纹样，突出地展现在衣领、衣袖、衣边的纹样镶边上。尤其是早期的鄂温克族毛皮长袍，都有象征彩虹的纹样镶边。但是，其颜色各有不同，其中有三种颜色的，也有四种到七种颜色的纹样镶边。当然，最为讲究的彩虹纹样是用十分鲜艳的红、橙、黄、绿、蓝、靛、紫七条细布带或线镶边的服饰纹样。不过，发展到今天，象征彩虹的长袍纹样镶边颜色浓缩为三种色彩，很少有七种颜色的镶边了。另外，现代鄂温克族服饰纹样镶边或图案多用云图或象征云彩的纹样或云彩图案取而代之。其中，最常用的是蓝、黑、黄、绿等颜色。在这里，还应该提出的是，生活在寒冷地区的鄂温克族，很喜欢使用象征彩虹的七种颜色的围巾、围脖和头巾。甚至在她们的鞋帽、手套等的镶边上也会体现彩虹的纹样（见图 1-12）。

图 1-12　鄂温克服饰彩虹纹样

二　动植物纹样

鄂温克族的早期生活，无论是物质生活还是精神生活，都同人类的所有先民一样离不开森林草原，离不开自然界的动物和植物，人类靠它们来维系生活，它们提供给人类衣食住行、提供生命生活所需的一切。没有它们，人类也无从谈起生活，有了它们，人类的生活才有了希望和延续。所以，鄂温克族先民，把养育人类的大自然称为人类的母亲。与此同时，人类将与人的生命生活最为亲近的动物或植物神话为一种信仰的内容、精神世界的依靠，进而忠贞不渝地信赖与膜拜。或许正因为如此，人类把它们高度抽象化、形象化、意蕴化、艺术化，进而作为服饰纹样镶在或缝在服饰的某一关键部位。众所周知，远古时期的鄂温克族先民在原始森林中生活时，试着牧养或圈养过驼鹿、鹿、黄羊、狍子、野猪、野兔、天鹅，以及狼、熊、狐狸等野生动物。然而，到头来，只是成功地牧养了驯鹿，其他野生动物的牧养或圈养，都是由于代价太大、成本太高、不好管理或牧养而逐渐放弃。

尽管如此，他们曾经亲密接触过的野生动物，给他们留下的相依为命的生活，幸福快乐难忘的日子，都自然留驻于他们的内心深处，进而成为无法割舍的深深的思念、怀念与回忆，成为他们精神生活的一个组成内容。很有意思的是，所有这些在他们早期服饰纹样中均有不同程度的表现。到后来，他们中的许多人走出森林，走进草原，学会了牧养牛、马、羊、骆驼，成为草原牧民。不过，在他们早期的思想意识及审美观念中，驯鹿是最懂人心、最为温和、最为美丽的野生动物，他们的先民在山林生活的岁月，每时每刻都离不开驯鹿，驯鹿成为它们的衣食依靠。他们的先民，在山林里穿的是用驯鹿毛皮缝制的衣物、吃的是驯鹿肉食品、住的是用驯鹿皮搭建的圆锥形帐篷、骑用的也都是驯鹿。驯鹿成为他们远古时期山林生活的最完美而永恒的记忆，自然也成为他们精神享受和信仰世界的重要组成部分。正因为如此，在鄂温克族早期服饰里，同驯鹿相关的纹样、图案、象征符号有很多。至今生活在兴安岭森林深处的二百多名牧养驯鹿的鄂温克族牧民的服饰纹样还以驯鹿为主，他们头上戴的是驯鹿角帽子，身上穿的长袍上也镶有驯鹿头像或驯鹿角的纹样。可是，来到草原，开始过上以牧养牛、马、羊为主的游牧生活后，在其服饰上的纹样就从驯鹿变成了牛、马、羊，以此表现出草原鄂温克族牧民对于牛、马、羊的依赖，甚至这种物质生活方面的依赖，升华为精神生活的依赖，成为他们审美世界极其特殊而形象的情感符号系统，由此给鄂温克人的物质生活和精神生活带来无尽快乐与美好享受。不过，在早期的鄂温克族服饰纹样里，还有过熊、狼及马鹿①、驼鹿②、狍子、天鹅、鹰等动物图案及纹样。特别是，在萨满穿的服饰上，包括各种鸟类在内的各种动物图案及纹样，且体现得更加逼真、更加生动、更加完美。在他们看来，用这些野生动物图案做服饰纹样，均有各自特定的内涵或说法，并与他们万物有灵论之信仰有直接关系。比如说，熊、狼、鹰等是属于有谋略、有胆识、有力气的十分勇敢的野生动物，所以他们又怕、又惧、又佩服、又信仰这些野生动物；驯鹿、黄羊、狍子等是十分平和、温顺而懂人情的野生动物，进而成为人们追求和平、宁安、祥和、吉祥生活的象征，同样成为他们精神生活与信仰的组成内容。到如今，似乎只留下其中的一小部分，成为服饰中不可或缺的纹样、图案、饰品（见图1-13、图1-14）。

图1-13 鄂温克服饰的驯鹿头纹样

---

① 马鹿也叫赤鹿。
② 驼鹿也叫罕或犴达罕。

图 1-14 驯鹿头饰品

还应该提出的是，鄂温克族早期服饰纹样中，除了鹰等雄性鸟类之外，还有过他们最为熟悉的十分美丽可爱、声音又非常好听的鸟类图案或纹样。而且，很有意思的是，服饰上的鸟类纹样，根据春夏秋冬四季的更替其鸟类纹样也会产生季节性变化。比如说，到了春季，在春天的服饰上会出现天鹅、鸿雁、杜鹃、布谷鸟等的图案或纹样；到了夏季，在夏天的服饰上有燕子、白鹭、黑顶鹤等的纹样或图案；到了秋季，在秋天的服饰上会有燕雀、朱顶红、金翅鸟等的图案或纹样；到了冬季，在冬天的服饰上就有麻雀、喜鹊、小黄雀等的图案或纹样。事实上，所有的鸟类是鄂温克族万物有灵论信仰中的世界神鸟。尤其鲜明的是，在萨满服饰的纹样中，体现出的不同季节的各种鸟神，更加凸显出他们从远古时期传承下来信仰世界中的鸟神崇拜。另外，在早期的萨满神服上，还有各种鱼类纹样或饰品，由此可以看出鄂温克族先民在白令海峡、鄂霍茨克海、东西伯利亚海生活时期，创造出的极其丰富的鱼神崇拜世界。也就是说，在那早期的渔业生产年代，捕鱼不只是他们生产活动的主要内容，还是他们衣食来源和生命生活的重要依靠，进而提升为精神生活的主要内容。从这个角度来讲，鱼皮服饰上的鱼类纹样，毫无疑问地寄托了他们先民的一种特殊情感、特定思维、特有认知，以及在这些基础上孕育的信仰。

除了上面讨论的动物纹样、图案及饰品之外，鄂温克族服饰上也有不少植物纹样、图案及饰品。其中，一些植物纹样或图案，直接就会把植物原原本本地表现出来，有的则是用某种象征物或抽象化来替代。另外，鄂温克族服饰上的植物纹样、图案及饰品，主要用于女士或少女、女童服饰，男士服饰的纹样中很少出现（见图1-15）。尤其是少女的服饰纹样中出现得最多（见图1-16）。根据我们掌握的资料，鄂温克族服饰上出现的植物纹样分为花朵纹、叶形纹、枝叶纹、树形纹、幼芽纹等。其中，植物纹样多。比较而言，在植物纹样里花朵纹和叶形纹的使用率最高。对于热爱大自然，从小在五颜六色、五彩缤纷、绚丽夺目、美丽如歌的草原森林生活的鄂温克族女士或少女而言，他们巴不得把大自然奉献给她们的一切美丽，毫无保留地全部体现在身上穿的靓丽、鲜艳、漂亮的衣服上，给她们生活的世界、周边的人

图1-15　女士鞋上的花草纹样

们展现更多更美丽更美好的服饰纹样艺术,以及她们美丽、善良、纯净、快乐的内心世界。然而,在男士服饰的植物纹样里,基本上没有五彩缤纷、绚丽夺目的花朵纹、幼芽纹、叶形纹,即使有也是被印象化的、抽象化、模糊化或扩大化的图案。而且,绝大多数是象征枝叶或树木,属于叶形纹、枝叶纹或树形纹。除了鄂温克族长袍等服饰之外,他们头上戴的头巾、手上戴的手套、脚上穿的长勒皮靴,甚至是经常用的手绢、烟袋等上面也都有植物纹样(见图1-17)。

图1-16 少女长袍的鲜花纹样　　图1-17 烟袋上的植物纹样

三 几何形纹样

几何形纹样同样是鄂温克族最古老的服饰图案之一,他们男女老少一年四季穿的毛皮长衣,以及天热或天气变暖时穿的去毛皮衣等上面,会经常出现线条鲜明、寓意深刻、美观大方的几何形或者说几何结构特征的纹样,以及装饰衣物的艺术图案。其实,鄂温克族服饰上的几何形纹样,也都来自他们生活的自然环境和自然物，来自千变万化的自然现象及自然景观。所有这些，都是属于他们在生产生活实践中，通过长期观察、接触、思考获得的立体的和形象的感受。而且，把这一切用生动而夸张的艺术几何形纹样表现出来。其几何形纹样表达的实际内涵，或者说其抽象化的自然物及自然现象十分复杂。再说，表现出的意味非常丰富而神秘，人们很难深刻领会或完全搞清服饰几何形纹样表现出的真正意思，或者说同某一个物种或自然现象对上号。然而，我们在实地调研时，掌握的几何形纹样里似乎象征太阳、星星、云彩、山水、花草等抽象化的几何形纹样较多，从而无可保留地显示出他们对自然界、自然物、自然现象的深刻而精确的认识与认知。尽管如此，包括他们自己在内，对于服饰上的一些几何形纹样所象征的寓意，常常是处于朦朦胧胧的认识状态之中，从而很难说得一清二楚。我们想，出现这种认知的误差，有可能跟这些几何图形纹样被创造的年代十分久远有关，也和他们的服饰纹样多次出现的变化与变迁有必然的内在联系。

其实，在鄂温克族服饰纹样中，由几何形图案表现出来的纹样确实有不少，其花样和形状也很丰富，同时也广泛流传于鄂温克族生活的森林草原和农村牧区。一般来讲，农区鄂温克族服饰几何形纹样以水线形或光线形为主，象征阳光、水、农作物等；牧区鄂温克族服饰几何形纹样，要以圆形或牛角形或羊角形为主，象征太阳、牧场、牛羊等；林区鄂温克族服饰几何形纹样，要以菱形、山形、植物形和鹿角形为主，象征星星、山林、驯鹿等。也就是说，鄂温克族服饰纹样的几何形图案，都是来源于他们的生产生活，乃至他们最为熟悉的自然环境、自然现象及自然物等，是属于他们对客观事物的深度接触与观察中，自然形成的抽象化、艺术化、模式化思维。他们服饰的几何形纹样如同象形字，各自表达着相互不相一致的思想内涵。除此之外，还有各种曲线形纹、双线折线形纹、三角纹形、四边形纹、弧形纹、点形纹及天体形纹等几何形纹样。其中，天体形纹样以日、月、星等为主，还有象征风、雪、雷、电、彩虹等自然现象的几何形纹样，象征太阳的圆形几何形纹样最多（见图1-18）。

图 1 - 18　猎民服上的几何形纹样

鄂温克族一般用染有各种自然植物颜料的布料或毛皮，或用不同颜色的布料或毛皮剪裁各种美丽纹样缝制在服饰的显要位置。当然，也有用各种华丽颜色的布料，以及加工好的不同颜色的毛皮，制作象征各种自然物、自然现象及动植物纹样缝在服饰上的现象。而且，缝制时基本上使用十分结实而耐用的羊毛线或鹿筋线。后来，有了彩线以后，她们几乎不用传统意义上的羊毛线或鹿筋线了，而是用各种有亮丽而新鲜颜色的彩线来缝制服饰纹样。她们把各自喜欢的各种各样的鲜花、风景、自然景观等均变成美丽图案绣在长袍、衣物、手套、鞋帽和腰带上，进而给她们的生活增添更多、更鲜艳、更烂漫、更迷人、更醉心的色彩。五彩缤纷、丰富多样、风格各异的服饰纹样及其服饰图案，使她们变得更加美丽、更加可爱、更加婀娜多姿。毋庸置疑，在她们的几何形纹样中，融入了人们对美好人生、幸福生活、美丽家园、可亲可爱的亲人们及富美的自然环境的无限迷恋与热爱。我们认为，她们用一代又一代人的美好心愿和心灵、美好人生与生活感悟、提炼、升华出来的弥足珍贵的服饰纹样，同他们的历史、文化、文明及其信仰等都有无法割舍的密切联系。她们用感动天神的美好的心灵和巧夺天工的艺术之手，在与她们的生命和生活形影不离的服饰上，勾画出醉人心扉的一个个精美的艺术构型和纹样。它们是那么的美观大方,那样的逼真、鲜活、贴切、对称、均衡与和谐。它们是源自自然,同样回归自然的最美好的艺术珍品,也是属于她们物质世界和精神世界的组成内容(见图1-19、图1-20)。

图1-19 妇女衣服上的几何图纹样

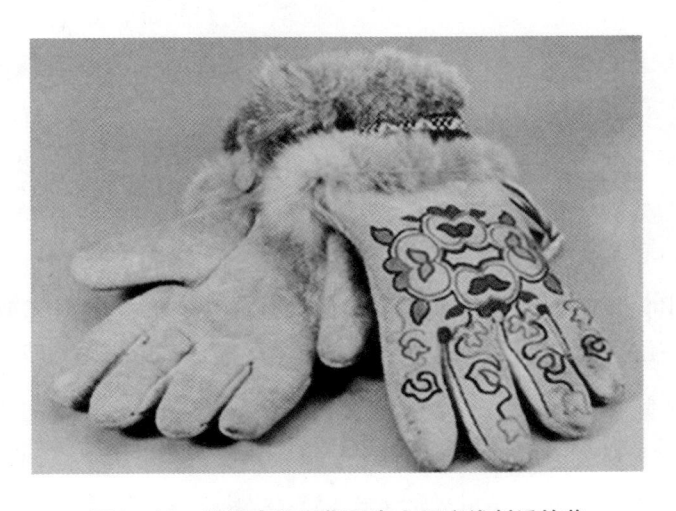

图1-20 鄂温克族五指手套上用彩线刺绣的花

鄂温克族服饰纹样的素材虽然非常丰富多样，但很少见到与人物、财神、古钱、银锭、字符、鼎、璧、观音、豹、龙、象、蝙蝠、石榴、桂圆、葫芦、蔬菜等有关的内容，绝大多数与他们最为熟悉的寒温带或温寒带地域特色的动植物及自然景观有关，进而阐释人与大自然融为一体的思想情感，以及他们万物有灵论信仰世界的深刻内涵。比如说，他们用云彩纹样表达心灵的纯洁与自然，用驯鹿纹样表达生活的和谐与安宁，用牛角纹样表达勤劳勇敢，用彩蝶与百灵鸟表达生命的美丽与精彩，用松柏表达生命的坚强与长寿，用白桦树及梅花、兰花、菊花表达人的高贵品质等。事实上，鄂温克族服饰纹样的寓意很深刻。这是因为，他们的服饰纹样，不仅和他们的爱好、审美、艺术有关，同时也和他们的生存原理、生活理念、生命哲学、思想信仰有关。就如前面所述，他们服饰纹样的主体，几乎都同吉祥、幸福、快乐、富贵、意念、心愿、梦想有关。很有意思的是，从有些服饰纹样图案中，人们能够感悟到人类远古文化与文明，有的服饰纹样图案含有早期人类追求光明与自由的寓意，有的服饰纹样图案完全属于早期自然崇拜的传统意义上的精神文化，并含蓄地表现出他们先民富有的理性思维和刚毅坚韧的性格。人们从鄂温克族精致美观而色彩艳丽的服饰纹样，包括织绣纹样图案等中可以窥视到，他们从远古承袭至今的博大思想和不弃不舍的追求，感受到他们对未来更加美好生活的质朴、真诚、坚定的渴望。也就是说，鄂温克族服饰纹样种类繁多、形式各样，并都有特定思想内涵。然而，其中贯穿始终的是崇尚真善美的生命哲学。这是他们服饰纹样的本质性特征，然而作为这一本质性特征的表现形式可能随着时间和环境变化而不断发展变化。特别是，在我国改革开放的40年当中，随着服饰文化、服饰文明、服饰市场的快速发展，鄂温克族服饰纹样的结构形式也发生了巨大而革命性变化，使其更加民族化、地域化、社会化、市场化和国际化。还有，紧密联系改革开放以后，多年举办的大小民族服饰表演会、展览会、展销会、推销会等，不仅对鄂温克族服饰市场的繁荣发展产生了积极影响，还很大程度上提高了鄂温克族服饰的知名度及市场效益。同时，对于鄂温克族经济社会及民族文化、本土文化、地域文化、商业文化等诸多文化产业的发展产生了积极效益，发挥了相当有力的推动作用。当然，一定程度上推动了本地区旅游业的发展，有效吸引了游客购买民族服饰。反过来讲，这一市场作用，导致服饰市场对鄂温克族服饰的需求不断扩大，使已成边缘化的鄂温克族传统服饰重回市场，并根据市场需要不断调整或更新服饰纹样，由此给传统意义上的服饰纹样赋予了更多新的文化色彩、文化符号、文化样式。甚至，一些服饰的传统纹样，也有了新的说法、新的诠释、新的内涵。但应该指出的是，鄂温克族服饰最为基础、最具代表性和民族性的纹样内涵不会产生全新的变化。

　　我们应该理性地承认，随着鄂温克族服饰文化的商品化和市场化，他们服饰纹样中的不少内涵将会被赋予更多时代特色，会不断融入新的服饰纹样，甚至会融入时代化、现代化、国际化的服饰纹样，这样他们的服饰才能够与时俱进，才能够获得更多消费者的青睐与认同。这就是说，鄂温克族服饰纹样，应该根据自身发展需要，根据时代需求积极主动地不断调整和提升其形式与内涵。这样一来，在未来的发展中，鄂温克族服饰纹样具有更强的生命力、影响力、吸引力，从而更具市场性和时代性。这也是客观上要求，鄂温克族服饰纹样准确把握市场发展规律，灵活多样而恰到好处地优化服饰纹样，使他们的服饰文化取得更好的市场效益和经济效益。

　　总之，鄂温克族服饰纹样是姹紫嫣红、缤纷多彩、十分绚丽的艺术杰作。这一艺术杰作，完全源于他们生活的美丽的大自然，反过来又与美丽的大自然交相辉映、相辅相成、互相配承，从而勾画出人和大自然融为一体的美丽世界。她们在创造寒温带或温寒带服饰的同时，创造出了源于大自然，并回归大自然的极其美丽的服饰纹样。而且，她们的服饰纹样，伴随人类社会的进步，以及服饰文化与文明的发展，同样与时俱进地在样式、内容、制作原料、制作手段等发生着不同程度的变化和变迁。进而，出现了用绣、印、染、绘、织、刺等缝制服饰纹样的艺术手段，使她们的纹样更加展现出特色鲜明、结构独特、古朴纯正、色彩斑斓、典雅精致的迷人魅力。毫无疑问，鄂温克族服饰传承下来的这些纹样中，蕴含有远古、纯美、质朴、厚重而源远流长的历史文化与文明。尤其是那些感染和浸透心灵深处的奇妙服饰纹样及图案，巧夺天工的艺术造型，抽象而重合叠复的几何图形，等等，更使人不由自主地陶醉于鄂温克族远古文化、远古文明、远古审美世界之中。

第四节　索伦鄂温克族服饰文化

就像在前面讨论中涉及的那样，被称为索伦的鄂温克人是我国的鄂温克族当中，人口最多、影响力最大、生产方式与内容最为复杂、服饰文化最为丰富的部族。从某种意义上讲，索伦鄂温克人生活的不同生活环境，以及不同的生产方式，注定了他们服饰文化的丰富内涵。毫无疑问，他们的服饰文化，同样经历了不同时代的变迁，以及在不同时代受到不同的自然环境、生存条件、社会形态、政治制度、相邻民族文化等方面的不同程度的影响。所有这些，对于索伦鄂温克人服饰文化的发展同样发挥过积极作用。比如说，1732年，清朝政府为进一步强化鄂温克人生活区域内的军事实力，特派以鄂温克人为主的索伦部官兵到我国东北的兴安岭及呼伦贝尔草原驻防。这使一直以来生活在这里的鄂温克族原住民原本脆弱的畜牧业生产获得强盛的活力，进而得到十分理想而长足的发展。呼伦贝尔地区索伦鄂温克族畜牧业经济的快速崛起，同样对他们以草原畜牧业生产活动为依托的服饰文化的发扬光大起到很大作用。这使那些刚被派遣到呼伦贝尔草原，以及兴安岭与草原相接处驻防的索伦兵营的鄂温克人，为了更快更好地适应草原生活及其畜牧业生产活动，不仅在生产生活方面不断进行积极调整，同时在服饰方面也尽量做些必要的革新，使他们的服饰更适合草原生活及草原的畜牧业生产活动。实际上，当时的清朝政府，对于鄂温克族一直以来生活的兴安岭与呼伦贝尔草原进行过相当深入的考查，结果发现作为这里原住民的鄂温克族从事的畜牧业生产很有发展前景。因此，清朝政府一方面是为了减少索伦部军营的军费开支，另一方面为了扩大和繁荣发展草原畜牧业经济，给派遣来的索伦部军营官兵按不同等级发放牛、马、羊等牲畜，让他们在驻防呼伦贝尔疆域的同时，积极有效地从事畜牧业生产活动。然而，被清朝政府派遣而来的索伦兵营的鄂温克人很快适应呼伦贝尔草原生活，并同生活在此地的鄂温克族人民建立了相当深厚的关系和情感。在鄂温克族人的耐心指导和手把手的教育下，索伦部军营官兵很快掌握了畜牧业生产方式及技能。与此同时，在呼伦贝尔草原及草原与兴安岭相接处的草原牧场上，从事畜牧业生产的鄂温克族人，很快被编入清朝八旗索伦部兵营编制，由此也成为索伦部兵营的新生力量和不可缺少的组成部分。可想而知，这部分呼伦贝尔地区的鄂温克族人的加入，对于新派遣来的索伦兵营的鄂温克人更快地适应草原生活，乃至适应畜牧业生产，融入纯粹意义上的草原文化等，起到了极其重要的作用。实际上，被清朝政府派遣而来的索伦部军营里的鄂温克人，曾经都有从事农业、半农半牧、狩猎业和渔业等方面的经历和经验，但从未接触过纯粹意义上的草原牧场的畜牧业经济。当然，后来索伦部兵营索伦鄂温克官兵及其家眷，也都无一例外地变成了呼伦贝尔草原上的名副其实的主人和牧民，成为呼伦贝尔草原上从事畜牧业生产的主要力量。其结果，他们的衣着打扮也渐渐趋同于呼伦贝尔草原鄂温克族原住民的服饰，到了冬天就穿戴用绵羊、山羊、小羊羔的毛皮缝制而成的毛皮长袍、毛皮帽子、毛皮长筒靴子、毛皮手套等；夏天就穿单一的布长袍或绸缎长袍，或者穿去了毛的单皮长袍，脚穿去毛的薄皮长勒靴子；春天一般穿缝有里子的薄棉长袍，脚穿去毛的厚皮长勒靴子；秋天基本上穿带里子的布长袍或穿呢料长袍，脚穿去毛的较硬较厚的长筒靴子。而且，男女老少都穿长袍和靴子，他们穿的长袍底部均没有开口，有从脖子处到腋下向右斜着下去的衣襟，还有5—6厘米高的衣领。包括衣领、斜襟、腰部、下端各有双排衣扣，扣子均用银或铜等金属制作，但也有用细布带子或细皮条制作而成的扣子。男的无论骑马还是不骑马、无论干活还是不干活，只要穿长袍就要束绸缎宽式腰带，女的除了骑马之外不束腰带。也就是说，妇女们在家或家门口干活时，虽然也都穿长袍，但都不用束腰带，只有骑马远行或去放牛羊的时候要束腰带。或许正因为如此，草原上从事畜牧业生产的鄂温克族牧民，把妇女们称为"不束腰带的人们"或"没有腰带的人们"等。与此相反，把男人们称为"束腰带的人们"或"有腰带的人们"。很有意思的是，在长袍上束不束腰带自然成为索伦鄂温克草原畜牧业服饰文化中，区分男女性别的象征性特征和因素。牧区索伦鄂温克人，为了便于骑马经常穿宽松而耐磨的毛皮裤子或去毛的皮裤子。在冬季为了抵御数九严寒，时常在毛皮皮裤上，再套一层较厚的去毛皮套裤。有人为了好看，在毛皮皮裤和皮套裤的膝盖处，增补一块有花纹的圆形去毛皮张。结果，皮裤子及皮套裤膝盖处增补的圆形小皮张，不只是增强了皮裤子膝盖处的抗磨防寒功能，也增强了皮制裤子的艺术魅力和审美价值。后来，由于布料或绸缎等服饰原料在索伦鄂温克族生活区域出现得越来越多，使他们在服饰方面开始广泛使用这些布料，进而在毛皮或皮制衣物上都缝制各种颜色的布料或绸缎，使毛皮服饰变得更加漂亮好看，更具有穿用价值和审美价值（见图1-21、图1-22、图1-23）。

图1-21　索伦鄂温克青年服饰

图 1-22　索伦鄂温克老年服饰

图 1-23　索伦鄂温克族夏日服饰

索伦鄂温克族牧民，不论男女都喜欢用蓝色、绿色、灰色布料或绸缎做长袍的面料。其中，以蓝色、绿色的长袍妇女们穿得较多，灰色长袍中老年人穿得多。不过，他们几乎不用红、黄、黑、白等颜色的布料或绸缎做长袍的面料。在他们早期服饰文化的传统观念中，黄色长袍往往表现一种宗教意念，红色长袍带有一种生命的意味，白色长袍是等同于孝服，黑色长袍象征恐怖与邪恶。索伦鄂温克族牧民，最喜欢用花草纹、云纹、彩虹纹装饰衣边。尤其是成年人的长袍上用云纹镶边或作纹样的较多。对此他们解释说，这种有勾又有弯的服饰纹样，除表示洁白的云朵之外，还包含有家里的财富像云朵一样滚滚而来而成为富贵人家等内涵（见图1-24）。

图1-24　索伦鄂温克族夏日服饰中老年服饰

说到早期索伦鄂温克人用的各种衣扣，主要包括用各种动物骨头或硬性木料做衣扣，以及用将皮条或布条反复交错套拧的形式做的衣扣等。虽然，他们从较早的时候开始，就用上了银或铜制作而成的扣子，但他们还是喜欢使用骨制衣扣或皮制衣扣及布条做的传统衣扣。至今，在呼伦贝尔草原牧区深处，经营畜牧业生产的鄂温克族牧民的长袍的扣子几乎都属于传统意义上的产物。当然，在过去，索伦鄂温克族牧民的贵族阶层，为显示自己的身份和地位，常常用翡翠、玛瑙、珊瑚、金子、银子等名贵原料做衣扣，而且在衣扣上还雕有龙、虎、狮子、鹰等的头型等。对于衣扣，索伦鄂温克人过去有很多讲究。比如说，普通人穿的长袍或其他衣物上的扣子不能超过五个，而八旗官员及章京、贵族阶层的长袍的衣扣一般都在六个以上。甚至，索伦八旗官越大或贵族的财富越多，长袍上用的扣子的价格越高，数量也越多。由此，衣扣成为象征权贵的一种手段和形式。还有，索伦鄂温克人的服装样式上也显现等级差别。清朝时期，索伦兵营内部的鄂温克族官员穿的长袍，前后左右四面均开有长约一尺五的衩口，开衩处也都有扣子，整个长袍上的扣子多达几十个。索伦兵长袍除右襟外，允许左侧开衩，而不许前后面开衩。还有，官吏的长袍衣袖肥而短，兵卒长袍的衣袖肥瘦适中而长。在那时，索伦鄂温克族内部，对于穿衣打扮还有一些民间说道。比如说，男女衣物不能换穿，即便是夫妻之间也是如此；当男女衣物放在一起时，男服一定要放在女服的上面；见官吏或长辈时一定要戴帽子，并将随身带的烟袋插到靴勒子里等。

除此之外，在索伦鄂温克人里，还有一些人是生活在大江大河流域或林区，在极其肥沃的黑土地上经营农业的生产者，或者从事半农半牧、半农半猎、半农半渔业生产的人。属于这些生产活动范围的鄂温克人的服饰文化有其一定复杂性，他们穿长袍，也穿短袍或穿用布料和棉花缝制的短衣及棉袄、棉裤、棉鞋。其中，所说的短袍是指不像长袍那么长，其长度只到人的膝盖或刚好过膝盖部，并在左右两侧有开口的半长袍衣物。事实上，农区或林区的索伦鄂温克人，穿的长袍也没有像呼伦贝尔草原上的索伦鄂温克人穿的长袍那么长，要比他们长袍的长度短一些。不过，农区或林区的索伦鄂温克人穿的所谓长袍或短袍，都可以用加工或处理好的毛皮材料、去毛皮料、棉布、棉花、绸缎等缝制。这也得看季节及天气的变化，以及他们从事的生产内容。比如说，到了冬天，在农区兼营畜牧业生产的人们就穿毛皮长袍，到了春秋改穿短袍，炎热的夏天从事农耕生产时，穿的甚至跟汉族农民基本相同。另外，在这里有必要提出的是，他们穿的无论是所谓长袍还是短袍，下端左右两侧均有较大开口，这或许和他们在农闲季节经营的狩猎和捕鱼等附属性生产活动有关。还有，农区的索伦鄂温克人，无论男女都喜欢在长袍外面穿坎肩。而且，毛皮长袍外面穿的是去毛的皮坎肩，在棉布长袍外面穿的是棉布坎肩。男式坎肩为短款对襟，女式坎肩为长款对襟，且都有十分体面而恰到好处的镶边。不仅如此，女士穿的长皮袍的衣领、袖口、襟边、底边也均有一宽一窄的双层饰边，有的女士长袍的胸口处装饰有一小片精致的云纹。到后来，索伦鄂温克人的男女长袍都用绸缎做面料，还都有了与款式风格相配套，跟绸缎面料颜色相协调的华贵镶边装饰。在长袍的领口的周围，乃至袖口或开衩处的上端，包括长袍的底边均镶有专门制作的云纹。这种装饰手段，具有浓厚的索伦鄂温克服饰特色和鲜明的地域性风格。

另外，农区以及与农区相邻的林区，到了冬天不像牧区的冬天那么寒冷。加上在严寒的冬季，农区或林区的索伦鄂温克族室外从事生产活动的时间，没有像呼伦贝尔大草原上赶着牲畜游牧的索伦鄂温克人那么长。所以，他们穿的衣服没有牧区索伦鄂温克人衣服那么厚重、那么长。甚至，在农区的有的索伦鄂温克人，一年四季不穿毛皮长袍，冬天就穿厚一些棉布长袍，秋天穿带里子的布长袍，春天穿薄棉布长袍，夏天就穿单面料的布长袍等。也有的人，一年四季不穿任何一种款式的长袍，只穿棉衣棉裤、春秋衣裤、夏季单裤单衣等，在服饰文化上同东北农区的汉人穿的服饰十分相近。特别是，我国于1989年颁布《中华人民共和国野生动物保护法》以后，农区和山区的索伦鄂温克人中，将作为副业经营的狩猎业全部放弃，从而全身心地投入农业生产活动。加上江河湖泊的捕鱼产业连年下滑，曾经把渔业作为副业来经营的索伦鄂温克人也基本上放弃了该项生产活动。其结果，索伦鄂温克族的生产形式及内容变得更加单一，许多人只能去种田或经营放牛羊等副业。伴随生产形式和内容的不断变化和变迁，索伦鄂温克族的服饰文化也逐渐演变为东北黑土地农业生产服饰，几乎都变成了棉衣、棉裤、棉鞋、棉帽，很少人穿传统的毛皮衣物了。

第五节　通古斯及雅库特鄂温克族服饰文化

一　通古斯鄂温克族服饰文化

就如前面有关章节里所说，通古斯鄂温克族也是在呼伦贝尔草原牧区，从事纯畜牧业生产的鄂温克族牧民。早期，也和索伦鄂温克人一样，一年四季身上穿的也是毛皮长袍或皮制长袍等。那时的他们，到了冬季一般穿用又长又厚的毛皮缝制的长袍；到了春秋，天冷的时候穿用又短又薄的毛皮或羊羔毛皮缝制的长袍，天热的时候穿去掉毛的衣裤；到了夏季，穿的自然都是去了毛的皮衣皮裤。不过，他们穿的毛皮长袍或去了毛的皮衣皮裤，主要都用加工好的绵羊皮或山羊皮来缝制。而且，其长袍多为宽松的从右向左开的大衣襟，衣袖宽窄适中并有立领（见图1-25）。

图1-25　穿通古斯鄂温克服饰的少年

现在，到了冬季，它们虽然也穿毛皮长袍，但都穿在毛皮长袍外面用布料、绸缎等缝好罩面的长袍。而且，现在的通古斯鄂温克族男女青年更喜欢穿轻便好穿的羽绒服。到了春秋，天冷或天凉的时候穿用羊羔毛皮缝制的长袍外，更多的时候穿带厚里子的布料或绸缎长袍，有时在其上面披上厚呢子斗篷来御寒；到了夏天，就穿用布料或用绸缎做的单面长袍。

通古斯鄂温克妇女的长袍很有讲究，其款式风格异常鲜明，保留了鄂温克族古老服饰文化的许多特点。具体讲，通古斯鄂温克妇女们穿的是连衣裙款式的女士长袍，该长袍的上身部分十分紧身，充分体现出妇女们上身的体形美、线条美、身材美，与上身明显不同的是妇女长袍的下身部分，俨如一件又肥又大而充满展开式褶子的裙子，看起来确实非常漂亮又大方。另外，已婚女子穿的长袍肩部有向上翘起的，一褶压一褶整齐划一地褶起来的起肩。未婚女子穿的长袍带有溜肩，腰间还有一条缝道。已婚女子的缝道前宽后窄，未婚女子的缝道前后一样宽。袖子中部一般都缝有一条宽约 0.5 寸的银线饰道，袖口几乎都有卷起的马蹄袖。再有，未婚女子的长袍衣襟上还缝有一道或两道倒垂直角独特花边，已婚女子就没有这一十分漂亮的衣襟饰边。已婚妇女还喜欢在长袍上面穿非常好看的绲边儿坎肩（见图 1-26）。

图 1-26　穿长袍的通古斯鄂温克妇女

通古斯鄂温克穿的长袍等服饰上使用的衣扣，绝大多数是属于圆形、扁形、长条形的铜制扣子或用银制的扣子。不过根据我们掌握的资料，也有用布条子加工制作的衣扣。对此她们解释说，在早期不仅用各种布条子缝制长袍扣子，也有用各种动物皮条制作不同花样的衣扣的现象。后来，伴随他们生活中使用黄铜、红铜及银等金属的机会越来越多，通古斯鄂温克人用这些金属制作扣子的现象也多了起来。很有意思的是，在过去用布条或皮条制成的长袍扣子的颜色十分讲究，基本上不会用长袍布料同一个颜色的布料或条条做扣子。也就是说，长袍布料的颜色和扣子的颜色一定要分开，要使用不同颜色的布或皮条。在她们看来，这样不仅好看，更为重要的是找衣扣、扣衣扣、解衣扣时看得比较清楚。还听她们讲，长袍大襟上倒垂直角的边纹是模仿北斗七星的结构特征设计出来的，而已婚女子长袍上独具特色的向上翘起的双肩是仿照西伯利亚的白天鹅欢快地翩翩起舞的翅膀做出来的。所以看着很美，很像白天鹅美丽诱人的翅膀。

　　通古斯鄂温克族男人的衣着也很讲究，他们穿的一般是立领大襟右衽溜肩长袍，长袍衣襟上还缝有倒垂直角的独特纹样饰边。到了春秋，赶上带有寒气的风雨天或雨雪天，男人们就会在双面布料长袍外面，还要穿用厚呢子缝制而成的长斗篷。有的人，还在双面长袍外面，套穿短袖皮衣。过去，通古斯鄂温克男子都穿毛皮皮裤或去了毛的皮裤。同样，他们的男人们都要系腰带，女人们不系腰带。而且，通古斯鄂温克族中老年男士，喜欢在腰带上垂挂绣有云图花纹的鼻烟壶的皮口袋，后背上还要别一把镶刻几何花纹的一尺长的牧刀。至今，他们中的老年人还穿带有月牙形状衣领的服饰。通古斯鄂温克人都喜欢蓝、青蓝、绿色及浅灰、咖啡色等颜色的布料或绸缎，很少用黄色布料缝制衣物，禁穿白色和红色布料的长袍。过去，他们将用作毛皮衣物的皮料加工好后还要用烟熏。她们说，用烟熏好的皮子不但颜色好看，而且能够避免虫害。在早期，通古斯鄂温克人也用加工调配好的松树皮颜料，以及用各种花草的鲜艳美丽的自然颜色调配出不同色彩的颜料给皮制服饰染色。不过，其服饰颜色基本上是属于绿色、深绿色、深蓝色或灰色等。

二　雅库特鄂温克族服饰文化

　　这里提到的雅库特鄂温克族是指兴安岭深处的山林牧场里，一年四季伴随季节的变化，赶着自然牧养的驯鹿四处游牧的200多人口的一小部分鄂温克族牧民。这部分鄂温克族牧民，根据他们牧养驯鹿的产业特点，也叫作"牧养驯鹿的鄂温克族"或"驯鹿鄂温克族"，还有人依据他们生活的地域，说他们是"敖鲁古雅鄂温克族"或"山林里的鄂温克族"。很有意思的是，极其个别的一些人，带着一种猎奇心理，把他们多年来一直作为副业经营的狩猎业无限扩大，把他们说成"狩猎的鄂温克族"或"鄂温克族猎民"。这部分人，明明知道他们是牧养驯鹿的鄂温克族牧民，当初他们的先民是赶着驯鹿从俄罗斯的西伯利亚地区迁徙到我国兴安岭深处富饶美丽的牧场，多少年来从未改变或放弃过有史以来传承的牧养驯鹿的传统产业，却说他们是"以猎为生的猎民"。有的人，不远万里来到他们牧养驯鹿的牧场上，同他们牧养的驯鹿群一起照过相留过影，结果一回头就说他们是兴安岭深处以猎为生的猎民。我们认为，这种说法不符合历史根据和客观存在的事实，事实终归是事实，事实是胜于雄辩的真理，违背客观存在的事实就会闹出笑话或犯错误。实事求是一直以来是学术界严格遵循的基本原则，脱离了这一基本原则任何学术都会失去实际意义。所以，我们真诚希望改掉一些不符合实际情况的说法，还原牧养驯鹿的鄂温克族牧民的真实称呼。多年来生活在兴安岭深处，经营自然牧养驯鹿的鄂温克族牧民，伴随牧场一年四季的变化不停地在山林中迁徙、搬家、游牧。所以，他们在以前游牧生产活动中住的是最简易的"仙人住"，他们在那时身上穿的衣服也基本上是由加工好的驯鹿毛皮或去了毛的驯鹿皮缝制而成。众所周知，牧养驯鹿的鄂温克族牧民是我国唯一的至今传承人类早期的自然牧养驯鹿生产的人，也是唯一从遥远而古老的故乡、严寒的俄罗斯西伯利亚及北极圈带回牧养驯鹿文化与文明的特殊群体。正因为如此，他们的生产生活离不开驯鹿，他们的文化与文明也都离不开驯鹿，他们一年四季住的是由驯鹿皮或桦树皮搭建的"仙人住"或圆锥形帐篷，喝的是驯鹿奶或奶茶，吃的是驯鹿肉或用驯鹿肉做的各种饭菜，迁徙或游牧时骑用或搬运货物也都是驯鹿，同样在他们的精神生活中有驯鹿神的崇拜与信仰，他们穿的用的也都是用驯鹿皮加工缝制的衣物及被褥。从这个意义上讲，驯鹿几乎成为他们物质生活包括精神生活在内的重要依靠。所有这些，进一步验证了他们常说的"离开了驯鹿，就等于他们离开了生活，离开了生命"这句话的深刻内涵。

说到牧养驯鹿的鄂温克族牧民的服饰，毫无疑问同他们有史以来传承的驯鹿文化与文明有关。他们的服饰文化与文明，同样和他们牧养驯鹿有关。对于他们来讲，驯鹿是属于他们远古文化与文明的一种表现形式和载体。我们通过他们的服饰，可以科学阐释他们的驯鹿文化与文明。换句话说，牧养驯鹿的鄂温克族牧民的服饰，有它极其独特而鲜明的远古性、地域性、历史性、产业性、民族性、文化性和独特性特点，甚至跟其他地区的鄂温克族服饰有明显的不同。如前所说，牧养驯鹿的鄂温克族牧民，主要是伴随山林牧场的四季变化，赶着驯鹿在兴安岭山林深处的牧场四处迁徙游牧。他们的先民沿着石勒喀河来到额尔古纳河右岸的山林牧场以后，他们就再也没有离开过这片富饶美丽的地方。刚来时，山林牧场上游牧的鄂温克族牧民，主要住在用驯鹿皮或桦树皮精心搭建的临时性住处"仙人住"内，同时他们基本上也都有固定性驻地及固定性住房"圆木屋"。他们在山林里游牧，就是为了合理科学地开发利用这里的驯鹿牧场，进而在山林里过着安宁而十分舒服的牧养驯鹿的游牧生活。与此同时，他们还根据兴安岭一年四季的气候变化，赶着季节缝制不同季节的各种驯鹿皮衣物及被褥。在那时，他们的衣裤靴帽及被褥等的基本原料多为驯鹿毛皮。换句话说，驯鹿皮是他们服饰原料的最可靠的来源。在多年的驯鹿皮服饰加工的实践中，他们在驯鹿皮衣物的缝制方面积累了相当丰富的劳动经验，进而探索出一套得心应手、手到工成的缝制技巧。就是到后来，他们在已经大量使用市场提供的各种布料的前提下，还是舍不得离开包含有传统意义的驯鹿毛皮服饰等。因为，其中包含有他们传统服饰的文化内涵，以及他们对于驯鹿毛皮服饰或者说对于这一服饰文化倾注的特殊情感。

牧养驯鹿的鄂温克族牧民，早年穿的都是适合于山林牧场上牧养驯鹿的双袖宽松、下摆过膝、对襟式款式的驯鹿皮半长袍（见图1-27）。同时，在半长袍后领处缝有圆形套帽。其中，女式半长袍最具特色，但其款式与现代人穿的半长大衣样式有所相近。一般有大翻领，领子两端下垂呈尖状，紧袖口，对襟式，腰系宽皮带等结构性特点。而且，在衣领、袖口、对襟双边，以及在半长袍下端边沿等，都饰用黑红两色的细长驯鹿皮条缝制的双层纹样镶边。这一用黑红两色驯鹿皮条特别装饰的纹样镶边，同皮衣具有的浅黄色形成鲜明对比，从而呈现出极其自然而质朴的服饰纹样的艺术美感（见图1-28）。牧养驯鹿的鄂温克人，冬季穿的传统驯鹿皮短长袍缝有大衣领，又有十分鲜明对称而左右交错的两个衣襟。冬季他们还穿用驯鹿毛皮或驼鹿毛皮精心缝制的毛皮衣和毛皮裤，这种皮制衣裤不仅暖和还十分经穿。不过，到了夏季，他们就会穿去了毛的驯鹿皮或驼鹿皮上衣和裤子。当然，有时也穿用去了毛的狍皮缝制而成的皮制衣裤。对此他们解释说，用驯鹿等的毛皮或去了毛皮缝制的衣物，首先有很强的耐磨性能，其次冬天能防严寒防风雪，再就是在夏天或春秋季节还有防雨、防风、防蚊虫咬等作用和功效，所以牧养驯鹿的鄂温克人最喜欢穿用驯鹿皮等缝制的各种皮制服饰（见图1-29）。很有意思的是，他们无论男女都在皮衣裤的肘部和膝盖部，各

图1-27 牧养驯鹿者的鹿皮服饰　　　图1-28 去毛驯鹿皮女士长衣

图 1-29　去毛染色春秋半长袍

缝上一块有云彩图案或几何图案的有色皮制品，使其对衣裤发挥装饰作用的同时，还能对衣裤胳膊肘或膝盖等部位的磨损起到保护作用，更为重要的是为他们身体的这些关节部位产生防护功能。牧养驯鹿的鄂温克族牧民的中老年男性，到了冬秋季节还穿用松鼠等的细毛皮拼接而成的坎肩，松鼠毛皮坎肩穿在身上除起到贴身保暖的作用外，还使人感受到早期服饰艺术的魅力。在炎热的夏季，他们还经常穿一种去了毛的驯鹿皮短裤。到了严寒的冬季，在驯鹿毛皮裤外边还穿用去了毛的驯鹿皮或驼鹿皮缝制的套裤（见图1-30）。不过，据他们老辈人讲，这种毛皮裤外面套穿的皮套裤里，也有带毛的毛皮套裤。但是，穿毛皮套裤时，其毛一定要朝里，这样在严寒的冬季，才能够更加祛寒保暖。然而，相比之下，他们穿去了毛的驯鹿皮套裤的情况比较少。对此他们认为,本来身上就穿了一条毛朝里的驯鹿毛皮裤子,再穿一条驯鹿毛皮套裤那就太热了,浑身冒汗出热气感觉很不舒服。而且,在严寒中从事室外生产活动时,觉得笨手笨脚很不方便。在他们的语言里,去了毛的皮套库叫 almushi "阿拉木什",毛朝外的毛皮套裤叫 olohie "奥劳黑"。牧养驯鹿的鄂温克族牧民,几乎一年四季的皮裤外面都要穿皮套裤。就如前面所说,皮套裤不仅有防雨、防蚊虫、防风雪、抵御严寒和保暖等作用外,还能够保护身上穿的毛皮裤或皮裤,进而还能够延长毛皮裤或皮裤的穿用时间和寿命。另外,她们对于缝制皮套裤,还有一些特殊要求与技巧。比如说:①缝制皮套裤时,上部一定要和裤腰对齐;②皮套库必须有从大腿后部往前斜着上去的斜线;③不论是毛皮套裤,还是去了毛的皮套库的原料,基本上要求用驯鹿或驼鹿的腿皮缝制;④皮套裤的款式要达到上宽下窄;⑤皮套裤正前面的上端,要有一根将皮套裤拴在里头的皮裤腰带上的固定式细长皮条;⑥皮套裤的裤头处,均缝有为防寒、防冷、防风、防雨水、防雪及防蚊虫害而将裤头紧紧拴在长勒靴子上的皮绳子。无论冬夏春秋,在皮裤上面再套穿一条皮套裤,给那些深山老林里自然牧养驯鹿的鄂温克族牧民,用身上的衣物抵御风雨严寒等带来许多好处。

图 1-30 去毛穿犴皮套裤

牧养驯鹿的鄂温克族牧民们的孩子穿的防寒皮衣,一般都是用加工好的小驯鹿皮缝制而成。不过,也有用灰鼠、花鼠、猞猁、驯鹿羔、狍崽、犴崽等的细嫩而柔和的毛皮缝制小孩毛皮衣物等现象。毫无疑问,这些小驯鹿、小动物的毛皮经过手工精心加工后，变得十分轻柔又舒服，也能御寒和保暖，深受孩子们的喜爱。但是，孩子们在冬天穿的皮衣和春秋或夏季穿的皮衣，基本上是去了毛的皮衣。从牧养驯鹿的鄂温克族牧民的服饰样式特点来看出，其衣领、大襟边、开衩处、裤脚、裤腰和膝盖部的白色皮面上一般绣有黑色或多颜色的薄皮块。而且，这种薄皮块的纹样显得很好看，且有凹凸不平的立体艺术特色，能够增强皮制衣物关键部位的耐磨能力。她们制作这些薄皮块及其上面的纹样时，首先去掉毛皮上的毛，然后按照事先设计的纹样，用不同颜色的自然染料，涂抹或画出各种纹样，等染料干了以后将薄皮块用驯鹿筋线缝在衣物所需处。山林中牧养驯鹿的鄂温克族牧民早期的皮制服饰，一般有大翻领，领子两端下垂呈尖状，其衣领、袖口、对襟部、下摆处有红与蓝两种颜色的双道镶边纹样等。所有这些，一定程度展示了他们早期服饰文化特色。

第六节　富有民族文化象征意义的帽子与手套

一　鄂温克族帽子

鄂温克人很喜欢戴帽子，这也许和他们生活的特定自然条件，以及自然环境有密切关系。就说冬天吧，在零下四十多摄氏度的严寒里，不要说戴普通布帽子，就算是戴上一般的棉帽子或短毛的毛皮帽子，对于取暖都发挥不了十分理想的作用。这种情况下，鄂温克族只能用狗等动物的毛质细长、松软暖和的毛皮缝制帽子。他们似乎更加喜欢用灰鼠皮、猞猁皮、雪貂皮、驼鹿的耳朵皮等做帽子的里子。春秋风大较冷的时候，他们经常戴用猞猁、貂熊、雪貂等的毛皮做成的帽子。当春秋天气较暖时，他们一般戴用加工好的驯鹿、驼鹿等的小腿毛皮，或用耳朵毛皮等拼接而成的帽子。到了夏天，戴的是用去了毛的皮缝制的皮帽（见图1-31、图1-32、图1-33）。

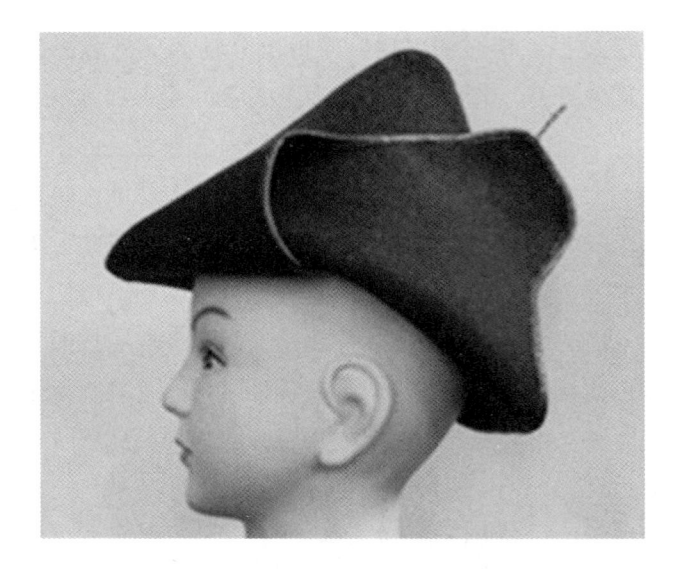

图1-31　鄂温克族牧民夏天及初秋戴的毡帽（一）

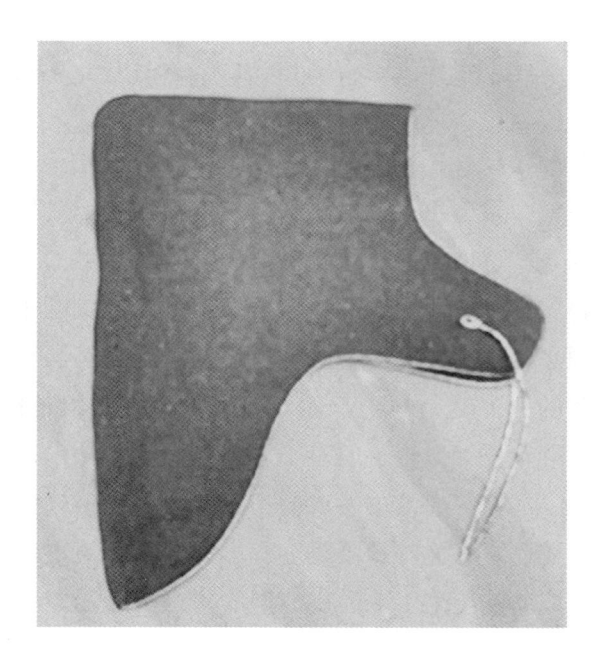

图1-32　鄂温克族牧民夏天及初秋戴的毡帽（二）

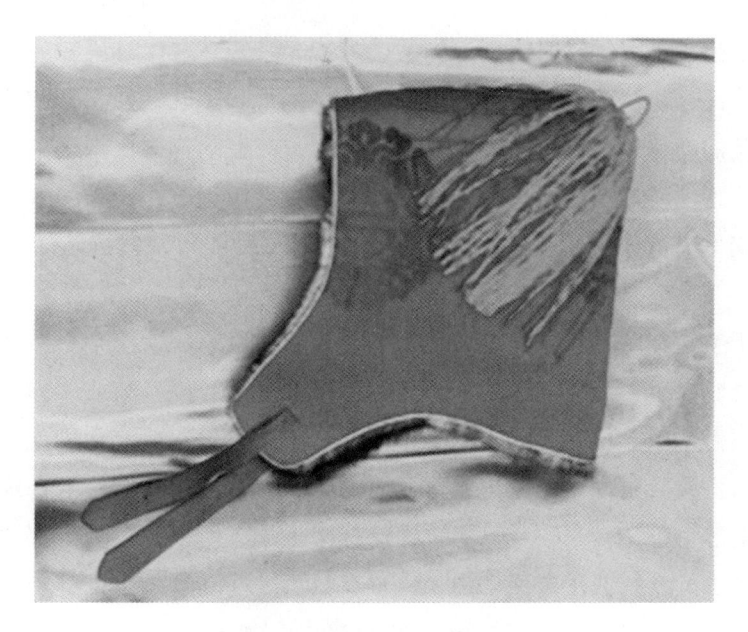

图1-33　鄂温克族牧民冬天戴的帽子

他们还十分喜欢用各种兽头毛皮制作帽子。在早期，就有用驼鹿、狍子、黄羊等的整个头皮，还戴头上的两个耳朵制作的帽子。比如说，他们用整个狍头皮制作帽子时：①将狍头皮连同顶部的双耳双角完整地剥下来；②用刮皮工具，把贴在皮层上的血丝及油脂全部刮干净；③在狍头皮里面装满干草，将其毛皮撑开晾晒；④等干透定型之后，在其皮层上均匀地涂抹一层狍肝浓浆，以此把晒干的狍头皮慢慢软化；⑤狍头皮达到一定软度后，用鞣皮工具加工成柔软可用的帽子形状；⑥在狍头皮眼眶处，镶绣活灵活现的狍眼；⑦帽子底部边沿，镶一圈狍子毛皮；⑧在狍头皮上，安上帽檐和帽耳。等这些活儿都完成了，你就会看到一顶形象逼真的狍头皮帽子。他们说，狍头皮帽子既保暖又实用，戴在人的头上像一个活着的狍子。在从事狩猎生产活动时，完全可以伪装成狍子，渐渐靠近动物获取猎物。有的人，从事狩猎活动时，头上还要戴帽子顶端缝有灰鼠头的毛皮帽，以此起到引诱猎物的作用。看着很好玩，有一定装饰作用。另外，他们还解释说，毛皮帽子上面不只是缝灰鼠头，也有缝小兔子头、小狐狸头及小鸟头等小动物头的情况，这是为了进行狩猎时区别不同姓氏家族。其实，在山林里牧养驯鹿的鄂温克族牧民，在从事副业狩猎生产时，确实都喜欢戴既轻便又暖和还有一定经济效益的动物头皮帽子。甚至，他们认为，戴上动物头皮帽子更容易同驯鹿或其他野生动物亲近，进而觉得自己同大自然拉近了距离，同大自然的一切生命变得更为亲近，使自己能够更深地融入大自然和大自然的一切生命之中。

  对于生活在呼伦贝尔大草原上的鄂温克族牧民来说，严冬季节从事狩猎生产活动时，也会用羊、山羊、羊羔等家畜的头皮，以及狼或狐狸等野生动物的头皮做帽子。也就是说，到了严寒的冬季进行狩猎时，他们就戴用前面提到的家畜或野生动物的头皮制作而成的帽子。事实上，这些家畜或野生动物毛皮上的毛都比较长，且均有较强的保暖效果，所以牧场上的鄂温克族牧民，在冬季的畜牧业生产活动中，也喜欢戴用这些动物的毛皮缝制而成的帽子。不过，到了夏季，他们主要戴去了毛的动物皮做的帽子。不论怎么说，对于他们来讲，由这些动物头皮制作而成帽子，在他们冬季的狩猎生产中，发挥过应有的积极作用。到了夏季或在春秋季节，草原上的鄂温克族牧民，头上主要戴用呢子做的帽子或单皮帽子，要么就在头上围上擦汗用的毛巾。出汗时用此擦汗，不出汗时就围在头上当帽子。然而，生活在农区，从事农业生产的鄂温克族农民，冬天虽然也戴动物毛皮帽子，但更多的时候戴的是用棉花与布料缝制的棉帽子。在夏、春、秋他们一般戴布帽子或薄薄的圆形毡帽，或者同样在头上围上擦汗用的毛巾当帽子。

  总之，不同地区从事不同产业鄂温克族人戴的帽子各有特色，但基本上属于圆形、圆锥形，夏、春、秋有单皮帽、毡帽、布帽，冬天多为毛皮帽、皮棉帽、棉帽以及狩猎用的动物头皮帽等。冬天的帽子几乎都有耳孔，一般用不同颜色的绸缎罩面，内有里衬，还有用羊羔皮、水獭皮等做的马蹄袖形状的帽檐，当刮风下雪天冷时就可以放下帽檐抵御严寒。鄂温克族人头上戴的不同材料、不同款式、不同作用的帽子，同样展示出不同地区鄂温克族的不同服饰文化特征，这也正是服饰文化研究的一个很好的题材。他们往往从帽子的款式或某一特有的标志，就能看出是哪里的鄂温克族，甚至可以推测出是属于哪个姓氏家族的人等。然而，鄂温克族妇女，除了严寒的冬季以外很少戴帽子，一般戴头巾。在炎热的夏季，她们还喜欢戴一种把桦树皮卷成锥形状，用麻线缝合并涂上松脂黏胶的大檐桦树皮帽。由于桦树皮帽的帽檐较大，夏天戴在头上遮阳效果十分显著，使人感到十分凉爽和舒服，也很美观大方。牧区鄂温克妇女，到了夏天把方块头巾叠成三角围在头上。她们也使用各式各样、各种颜色的十分漂亮的头巾。天冷时，她们还用羊毛绒或山羊绒纺织的长条围巾，起到御寒和取暖的作用，尤其是到了严寒的冬季，她们都要在头上围上厚厚绵绵的羊毛围巾，或用其他动物毛或绒纺织的长条厚围巾。将这些动物毛绒纺织的头巾染上五颜六色的颜色后，使妇女们冬夏春秋的头巾和围巾显得更加漂亮美丽。与此相关，鄂温克族男士们，到了严寒的冬季，也都喜欢戴各种颜色的又厚又长的动物毛绒长围脖，以此来保护脖子和脸部不受寒受冻，同时也会发挥一定装饰作用。到了冬季，牧养牲畜的男士们脖子上围上各种颜色的又厚又长的动物毛绒长围脖显得十分潇洒、英俊威武。

二 鄂温克族的靴子

提到鄂温克族服饰文化中的靴子，很显然指的就是用动物皮加工制作的长靿皮靴。主要包括用去了毛的动物皮，或者是用带毛皮的动物皮制作而成的两种长靿皮靴。而且，一般都用牛皮、驼鹿皮、驯鹿皮等做原材料。在早期，鄂温克族男男女女几乎都穿长靿皮靴。他们脚穿的长靿皮靴不但耐磨，而且能防潮防水防寒。特别是，对于常年骑马或骑驯鹿，从事畜牧业生产的牧民来说，长靿皮靴十分适合他们的马背生产生活。同时，也很适合于他们走树木茂盛的山区的崎岖小路、超过膝盖草地路，以及沼泽地、潮湿地、雨泥地和雪地。所以，他们几乎不分季节地穿长靿皮靴。牧区鄂温克族牧民的长靿靴子，基本上由处理加工过的牛皮原料缝制，其结构属于翘尖或尖头且长靿，靿高一般有30—40厘米，靿口呈马蹄形，有的靴头平伸而有尖，有的靴头上翘约6厘米，但靴的底部都为硬性牛皮，靴靿里有用毛皮、毡子或单皮缝制的衬子。也就是说，他们冬天穿的皮靴，皮厚靿高并有毛皮衬子；

春秋穿的皮靴，皮厚靿高有毡衬子；夏天穿的皮靴，皮层要相对薄，靿高也没有冬天的靴靿那么高，且有单皮衬子或布衬子。另外，牧区鄂温克族妇女穿的皮靴的一年四季的原料同男士皮靴的用料没有什么区别，只是靴靿普遍比男士们穿的靴靿要低。甚至，有半高型靴靿，她们就叫半高皮靴。不论是男士长靿皮靴，还是女士长靿皮靴，在靴靿上都刻画有各种各样的纹样或图案及几何形图等，但所有纹样或图案均不涂各种颜色，保持靴靿的本来黑色。说白了，鄂温克族牧民穿的靴子，几乎无一例外地属于黑颜色，没有其他颜色的靴子。牧养驯鹿的鄂温克族牧民，日常生产生活中穿的长靿靴的靿高基本上保持在25厘米左右，不像草原牧区的鄂温克族牧民穿的皮靴靿那么高。另外，制作皮靴的皮料硬度和厚度也都没有那么硬和厚。另外，这里所说的牧养驯鹿的鄂温克族牧民穿的靴子是指她们用狍子腿或驼鹿腿的毛皮或去毛的皮制作而成的长靿靴子，其中狍子腿或驼鹿腿的毛皮制成的长靿靴子要在冬天穿，用去毛的单皮且带单皮衬子制成的长靿靴要在春秋季节穿，用去毛的单皮且带布衬子制成的长靿靴要在夏天穿。很有意思的是，他们用毛皮原料制作的长靿靴子的毛都要朝外。同时，他们还用加工为半成品的相对较硬的驯鹿或驼鹿皮子制作靴底。但是，也有用狍子脖子上较强的皮子做靴底的情况。他们说，由于狍子腿皮或驼鹿腿皮十分结实而耐磨，且防潮防滑还能御寒保暖，所以穿在脚上十分舒适柔软、轻快便利，很适合在山林牧养驯鹿的生产活动中穿用。依据我们掌握的资料，牧养驯鹿的鄂温克族妇女穿的靴子同男士穿的靴子基本一样，没有什么根本性区别特征，只是在尺寸上比男的要小。而且，在她们的靴脚面和靴靿上，都有十分对称的鹿角装饰图案及纹样。农区的鄂温克族农民，在早期也都穿过叫 oloqi "奥老西"的长靿靴子，其原料及靴子的结构特征，同牧养驯鹿的鄂温克族牧民穿的长靿靴子大同小异。然而，受农业生产生活及农业文化的直接影响，他们基本上改穿布鞋或布面鞋了。其制作材料及缝制法，同汉族或达斡尔族农民保持高度一致。但男布鞋的鞋帮上多数有用单一颜色的线绣成的云纹图案，以示踏云而上、平步青云的内涵。女士布鞋上则有用五色线和绫罗绸缎刺绣的花草及蝴蝶等图案，以示生活四季如春、绚丽多彩、幸福美满（见图1-34、图1-35）。

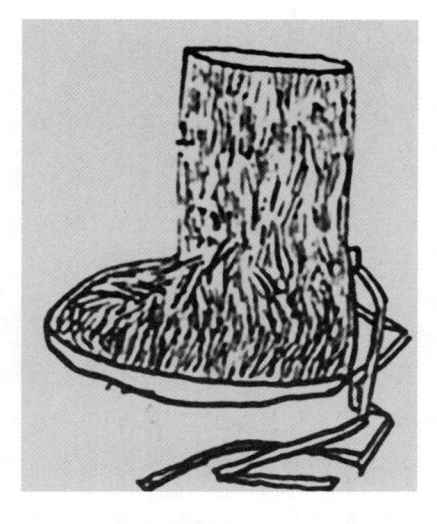

图 1-34　鄂温克族单皮靴子　　　　　图 1-35　鄂温克族毛朝外的靴子

三　鄂温克族手套

鄂温克族在生产生活中使用的手套，也是该民族服饰文化的组成部分之一。也就是说，他们传统的服饰文化中，除了身上穿的皮衣和皮裤，头上戴的皮帽，头上围的毛绒围巾和围脖，脚上穿的皮靴等之外，还有手上戴的皮制手套。鄂温克人由于常年生活在寒温带及温寒带地区，因此到了严寒的冬季和春秋的寒凉季节，从事各种生产活动时基本上都要戴皮手套。根据我们掌握的资料，他们传统意义上的皮手套一般要分冬季戴的长毛皮手套，以及春秋寒凉季节戴的去了毛的皮手套等。过去，鄂温克人在生产活动中，还要戴一种拇指与四指分开的两叉手套，这种手套他们就叫 kokolo 或 koklo "考考劳"，用汉语可以译成"拇指手套"。说实话，"拇指手套"是鄂温克族很有代表性的手套之一。该手套的放入四只手指头部分用冬季带绒毛的狍皮制作，放入拇指头的部分则用狍子肚皮上的薄皮缝制。很有意思的是，皮手套的手掌上方有一条横着的开口，在生产活动中需要用右手具体操作时，他们就会从皮手套的开口处把右手伸出操作。尤其是进行狩猎生产时，猎手可以将右手从手套的开口处伸出来用食指扣动扳机。平时，就会将手指全部放入皮手套内。这种"拇指手套"的奇妙设计，不仅能够快速解决具体生产活动中遇到的棘手问题，同时也不影响手套的防寒保暖功能及其他生产劳动的进行（见图 1-36）。

另外，在他们使用的皮手套款式里，还有被称作 bielqiaku "别里恰克"的、五指分开的五叉皮手套，也就是人们所说的"五指手套"；还有叫 kabqiaku "卡布洽克"的，拇指和食指单离与其他三指的三叉手套；也有说成 erugubqia "额茹古布洽"的，拇指与四指分开的两叉手套等。当然，还有小孩戴五个指头都不分的桶子手套，等等。无论是何种款式或样式的皮手套，其背面均绣有各种图案或纹样。生活在山林地带，自然牧养驯鹿的鄂温克族牧民使用的皮手套背面，多数带有用驼鹿筋刺绣而成的美丽花纹，多为象征或表现他们喜爱的驯鹿角或几何图纹样等（见图 1-37）。然而，在呼伦贝尔草原，从事畜牧业生产的鄂温克族牧民，几乎都用羊皮或羊羔皮手套，但手套背面的花纹多数为羊角头、牛角头、云彩图或各种美丽花朵及山

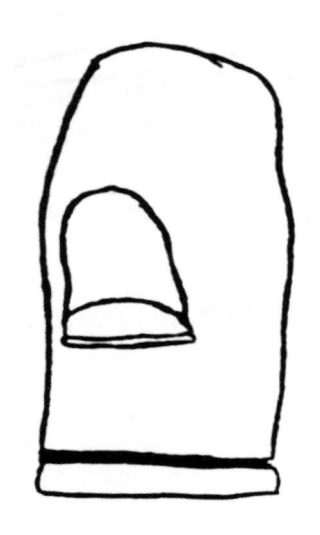

图 1-36　鄂温克族的"拇指手套" 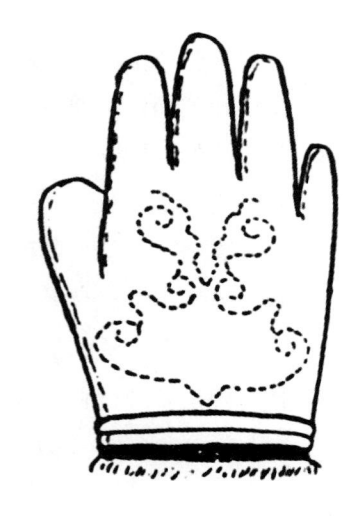　　图 1-37　鄂温克族牧区五指手套

水画等。我们在实地调研时还发现，牧区鄂温克族牧民到了严寒的冬季，为了不误生产活动，也是为了灵活使用五个手指头，男人们都喜欢戴用羊毛皮或用山羊毛皮制成的马蹄状袖筒子或套筒。而且，羊毛朝里，外面还缝有布

绸面料。每当冬天的严寒季节已经过去，但冬季还未完全结束的时候，牧场上的鄂温克族男女牧民都喜欢戴马蹄状袖筒子。不过，相对而言，还是男的戴得多，女的戴得少。对此他们还解释说，戴马蹄状袖筒子在不是十分严寒的冬季，从事室外劳动时会带来许多方便。然而，在严寒的冬季，从事畜牧业生产活动时还是需要全包式或者说封闭式毛皮手套（见图1-38）。

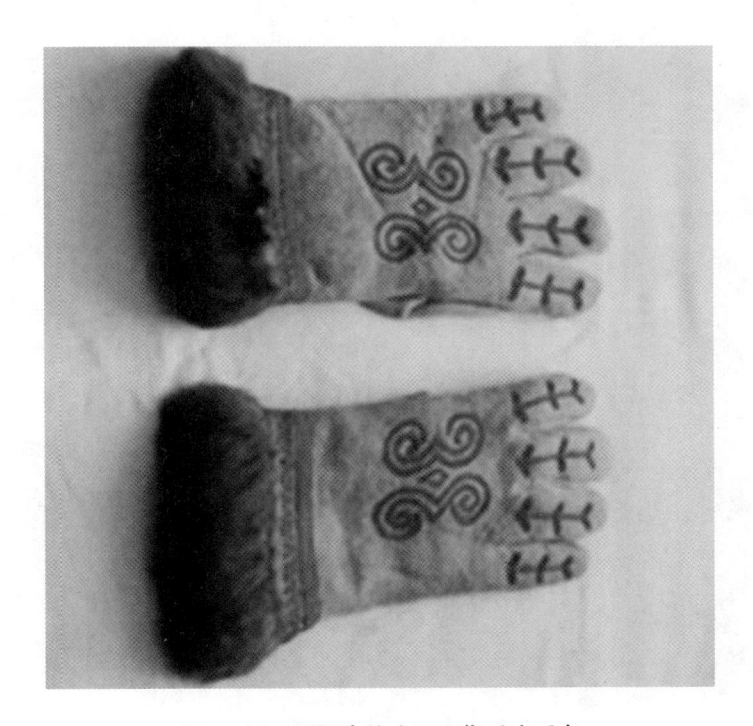

图1-38 鄂温克族山区五指毛皮手套

四 鄂温克族围巾

不论在哪里，从事什么样的生产活动，到了夏季或春秋季节，鄂温克族牧民或农民都喜欢头戴白色围巾。用他们的话，似乎就叫sharbajin"沙日帕巾"或uunku"吾温克"等。而且，不只是牧民和农民喜欢戴围巾，男女老少都戴围巾或头巾。但还是女的使用围巾的概率比男的要多，尤其是女孩子们使用的围巾花样及颜色更加丰富和好看，男的围巾花样少颜色也比较单调。不过，中老年人使用的围巾，不论男女，颜色都以白色为主。牧区鄂温克族男士多用白色短宽的头巾或围巾，中青年女性多用蓝、白、青、绿等颜色及各种十分鲜艳的颜色，且多为三角形或方形围巾，当然也有长方形围巾。女士头上戴围巾或头巾只是为了防晒、防风雨、防严寒、防风雪、防蚊虫，同时也为了漂亮好看，为了表现自己的美。而男性在生产活动忙碌的季节，只是为了防太阳的曝晒，防夏秋牧场蚊虫的叮咬，也是为了擦汗水。所以，在冬春季节他们一般不用围巾。从这个意义上讲，鄂温克族女士围头巾是她们生活中的一个重要习惯与习俗，她们无论在草原还是在山林或农场里，都习惯于头上围头巾。鄂温克族妇女围的头巾都很美，同他们美丽如画的服饰文化相呼应、相配套，从而勾画出一个五彩缤纷的美丽头饰世界。她们的围巾用各种绸子、布料、羊毛、驼绒毛、驯鹿毛、兔毛或其他野生动物毛等加工制作。在早期，鄂温克族头上戴的不同原料、不同款式、不同颜色的围巾，还能够表现出不同家族、部族、族群，以及不同地域、不同生产关系、不同阶层及

图1-39 鄂温克族女士春秋戴的围巾

不同身份地位等深层含义。后来，尽管这些旧的思想意识都没有了，但到如今还是能够表现出或看出一种身份和地位的关系。

鄂温克族女性围的头巾样式有很多，其中方形头巾和长条形围巾的使用率较高。而且，一年四季都可以使用不同功能作用的头巾或围巾。比较而言，她们夏天用的一般都是用绸缎或薄布料做成的较小较短的围巾；春秋季节用的是厚一些的布料或细毛线制成的，比夏天的围巾要厚一些、大一些、

长一些的围巾（见图 1-39）；严寒的冬季用的是厚布料、粗羊毛、粗驼毛等做成的围巾。不同的季节、不同原料和不同款式的围巾或头巾，所发挥的功能和作用也不相一致。特别是那些又厚又长而毛茸茸的围巾或头巾，在那寒风凛冽的数九冬天，能够充分发挥防冻保暖等功效。而且，鄂温克族妇女们围的围巾制作精细、花纹精美、色彩艳丽、柔软保暖、经济实惠、经久耐用，还具有极大的观赏价值和审美价值。不过，就如前面所说，不同地区的鄂温克族使用的围巾也有所不同，农区鄂温克族用的围巾方形居多、林区鄂温克族用的围巾方形和半长方形的多、牧区鄂温克族的围巾长条形结构类型用得多。但也不能够一概而论，牧区鄂温克族牧民用方形围巾的也有不少。

鄂温克族先民早期使用的围巾，基本上用精致加工的薄薄的动物毛皮制成，且染有各种自然植物颜色，显得柔软舒适、结实耐用、干净利落、质朴大方。不过，也有使用没有染色的纯自然的毛皮围巾。那时，使用染有各种自然颜色的围巾者多为中年人，染有来自大自然的各种美丽颜色的围巾者多为青少年。再说，那时就有方形、三角形和长条形的围巾，更多的时候也是对折成三角形来使用。当然，早期的他们，在严寒的冬季从事各种生产活动时，也使用过用野生动物的毛绒编织的大围巾和小围巾等。那么，不论过去还是现在，鄂温克族在生产生活中，同样离不开各种各样的围巾或头巾，发挥着应有的作用，成为他们服饰文化与文明不可缺少的内容之一。

五 鄂温克女子配饰

有史以来，鄂温克族女子都有佩戴首饰的习惯，进而成为她们服饰文化的一个组成部分。比如说，早年鄂温克族女士头饰中就有"黑布套筒"，用黑布做成，长 40 厘米，宽约 3 厘米，上有银链，下端有银圆银坠。使用时，把两根发辫分别套进"黑布套筒"内，再把两辫用银链系结在胸前。据她们讲，鄂温克妇女发辫上套用"黑布套筒"表示她们的婚姻生活已经开始，也象征着她们生命的成熟。但是，到了 20 世纪中叶以后几乎都不用了。不过，在偏僻的农村地区却用到 20 世纪末。另外，还有叫 sambaku "桑日巴克"的头饰，主要是牧区鄂温克族女士平日里戴在额头上，显得富贵、庄重。它是由珊瑚、玛瑙等贵重宝石串成，戴在额头上呈圆形，十分美观漂亮。在当时，基本上是牧区鄂温克族贵族阶级的女士们使用。但现在，草原上鄂温克族女孩子们普遍在使用，尤其是到了本民族的节庆活动，鄂温克族女孩们包括年轻的妇女们也都在额头上戴"桑日巴克"的头饰。在鄂温克族女士的头饰中，还有一种叫 toyibu "陶义布"的新婚妇女用的头饰，也就是人们所说的"三角形银架"，顾名思义是由银材料制成，三角形形状。有人把它扎在后面的两根长辫子上，也有人把它扎在两个耳垂上，这主要根据个人的兴趣爱好来定。这种女士头饰是鄂温克族姑娘们的新婚标志。换句话说，鄂温克族少女举行婚礼，以及举行完婚礼以后都要戴"陶义布"，以示她已经嫁人。所以，未婚女孩子不允许戴这一头饰。已婚鄂温克族年轻妇女非常喜欢戴"陶义布"，并将其作为护身符来看待并珍惜。有的这种头饰，是从先辈那里一代又一代传承下来的。因为这种头饰，只有新婚少妇可以戴，而且只能戴到生孩子为止，有了孩子以后基本上就不戴了，所以把它从头上拿下来像护身符一样保存于身边。有的妇女，在自己的女儿结婚时，把它拿出来给女儿，希望她自己用过的或从上一辈传承下来的"陶义布"，能够像保佑自己一样保佑女儿。鄂温克族传统的饰品当中，还有用各种各样的珍贵材料制成的耳环，不只是鄂温克族女士戴耳环，也有个别男孩子戴一只耳环的现象。在她们的传统意识里，女士戴耳环是为好看和漂亮，而男士或孩子戴一只耳环是为了未来的日子过得好。用她们的话说，鄂温克族先民很早的时候就会用铅铸耳环，后来用银做耳环的现象多了起来。我们的资料还反映，早期的鄂温克族女子喜欢佩戴蛇形银耳环。关于蛇形银耳环还有一则神话传说，其中讲道："人类开始出现的时候，一位鄂温克族先民，在勒拿河附近发现了一个叫 lam '拉玛'的海一般大的湖。更有意思的是，她在湖边见到了从湖中游出来的一条一丈五尺长、长着两只角的来自上天的神蛇。神蛇告诉她，该大湖的周边地区就是鄂温克人的发源地。后来，这位鄂温克族先民死了，但她的孩子们认为，由于蛇神附在作为他们祖先的她的身上，所以她也化作蛇神回归了上天。从此往后，她的孩子们就有了蛇神的崇拜，还制成蛇形的装饰品戴在耳朵上，视为吉祥物及保佑孩子们幸福的神灵。"再后来，为了怀念上天的祖先,以及变成蛇神的祖先保佑她们,几乎所有鄂温克妇女都戴耳环。同时,也戴用珊瑚、松石、玛瑙等制成的耳坠。还有,鄂温克族女士喜欢背的各种各样的动物毛皮背包及皮背包,以及精美漂亮的桦树皮背包等也都属于鄂温克族早期生活中不可或缺的,深受他们青睐的生活用品、艺术用品、修饰性用品。从而给她们带来很多生活的、物质的、美好的享受(见图1-40)。

图1-40 鄂温克女性毛皮皮包

第七节 服饰文化的发展与变迁

一个民族在历史进程中,都会不断创造和发展本民族独有的文化与文明,然而包括服饰文化在内一切文化与文明的形成都与该民族所处的自然、地域、历史、社会、生活等方面的环境和条件有必然的内在联系。鄂温克人有史以来就生活在美丽富饶的寒温带及温寒带山林和草原。那里,有冰天雪地和白雪皑皑的冬天、有万物复苏而百花盛开的春色、有绿树成荫及骄阳似火的夏日、有天高气清又凉爽怡人的秋季，还有漫山遍野的飞禽走兽及牛、羊、马、骆驼等牲畜，那里是世界上稀有的天然牧场和狩猎场，也是孕育和创造鄂温克人独特、美丽、华贵、鲜艳、质朴的服饰文化和文明产生的理想乐土。鄂温克人在这绿色、金黄、雪白而万紫千红的世界，在与自然界的有生命、有灵性的万物接触和交流中，用生命、思想、灵魂感触感受感悟着美好的一切，并将它毫无保留而淋漓尽致地融入作为生命和生活的一个主要组成部分的服饰文化之中。他们用独特的思维方式、宽广的审美视野、不拘一格而超凡脱俗的创造才能制作出品种齐全、款式独特，并洋溢着自然、纯朴、豪放风格的服饰文化。作为一个文化载体和文化符号，鄂温克族的服饰承载着极其丰富的历史的、岁月的、社会的、生活的、思想的内涵。他们的服饰文化中，尽管增添了不少现代服饰文化的色彩，但在一定程度上还保存着北方古老民族服饰文化的弥足珍贵的特征，从而在当今的文化与文明的盛世中，毋庸置疑地表现出古老文化与文明同现代文化与文明的和谐、完美、理想的融合与发展。毫无疑问，这也是现在的人们的审美、艺术、品味、欣赏、倾慕的目光，能够从鄂温克族服饰中读懂传统服饰文化具有的自然性、地域性、历史性、传承性、审美性、艺术性及其生命力。与此同时，通过鄂温克族的服饰文化，不仅能领略到鄂温克族世代相承的服饰工艺技能、服饰文化知识、服饰民俗特征，乃至极其珍贵的物质文化遗产保护，更为可贵的是人们还能够深刻地感受到其中包含的鄂温克族人民对于真善美的追求及未来美好生活的无限渴望。

　　当然，我们也应该理性地承认，伴随人类文明社会的不断发展和成熟，以及人们不断强化生态环境保护意识，特别是国家颁布《中华人民共和国野生动物保护法》以后，鄂温克族传统的动物毛皮服饰受到空前的冲击。不过，他们十分理性地接受了面对的客观现实。为了保护野生动物，他们放弃了相伴千百年的野生动物毛皮服饰，并很快用牛、羊等毛皮材料替代了野生动物毛皮材料。甚至许多人用保暖性能很强的羽绒衣、太空棉衣、现代保暖衣等替代了他们传统的野生动物毛皮衣裤和长袍。然而，人们也看到，鄂温克族传统的毛皮服饰文化，以及独到而别具特色的缝制技巧等开始逐步消失。尤其是掌握这些缝制工艺的老年人变得越来越少，使鄂温克族传统的毛皮服饰文化保护工作变得更加紧迫。

鄂温克族现代服饰的种类、款式风格、面料颜色和缝制工艺等均有了很大变化。甚至可以说，在此方面的发展变化很大也很快，似乎快得没有留下更多的时间去认真琢磨鄂温克族传统服饰文化中承载的许多历史印迹，远古文明中值得重视的深刻内涵，反倒在追随现代服饰文化铺天盖地袭来的历史潮流。其结果不言而喻，他们服饰中传统的东西越来越少，取而代之的是世界大一统服饰文化背景下产生的千篇一律的产物。另外，自然环境的变化以及全球气候变暖，使他们在严寒的冬天即使不用穿毛皮衣物也能够过冬了。所有这些，无论来自自然界的变化还是源自社会的快速迅猛的发展，不论是来自客观世界还是主观愿望，都直接或间接地影响着鄂温克族传统毛皮服饰及皮制衣服的传承与发展。好在生活在深山老林及草原深处的牧养驯鹿或牛、马、羊的鄂温克族牧人，用他们天性般的执着和虔诚，一定程度地保存着传统服饰及其款式风格。有的鄂温克族将本民族的传统服饰自觉地珍存了下来，只有盛大的喜庆佳节的时候才把它拿出来穿在身上，展示着他们的祖先传承给后人的服饰文化与文明。从这个角度上讲，他们的民族服饰几乎成了节日服装，或者成为一种靓丽的演出服装。

实际上，现在的鄂温克族妇女中，只有一些老人仍用传统方式熟制牛、羊及驯鹿等家畜的毛皮和用其缝制毛皮衣物。而且，现在所说的毛皮服饰或皮质衣裤等，已经完全不用野生动物毛皮了。尽管如此，牧区或林区的鄂温克族老年人，到了严寒的冬季还是比较喜欢穿自己用传统方式鞣制的柔软而舒适的毛皮长袍。在农区，在从事农业生产的同时兼搞牛、羊、马养殖业的鄂温克族老人，在本民族节日或特殊的喜庆之日才穿民族服饰，他们还经常穿着传统的毛皮服饰在各种节庆活动中进行服饰表演，还经常给我国的非遗保护组织，给文艺演出部门、民族博物馆、民族展览馆等文化宣传部门亲手缝制传统意义上的毛皮服饰。令人感到高兴的是，近些年在呼伦贝尔大草原上，出现了鄂温克族自治旗鄂温克服饰表演队，以及通古斯鄂温克族牧民服饰表演队，还有牧养驯鹿的鄂温克族牧民服饰表演队等民间组织和业余团体。他们表演中展示的鄂温克族服饰，虽然表现出了本民族服饰文化特色，但在其中包含或者说融入了许多现代服饰和新式服饰文化因素，从而使有的传统服饰变得更加富丽堂皇，有的传统服饰却变得不伦不类。刚才提到的鄂温克族服饰表演队，活动经费主要是由民间集资渠道来解决，人员也都是业余爱好者。当基层组织苏木或嘎查有演出任务时，服饰表演的演员或团队会开自家车前往。另外，很少有部门或个人给予他们经费赞助或支付服饰表演费等。即使在这种情况下，鄂温克族自行成立的服饰表演队或演出队员，心甘情愿而不计报酬地接受邀请，高高兴兴地去进行本民族传统服饰表演。他们认为有责任和义务用这种方式展示和宣传本民族传统服饰文化。在此基础上，她们还打算在以后的服饰表演中，增加传统服饰的制作原料、制作过程、制作技巧、制作艺术等方面的宣传和展示，从而更加完美、更加全面、更加系统地充分利用现代多功能综合性艺术表演手段，表演本民族传统的熏皮、鞣皮、制线、染色等制作工艺，从而起到传承、抢救、保护和弘扬民族服饰文化的作用。在抢救、保护和发展鄂温克服饰文化方面，内蒙古鄂温克研究会也发挥了极其重要的推动作用。由于该研究会集聚了一批热爱本民族传统文化的有识之士，他们有热情、有能力推动服饰文化传承工作。因此，自成立以来，该研究会不仅在鄂温克族服饰文化研究方面做了很多工作，而且为抢救和保护鄂温克族传统服饰文化方面做了不少行之有效的实际工作。比如说，他们在该会会刊《鄂温克研究》中，发表了一系列有关鄂温克服饰文化研究论文，还组织鄂温克族老人以传统方式给表演队缝制服装，等等。他们认为，为了更好地抢救和保护鄂温克族传统服饰文化，应该在一定专项经费资助基础上，组织懂本民族服饰文化，并对本民族服饰感兴趣，事业心和责任心强，肯吃苦的人及社会力量，进行广泛而系统的民间调研，深入细致地搜集整理服饰文化第一手资料，对于每一件传统服饰的缝制过程做全面录像记录，与此同时还要搜集服饰图片资料，等等。还要在此基础上，要对传统服饰的录音、录像、图片、实物等资料开展认真而系统的整理和分类，并由专人和有关部门负责保管。另外，还应该抓紧培养制作毛皮服饰的人才和传承人。

　　我国境内鄂温克族生活、居住的地区，基本上属于温寒带山林农场和天然牧场，他们从事的牧养牛、马、羊和驯鹿的游牧生活及黑土地农田生活，尤其是山林牧场上的纯自然的牧养驯鹿的生产活动，对于他们传统服饰文化传承发挥了重要作用。而且，他们生产生活的极其优越的自然环境，为他们传统服饰文化的传承和延续，源源不断地提供着一切原始材料，自然而然地成为他们传统服饰文化生存发展的沃土。鄂温克族在美丽富饶的草原与山林间生息繁衍的漫长岁月里，在牧养牛、马、羊及驯鹿的游牧生产实践中，以及经营副业狩猎生产的日子里，用他们共同的智慧、丰富的想象力、独到的审美观、超脱一般的创造才能，不断发扬光大品种齐全、款式独特、舒适优美，并洋溢着自然、淳朴、豪放风格的服饰文化。严格地讲，鄂温克族的传统服饰是自然界用迷人的魅力和博大的爱恩赐他们的产物。也是在特定自然环境中，自然而然形成并传承的物质文化。所以，他们的服饰文化的内涵十分丰富。其中，还包含对自然界万物的崇拜，以及同自然界万物和谐相处的深刻思想理念。同时，通过他们服饰的材料、款式、缝制、纹样、图案等方面特征，还能够看出鄂温克族生活的不同自然环境、不同地区，以及他们不同的姓氏家族、不同的社会阶层、不同的生产关系，甚至能够看出是否成家等社会的、家族的、家庭的、辈分的极其复杂的人际或血缘关系等。因此说，他们的传统服饰除了具有地域、历史、民族、习俗研究的物质文化价值之外，还具有与大自然合为一体的极其丰富和特殊的审美、艺术、文化、思想、意念、信仰等十分重要的非物质文化价值。

　　我们认为，服饰文化与文明，在不同的时代和不同的社会，以及在不同的自然环境地域型结构中，具有各自不同的表现形式及其内容，进而自然而然地构成了人类的不同生存环境、不同社会、不同民族、不同时代所具有的独特性与多元化。那么，服饰文化的多样性及其相互交流、相互影响、相互和谐融合、相互创作与发展，对于我们人类而言，就像生物多样性维持生物平衡那样必不可少。从这个意义上讲，服饰文化的自然性、地域性、民族性、独特性和多样性是属于人类的共同遗产。为此我们应当从历史、今天、未来角度充分而认真地考虑，并予以承认和充分的肯定。基于我国民族服饰文化多样性存在及其价值的考虑，我们应该对极具兴安岭大山林游牧文明文化特点、呼伦贝尔大草原游牧文化特色、东北黑土农业文化特征的鄂温克传统服饰文化进行全面抢救和保护。它不仅关系到我国民族服饰文化事业的繁荣发展，也是在国际人权问题的交流中充分展示我国优秀而先进的民族政策法规的必然要求。

第二章
鄂温克族饮食文化

　　饮食文化在鄂温克族文化生活中占有极其重要的位置，它不仅关系他们的物质文化，同时也涉及他们的精神文化领域。例如，鄂温克族萨满信仰世界里，禁止吃马肉、狗肉、鲇鱼肉等。在他们看来，马和狗是人类最忠实的朋友，它们能够听懂人类所有的语言，能够读懂人类内心深处的所有思想和情感，马和狗会帮助人，把人从危难和灾难中解救出来。而且，在他们万物有灵论的信仰世界里，还有马神和狗神崇拜，所以他们不能食用马肉和狗肉。在他们的信仰世界里认为，谁要是吃了马或狗的肉，就会遇到困难或麻烦。在万不得已的情况下真的吃了马肉或狗肉，就必须得像吃熊肉一样举行相关祭祀活动，求得马神和狗神的谅解和宽恕。对于鲇鱼及鲇鱼肉，他们也有特殊的解释，这同样来自他们的信仰。鄂温克族万物有灵论的信仰，坚定地认为鲇鱼是丑恶灵魂的产物，它可以吞食一切善良的生命，甚至每天都在吞食江河湖泊里进入死神或将要走进死神的一切生命，包括人的尸体。由此，它浑身充满细菌和毒素及邪恶，谁要是吃了鲇鱼肉或用它的肉做的饭菜，谁就会患病，就会受到病毒的侵害而遭遇不幸。正因为如此，可以说，鄂温克族饮食文化中包含他们的物质文化和精神文化的内涵。

　　在鄂温克族看来，所有的生命都离不开吃喝，对于人来讲更是如此，饮食是能够延续生命的头等大事。或许正因为饮食对于人们的生命、生存、生活有如此重要的价值和意义，使得他们从未放弃过对于饮食的追求和依靠。

同时，在千百年的历史进程中，他们用共同的劳动和智慧创造出了独具风格且极其丰富的饮食文化和文明。我们所说的鄂温克族饮食文化和文明，应该包含饮食原料、食物和食品加工、菜肴烹饪和饭菜食用以及饮食习惯等内容。饮食习惯中，还涉及饮食礼仪和饮食禁忌等。那么，说到鄂温克族饮食文化，除了刚才提到的饮食结构、饮食原料、食品加工、饮食习俗等之外，还应该包括同他们的饮食密切相关的自然环境、生存条件、生产关系、生活习惯及其传统文化和宗教信仰等方面。毫无疑问，饮食文化是鄂温克族物质文化的重要组成部分，同时也和精神文化有着十分深刻的内在联系。鄂温克族饮食文化，根据不同自然环境和生存条件以及地域关系，不同地区的饮食内容和形式都有一系列区别性特征。比如说，鄂温克族的饮食文化根据农区、林区、牧区等自然环境、社会条件、生活地域、生产方式等的不同，他们的饮食结构、饮食内容、饮食习惯也有所不同。换言之，生活在不同地域的鄂温克族饮食文化各具特色，从而创造出我国东北温寒带，乃至寒温带地区独具风格的饮食生活。而且，在早期，主要以奶食与肉食，以及自然生长的野生果实和野菜为主。但后来，随着鄂温克族生产生活内容的不断改变，尤其是伴随着鄂温克族从事的农业生产活动，他们的饮食结构发生了革命性变化，米面、食用油、鸡蛋及各种蔬菜瓜果等成为他们饮食生活中不可或缺的主要内容。尽管如此，他们还是十分迷恋传统的饮食生活，这使他们许多传统意义上的饮食内容传承至今。

就像任何民族的饮食习惯同他们生活的自然环境和自然条件密切相关一样，鄂温克族生活的温寒带呼伦贝尔大草原及兴安岭浩瀚的山林，基本上决定了他们民族独具特色的饮食文化。而且，生活在幅员辽阔的呼伦贝尔大草原，以及富饶美丽的兴安岭山林深处的鄂温克族基本上从事畜牧业生产，只有一部分人从事半农半牧或者纯粹的农业生产。在过去一段时间，林业、采集业、狩猎业生产是属于他们的附属性产业，后来由于《中华人民共和国森林保护法》《中华人民共和国野生动物保护法》等法律的颁布和实施，他们所从事的那些附属性产业基本上失去了存在的意义，绝大多数人全身心地投入畜牧业、农业、养殖业，以及旅游业、艺术品加工等家庭化的小产业或市场化的经济活动。所有这些，直接影响到他们传统的饮食文化。然而，也许是由于一如既往地生活在草原山林，以及生活的自然环境和条件没有产生根本性变化的缘故，他们至今还在一定程度上保存着传统的饮食文化。而且，他们的饮食生活及习俗，都和他们从事或经营的生产活动有十分密切的内在联系。比如，生活在草原上，从事畜牧业生产的鄂温克族饮食内容中，有奶茶、奶食品、手抓肉及各种面食；生活在农区，从事农业经济的鄂温克族饮食，主要涉及茶水、炒菜、米饭及各种炖菜，猪肉和鸡、鸭、鹅的肉和蛋等；生活在兴安岭的深山老林里，从事山林自然牧养驯鹿的鄂温克族饮食，以喝驯鹿奶茶、吃驯鹿肉、食用各种山野菜和山蘑、自制面包为主。从这些各自不同的饮食内容看，生活在不同自然环境或自然条件下的鄂温克族，均有自己的饮食特点、风格和品味。下面从饮食文化视角，谈谈鄂温克族丰富多彩的饮食文化。

第一节　奶食文化

　　无论是谁，只要踏上美丽富饶的鄂温克大草原，就会自然而然地感受到从游牧包内扑鼻而来的浓重的乳香味。这种香味让人难以忘怀，流连忘返。那是一个特殊的、自然的、富裕的、美好的、绿色的饮食文化世界，人们亲昵地称它为鄂温克大草原馈赠的美味佳肴。这是生活在鄂温克大草原，以牧养牛、马、羊和骆驼为生产活动内容和生活依靠的鄂温克族牧民，用他们共同的劳动和智慧创造出的一整套来源于温寒带地区畜牧业生产生活，又服务于他们的畜牧业生产生活，给他们带来无限美好而甘甜的生活品位，给他们的生活注入无限幸福与力量，使他们对生活感到无限温暖与快乐的草原奶食文化。或许正因为如此，当人们迈入鄂温克大草原，迈进鄂温克族牧民的游牧包，那些琳琅满目、丰富多彩、各具风格、香味四溢的乳食品呈现在人们面前时，就能感受到一种无法抵挡的美好、香甜、舒心的生活品位。

　　一谈到草原鄂温克族的乳食品，他们就会欣喜若狂、滔滔不绝，感到十分自豪。实际上，在纯粹意义上的畜牧业经济的鄂温克族饮食文化中，乳食品或者说以乳食品为主的饮食生活占据着十分重要的地位。就其种类来讲，十分繁多，也各具味道。在这里，只是选择性地谈谈与他们的饮食生活形影不离的 iltula（依鲁图拉）"奶皮子"、shinge（幸格）"稀奶油"、shigaring（西嘎林）"黄奶油"、eedum（额杜么）"奶渣子"、jisunmu（吉颂莫）"酸牛奶"、aarchi（阿日齐）"酸奶酪"、eerum（额乳母）"奶皮子"、chege（车戈）"奶酒"等奶食品。

一 依鲁图拉（iltula）

鄂温克语里"依鲁图拉"一词是指"奶皮子"。他们说的奶皮子，就是指浮在奶子上面的一层薄薄的白色透明的奶脂。鲜牛奶放的时间长了，就会自然而然地产生奶皮子。他们说，奶皮子是奶的精华，是最有营养、最香美、最好吃的部分。后来人们觉得奶子自然形成的薄薄的奶皮子无法满足食欲，就琢磨出人工制作奶皮子的方法。从此往后，人们一定程度上满足了想吃香味扑鼻的奶食精品奶皮子的强烈欲望。他们做奶皮子时，首先把刚刚挤下来的新鲜牛奶放入铁锅内，用 etur（额图尔）"干硬的羊粪"生火慢慢烧开，同时不断地用大木勺子反复从上向下翻扬，以此达到奶子的奶水和奶脂全部相互脱离的程度，使所有奶脂都浮在奶水的上面。很有意思的是，浮在奶水上面的奶脂，会形成厚度为 0.5 厘米左右的泡沫状白色乳食品。他们说，奶皮子呈现泡沫状的原因是奶皮子中含有一定量的奶水，所以此时的奶脂不属于完全意义上的奶皮子。那么，反过来讲，在酿制奶皮子之后，剩下的奶水中也有一些没有完全脱离掉的奶脂。所以，在这种情况下，有的人家将还有一些奶脂的奶水作为脱脂奶来食用。据了解，用文火慢慢烧开牛奶使其脱脂，需要一个小时左右。用他们的话说，烧开得越慢，奶子的脱脂性就会越好，奶皮子就会变得越厚。当然，烧开的时间太长，或者说火势太大，都会造成奶皮子跑味。一般人家，把牛奶用文火烧一个小时左右，奶水上面形成奶皮子之后，就会将铁锅从炉火上挪开，拿到通风阴凉处放置一个小时左右，使奶水上的奶皮子渐渐冷却并凝固成型。等奶皮子变成一层凝固的凹凸不平的形状时，用刀子将其与铁锅完全分开，然后用筷子或笊篱从铁锅中拿出来,平放在事先准备好的平整的木板或苇帘子上,再拿到通风阴凉处慢慢风干。当奶皮子干到一定程度时,就会把它储存到通风好的食品柜里,每次喝奶茶时放入其中和奶茶一起食用,有时也会让孩子们直接食用或让孩子们将奶皮子夹在烙饼或面包里享用。据他们讲,奶皮子有特定的营养价值,尤其是给正在长身体的孩子或给缺钙缺营养的孩子吃奶皮子,有特殊的补钙和补充营养作用。还有,鄂温克族妇女怀孕时,也会多吃奶皮子。

二 幸格（shinge）

该词的词义应该是"白奶油"。不过,也有人将其说成"稀奶油"。事实上,这里所说的白奶油是相对于黄奶油而言的奶食品。不过,就像人们将黄奶油说成黄油一样,把白奶油也会经常说成白油。制作白奶油时,先将新鲜牛奶倒入高约 1 米、底部直径约有 0.4 米、顶部直径约有 0.25 米的圆形木桶里,每天用带有十字头的木棍不快不慢地上下搅动五次到六次,每次搅动 10—15 分钟,甚至有的人每次上下搅动 30 分钟左右。等到新鲜牛奶慢慢被发酵而变得有酸味时,奶子中的白色奶脂就会渐渐从酸奶水中分离出来,慢慢浮现在酸奶水的上面。这时,人们就可以用木勺子把白奶油从木桶内舀到盘子或碗里,吃饭时抹在面包上食用,也可以抹在烙饼、馒头、点心上食用。白奶油吃起来不仅香喷喷的,同时还有微微的酸味,因此十分开胃。鄂温克族也有在白奶油里泡上炒米,再加一些白砂糖吃的习惯。这样吃起来,味道变得更加酸甜香美。他们说,在一般情况下,100 斤上下的新鲜牛奶只能提炼出 5—6 斤的白奶油。他们还认为,由新鲜牛奶发酵而酿制的白奶油虽然有一点酸味,但其中奶脂含量高,营养成分相当丰富,还有特殊的香味而且很美味。特别是对于那些刚刚学吃东西的婴儿来讲,白奶油是十分理想的食物。

三 西嘎林（shigaring）

该词是属于鄂温克语里表示颜色的形容词,主要是指"黄的"之义。在这里，当然是指"黄奶油"。众所周知，鄂温克人吃的黄奶油就是指黄色的奶油，也是相对于白奶油而言的概念。他们说，黄奶油是由白奶油提炼而成，是属于奶子中的最为精华的部分。它有着任何一种营养品都无法比拟的营养价值，可谓奶食品中的营养之王。实际上，制作黄奶油的方法和程序不是十分复杂，说白了就是将成品白奶油用纱布捞出来后，把其中留存的奶水过滤干净，然后倒入铁锅内，用羊粪作燃料的文火慢慢熬开。同时，用大木勺或大铝勺频频上下扬或翻动，等到白奶油中残留的奶水全部蒸发干净后，白颜色的奶油就会自然而然地变成微黄色或深黄色的奶油。他们说，黄奶油味道独特而醇香，内含极其丰富而重要的生物有机体所必需的营养物质。尤其是对于人体补钙和防治老年人的骨质疏松有特殊功效。所以，草原上的鄂温克族都喜欢饮用它，也是他们强身健体的重要食物。对于中老年人来讲，每天喝茶时都要放黄奶油。黄奶油也是他们在日常生活中招待尊贵的宾客及相互赠送的理想礼物。为了食用方便，鄂温克族牧民们经常将其放入用羊肚特别加工而成的皮袋子或瓶子里储存，并在一年的冬夏春秋不间断地食用。除此之外，他们也将黄奶油抹在面包或油饼上食用，也经常夹在煮熟的土豆中间食用。据说，夹在土豆里吃，其营养价值发挥得更好。所以，对于中老年人来讲，黄奶油的这些吃法非常受欢迎。黄奶油对于人体缺钙和骨质疏松等，有特殊的功效和疗效，人们都将它美称为中老年人强身、补钙、补充营养的顶级奶食品。

四 额杜么（eedum）

在鄂温克语里是指"奶渣子"，也是生活在富饶美丽的大草原、从事畜牧业生产活动的鄂温克族牧民喜食的奶食品之一。他们说，奶渣子的味道酸甜可口，有十分浓重的乳香味。奶渣子的做法并不复杂，也比较简单。首先，将已经做好的酸牛奶倒进锅里加火烧开，而且用文火不间断地烧半小时左右，这时酸奶中的奶水基本上被分解出来了。紧接着就会用小勺把分解出来的奶水全部舀出来，锅里就剩下带有黏性的酸奶渣子，这就是人们所说的奶渣子。鄂温克人食用奶渣子时，将其盛到碗里或盘子里，再撒上一些白糖和白奶油，并用勺子把它们搅拌均匀后食用。据他们讲，白奶油和白糖搅拌而成的奶渣子不仅有酸甜香美的味道，同时还能当饱，十分扛饿。出门放牧的人，若是早上吃上一碗奶渣子，再喝上几碗香喷喷的奶茶，那么一整天不吃饭都没问题。除此以外，鄂温克人还有一种非常有趣而新奇的吃奶渣子的方法。那就是，当奶渣子快要成为成品的时候，把一种叫臭李子的野果捣成果酱放入其中，搅拌均匀，再用文火慢慢烧开，等各种味道和颜色相互渗透，臭李子的天然甜味与醇香酸味的奶渣子合为一体，并呈深紫色，发出阵阵扑鼻而来的酸甜香味时，人们就可以从铁锅里将其舀出来，放在碗里或盘子里食用。这时的奶渣子，就会自然而然地变成人们所说的稠李子奶渣，食用起来不仅非常开胃、有助消化，还有促进体内铅的排出及营养保健的功效。

五　吉颂莫（jisunmu）

表示"酸牛奶"之义，有时也叫 jisung-uhung，其中的 jisung 是形容词，主要指"酸的"意思，而 uhung 是表示"奶子"之意的名词。但许多时候，或者说多数人指酸奶时，都使用 jisunmu 一词。对从事畜牧业生产的鄂温克族来说，酸牛奶是极为理想的消暑饮料，深受牧民们的青睐，无论男女老少都喜欢喝酸牛奶。在炎热的夏天，不管渴不渴，只要喝上一杯清凉爽口、原汁原味的酸牛奶，不仅能够解渴，也能够起到防暑降温的作用。在草原上，鄂温克族喝的酸牛奶，分为生酸奶和熟酸奶两种。其中，生酸奶的制作方法十分简单，甚至可以说，生酸奶不是人工制作，而是自然发酸生成的奶食饮料。他们将刚刚挤下或喝剩下的新鲜牛奶，倒入木桶或铁桶、铁盆里，放置在空气流通的温凉处，也不需要任何人工搅动或其他加工，就那么放置到新鲜牛奶自然发酵成酸奶。他们把这种自然发酵而成的酸牛奶称为生酸奶。很有意思的是，生酸奶形成时会变成又软又酸的豆腐状。人们可以不加任何调味料或砂糖，用小勺直接舀着吃。所谓的熟酸奶是指，在新鲜奶子中倒入适量酸奶引子，放置于跟酿制白奶油相同的上部直径小底部直径大的高约1米的圆木桶里，在18℃左右的游牧包中每天用带有十字头的搅拌棍上下搅拌五六次，到了第二天或第三天奶子就会发酵成熟酸奶。事实上，第二天就可以饮用，但酸味不够。所以，一般从第三天开始，将熟酸奶从酿造酸牛奶的圆木桶里拿出来喝。用他们的话说，熟酸奶在木桶里待的时间越长酸度越高，酸度越高营养成分就越高。甚至，有的人把熟酸奶就那么放在酸奶桶里长期饮用，等圆木桶里的熟酸奶喝得差不多了，就会及时在上面加入新鲜牛奶。而且，不论喝不喝圆木桶里的熟酸奶，每天都要将其搅动五六次，否则木桶里的酸牛奶就会变味或变质，失去熟酸奶应有的味道和营养价值。熟酸奶的形成过程比生酸奶要复杂，是经人工制作而成的奶食饮料。据他们讲，无论是生酸奶还是熟酸奶，都含有多种营养成分，尤其是乳酸菌极其丰富，所以被美称为纯绿色的"酵母饮料""胃得乐""胃素片"，对于胃消化系统的保护、增强胃功能、胃黏膜的补充、慢性胃病的治疗，以及肺结核病、血管病等的治疗均有十分积极的医疗效果。正因为如此，草原上的鄂温克族习惯于用酸奶祛病健身，防止各种病害。另外，他们饮用酸奶时，在里面还放入白糖、蜂蜜、白奶油等，这使酸奶变得更加可口，营养价值、营养要素、营养成分变得更高、更丰富、更有实效。

在这里还需说明的是，上面介绍酸奶时专门提到酸牛奶，而没说酸奶的原因是，除了牛奶之外像羊奶、马奶、骆驼奶、驯鹿奶也都能酿制酸奶。然而，草原上的鄂温克族，只喝用牛奶酿制的酸奶，不喝用其他牲畜的奶子酿制的酸奶。不过，生活在山林地带，从事牧养驯鹿业生产活动的鄂温克族却每天饮用驯鹿奶酸奶。另外，生活在农区的鄂温克族，有时也会用羊奶做成酸奶喝。但喝驯鹿奶酸奶或羊奶酸奶的人毕竟很少，绝大多数鄂温克族饮用的是用牛奶酿造的酸奶，而且熟酸奶和生酸奶都喝。

六 阿日齐（aarchi）

在鄂温克语里指"酸奶酪"，也是他们在日常饮食生活中不可缺少的美味奶制品之一。说到酸奶酪，自然跟酸奶有关系，酸奶酪就是以酸奶为原料制作而成。他们说，制作酸奶酪时：①将事先准备好的酸奶，也就是前面提到的经过人工提炼出来的熟酸奶倒进铁锅里，用干牛粪或干羊粪作燃料的文火慢慢烧开,过 15—20 分钟之后熟酸牛奶中就会自然分解出青黄色的液体;②把青黄色的液体舀出来,铁锅留下的酸奶用文火继续慢慢烧开到变成豆腐状固体为止;③再次从铁锅中舀出青黄色液体,只留下豆腐状凝固体;④第三次用文火继续煮上 30 分钟左右,将其中残留的青黄色液体彻底烧干,同时把豆腐状酸性固体慢慢煮熟;⑤等煮熟后,把它从铁锅里取出来,放在面板或盆子里自然降温变凉;⑥变凉后,用双手抓起豆腐状酸性固体,使劲从指缝里往外挤,被挤出的酸奶凝固体,接连不断地掉落在苇帘子或细柳树条帘子上;⑦把豆腐状酸性固体全部从手指缝里挤出来,弄成形状各异的酸奶酪之后,连同苇帘子或细柳树条帘子一起,拿到游牧包的向阳处或放在游牧车上晒干;⑧一般晾到三天左右,但主要看天气的情况,天热有风时酸奶酪干得就快,有时一天之内就干得差不多,天气不太热又没有风的时候,干得就会比较慢,有时可能需要三天以上。被阳光晒干或被风吹干的酸奶酪,又酸又干、形状各异、各具特色,还带有淡淡的奶香味(见图 2-1)。

图 2-1 酸奶酪

他们食用酸奶酪时,一般是放入熬好的奶茶里泡软后再吃。也有人把酸奶酪放入衣兜随身带着,等想吃或肚子饿的时候随时随地拿出来食用。另外，有的人也会将凝固成豆腐状的酸奶酪，放入方形或长方形木板槽里晒干，等干到一定程度时就会从木板槽里拿出来，用刀子切成1.5厘米或2厘米厚的方形或长方形酸奶豆腐，拿到阳光充足且通风较好处继续晒干。由于被称为酸奶豆腐的奶制品，体积较大又有一定厚度，因此晒干到自己随身携带方便的程度，或达到储存起来不易变味的地步，可能至少要晒五天。但是，也不能将其晒干至使人无法咬动或嚼食的硬度。

对于从事畜牧业生产的鄂温克族来讲，无论是晒干的酸奶酪，还是晒干的酸奶豆腐，都具有与酸奶同样的营养价值和作用。更为重要的是，晒干的酸奶酪或酸奶豆腐均能储存很久，甚至在干燥的条件下可以储存好几年。他们储存好的酸奶酪或酸奶豆腐可以食用一整年，甚至食用好几年。对于那些出远门长时间从事游牧生产或打工的人来说，这些晒干的奶食品是最为理想的随身携带的食物。酸奶酪或酸奶豆腐不仅十分扛饿、当饱，还有清香的奶味、浓重的酸味，所以吃起来很开胃。牧区鄂温克族不仅把酸奶酪放入奶茶中食用，也把酸奶豆腐切割成一个个小方块或长条放入奶茶里食用。这时的奶茶，味道变得更香，还有一种微弱的酸味，喝起来非常开胃。若是严寒的冬天，喝了几碗放了酸奶酪的奶茶，还会给人增加耐寒的热量。与此同时，亲朋好友之间，也会将酸奶酪或酸奶豆腐作为一种上等礼物相互赠送。对于他们来讲，任何一种草原牧区风味的聚餐中，都不应该缺少酸奶酪或酸奶豆腐等奶食品。

除了以上提到的奶食品之外，还有以牛奶为主做成的各种食物。其中，就包括鄂温克族喜食的一些粥类。这些粥类食物，在他们的日常饮食生活中，同样占有较为重要的地位。鄂温克族是一个喜欢食用带汤类食物的民族，他们很少食用炒菜或米饭，特别是对于草原上生活的鄂温克族来讲，食用炒菜或米饭的时候不是太多。掺有奶子的粥类食物他们习惯上都叫 uhung shilushi zheette（乌洪希鲁西哲格特），意思是"带有奶汤的米粥"。鄂温克族在工作或生产忙碌的时候，经常食用这些传统意义上的奶食品。掺奶的粥类做起来并不复杂也不耗时间，还具有细嫩、柔软、易消化等特点。

七　酸奶肉米粥

顾名思义，就是以酸奶为主的原料，或者说用酸奶做主要调味原料熬制的米粥。他们在做酸奶肉米粥时，首先在锅里放入凉水，紧接着在凉水里放入切成小方块的羊肉丁或牛肉丁，并加大火力烧开。等肉汤开了之后，将大米或小米洗干净放入其中继续煮，一直煮到大米或小米肉粥九成熟。紧接着，就会在肉粥里倒入事先准备好的酸奶，最后把放入酸奶的肉米粥煮至完全熟透，等肉米粥有了真正的酸奶味，或者说肉米粥变成真正意义上的酸奶肉米粥时，鄂温克人所说的酸奶肉米粥就算熬制成功。不用说，酸奶肉米粥酸味、香味俱全，具有很强的助消化功效，以及消除胃肠残留细菌的功能。尤其是吃完手扒羊肉后，喝上一碗用煮手扒羊肉的肉汤熬成的酸奶大米肉粥，对消化胃里的食物有特殊功效。听说，酸奶米粥也像喝酸奶或吃酵母片一样，对消化系统、肠胃等有一定积极作用，进而对胃病患者具有一定辅助性疗效。不论怎么说，吃完手抓肉等不好消化的食物后，再喝上一碗酸奶米粥，胃里就会感到很舒服。另外，据鄂温克族妇女讲，加酸奶熬制的小米肉粥更有营养，特别是妇女生完孩子之后喝酸奶小米肉粥更是大补，有特殊的营养价值和功效。鄂温克族妇女在没有现成酸奶的情况下，也可以用酸奶酪或酸奶豆腐来替代。另外，酸奶肉粥的酸度完全由个人来掌握，喜欢食用酸度强的肉米粥就要多放些酸奶，喜欢酸味淡一些的人可以少放些酸奶。但是，不管放入的酸奶有多少，他们都叫它酸奶肉粥。酸奶肉粥深受鄂温克族牧民的喜爱。

八　酸奶米粥

该粥也是以酸奶为主配原料，或用酸奶做主要调味原料熬制的米粥。其熬制的方法，同酸奶肉米粥的做法基本一致。同样首先在锅里放入凉水，紧接着在凉水里直接放入洗干净的大米或小米，然后加火慢慢继续煮，一直煮到大米或小米九成熟。此时在米粥里倒入事先准备好的酸奶，再继续将酸奶米粥煮开至完全熟透，直到米粥有了真正的酸奶味时，才能算熬制完成。可以看出，酸奶米粥同酸奶肉米粥的唯一区别性特征是，酸奶米粥里不放切成小块的肉丁。酸奶米粥同样有酸奶、米香味道，同样具有很强的助消化功效，以及消除胃肠残留细菌的功能，对于消化胃里的食物有其特殊效益，自然对胃病患者也有一定辅助性疗效。鄂温克人吃了不易消化的食物，喜欢喝不放肉的酸奶米粥，这样胃里就会感到很舒服。尤其是老年人、小孩、孕妇及产后的妇女，非常喜欢喝用小米熬制的酸奶米粥。对于他们来讲，酸奶米粥不只帮助胃肠消化食物，同时也有很高的营养价值。熬制酸奶米粥时，也可以用酸奶酪或酸奶豆腐替代新鲜酸奶。其实，不只是老人小孩，鄂温克族所有人都很喜欢喝酸奶米粥。特别是在炎热的夏天，喝上一碗冰镇或凉爽的酸奶米粥，不仅可以解暑，还会感到很舒服。为此，鄂温克人解释说，冰镇或凉爽可口的酸奶米粥是他们炎热的夏季解暑的理想饮料。

九　奶油荞麦米粥

这是从事农业生产的鄂温克族食用的一种放奶油的米粥，用鄂温克语叫 amusung "阿姆松"。其做法是，首先将锅中的清水煮开，然后放入洗干净的荞麦米煮熟。这时，他们就会用铁勺或木勺，把已经煮好的荞麦米全部碾压成黏糊状，紧接着在黏糊状的米粥里放入一些牛奶和黄油、牛奶皮子等奶食品，然后搅拌到一起食用。他们把这种米粥用汉语说成"奶油荞麦米粥"。从事农业生产活动的鄂温克族在每年腊月初八，家家户户都必须食用这种用牛奶、黄油和牛奶皮子为调味原料做成的荞麦米粥。用他们的话说，在腊月初八吃这种特殊品味的米粥，完全是为了防寒御冻。在他们看来，奶油荞麦米粥有特殊的御寒功效，尤其是其中的黄油、奶皮子除了御寒功效之外，还有增强体能、强化免疫力、增补骨质营养、强身健体等方面的作用。不过，农区的鄂温克族，除了腊月初八之外，在深秋季节或天寒地冻的时候，也会经常性食用奶油荞麦米粥，或用此美味佳肴款待远方的宾客。

十　奶糖米粥

这是鄂温克族常给孩子们做的一种方便食物，是家里的大人忙于生产或工作时,给孩子们经常熬制的拿手米粥之一。奶糖米粥不像做面食那样又和面又切面费时间,熬制该米粥时先将稷子米用牛奶煮熟,再放入白糖、奶油、奶皮子等后,继续煮两三分钟就可食用。具体来说:①将新鲜牛奶放入锅内煮开;②放入炒熟的稷子米;③牛奶锅中的稷子米煮至九成熟时,及时加入事先准备好的奶油、奶皮子、白糖等;④继续边搅拌边熬制稷子米至完全熟透为止。这时,就可以从锅里拿出来食用。毫无疑问,奶糖米粥味道香甜、鲜美、柔和,同时还有较高的营养价值,能充饥当饱,制作简单快捷,是在劳动生产繁忙的季节给孩子们做的理想午餐。鄂温克族将奶糖米粥称为 aru "阿乳"。或许是因为放白糖有甜味的原因,这种米粥深受孩子们的欢迎。他们非常爱吃奶糖米粥,这也是他们作为方便食品来食用的理想午餐。

十一 牛奶面片

牛奶面片是一种营养元素很高的奶食品,有很强的营养价值和作用。做牛奶面片时:①将新鲜牛奶放入铁锅中煮开;②把和好的面切成长条宽面,一片片揪到开着的鲜奶锅里;③等面片快要熟的时候,放入适量食盐,将面片煮熟为止。有人还为了增加牛奶面片的营养价值,在其中放入一些黄奶油,使其变得更加油润、浓香、柔和、美味和有营养。牛奶面片,在整个鄂温克族,包括牧区、农区、山林地区的鄂温克人,无一例外地都喜欢食用。牛奶面片也是老人和小孩最喜欢吃的晚餐。他们说,牛奶面片对于孩子的发育,对防止老年人的骨质疏松和补养健骨等有特殊功效。这种饭,鄂温克族过去吃得比较多,但现在吃得不那么多了。很有意思的是,现在家里的孩子们并不喜欢吃此类饭,觉得吃起来不太香或不够味。更为重要的是,现在的奶价很高,用一大锅鲜牛奶熬制面片,觉得太浪费牛奶,还不如倒入小杯子里一杯一杯地喝。或许是因为这些原因,他们做牛奶面条、吃牛奶面片的情况越来越少了(见图2-2)。

图 2-2　牛奶面片

十二　奶酒

鄂温克族的奶食文化中，还包括用牛奶或马奶酿造的"奶酒"。而且，好像在鄂温克语里均叫车戈（chege）。奶酒是鄂温克族男士们喜欢饮用的一种酒类，特别是上了年纪的鄂温克族男士比较喜欢喝奶酒。不过，据他们的老人讲，在过去鄂温克族不论男女老少都不喝酒，学会喝酒是后来的事情。从严格意义上讲，他们是从20世纪以后才开始喝酒。尤其是，伴随鄂温克族地区迁徙而来的内陆移民的不断增多，以及他们随身带来的酒和酒文化，使鄂温克族中喝酒的现象也不断多了起来。加上20世纪60年代后期开始的"文化大革命"，几乎毁掉了鄂温克族一切传统的文化与文明，这使鄂温克族萨满信仰世界里信奉的禁酒戒律完全被打破。在他们传统的信仰意识中，只有上天、年岁特别大的老人、患有绝症而快要死的人才能喝酒。而健康的人、中青年、妇女都严禁喝酒。后来，这种戒律被打破之后，鄂温克族中喝酒的人不断增多。赶上节假日或各种庆典活动，酒会成为其中的主要饮品之一，从而酒也自然成为他们饮食文化的组成部分。

牛奶酒——鄂温克族喝的牛奶酒，就是用牛奶酿制而成的。他们说，鄂温克族酿制牛奶酒的方法比较科学。其制作过程主要是：①将处理好的酸牛奶从圆木桶里倒入铁锅；②在倒入酸奶的铁锅上扣放一个无底的大口木桶，木桶一侧有一直径为3厘米左右的圆形斜穿的口子，从该口内斜插一根凹型柳木槽杆，该柳木槽杆的一头斜着向上对上圆口大木桶上面放置的锅底，另一头向下斜着对上放在铁锅外的接酒桶；③一切准备好后，就用木柴将铁锅内的酸奶慢慢烧开；④酸奶煮开而产生的蒸汽遇到上面的凉水锅时，就会变成酒顺着柳木槽杆流出来，不断滴入事先准备好的盛酒桶内。到此时，酸奶酿酒的工作全部结束。一般来讲，5公升酸奶能够酿造出4斤左右的牛奶酒。据他们说，牛奶酒的酒精度很低，一般在8度上下。许多时候，只有家里的老年人喝牛奶酒，其他人少喝或者不喝。特别是家里来了远方的客人时，鄂温克族老人就用浓香的牛奶酒接待他们。另外，在那冰天雪地的北国，长时间在马背上从事畜牧业生产的中老年牧人，独自一人在严寒的冰雪天放牧时，也会偶尔从怀里拿出牛奶酒喝几口祛寒暖身，祛走孤独与寂寞，给自己增加精神安慰和力量（图2-3为牛奶酒）。

图2-3 牛奶酒

马奶酒——鄂温克族除了酿造牛奶酒之外，还要酿造马奶酒。实际上，他们酿造马奶酒的道具、手段、程序等，同酿造牛奶酒的过程基本一致。不过，不同的是，酿造马奶酒的原料是酸马奶，而酿造牛奶酒的原料是牛奶。在早期，生活在呼伦贝尔草原牧区、从事畜牧业生产的鄂温克族，同样将马奶酒作为敬神、敬萨满、敬老人的精神产物来使用，后来也就变成了大家喜庆佳节饮用的酒水。同时，他们也会经常把自己亲手酿造的马奶酒作为礼物送给朋友，亲朋好友相聚时也喝些马奶酒。

在这里，需要强调说明的是，从古至今鄂温克族敬拜各种神灵时，一般用牛奶酒或马奶酒。在他们看来，用洁白、纯净、浓香的牛奶或马奶，自己亲自精心酿造的奶酒具有神圣的内涵，可以充分代表他们洁白、干净、善良、质朴的内心世界，能够代表他们对于天神和所有神灵的无限真诚的膜拜与信仰。用牛奶酒或马奶酒敬天神或所有神灵，神灵会不断地保佑他们，给他们带来更加美好的生活和未来。

综上所述，鄂温克族历来十分青睐和信仰奶制品，他们禁止把吃喝剩下的牛奶或奶食品倒掉或到处乱扔。在他们看来，倒掉或扔掉奶制品就意味着倒掉或扔掉了福气、福分、福缘。在他们的信仰世界里还认为，奶子是人类能够来到这个世界并能繁衍生息的最主要的条件和因素之一，也是人类生存的主要依靠。特别是，对于从事畜牧业生产活动的鄂温克族来讲，这种对于奶子的膜拜与信仰思想根深蒂固，进而使他们带着一种对于生命的深刻认识，带着信仰的心理对待牛奶、马奶、驯鹿奶及奶食品。

第二节　茶食文化

鄂温克族饮食文化与文明中，茶食文化占据十分重要的地位。用他们的话说"一天不吃饭可以，但不能不喝茶"。但是，他们所说的茶一般是指"奶茶"。奶茶包括牛奶茶、驯鹿奶茶、无盐奶茶、甜味奶茶等。除此之外，还有面奶茶、肉奶茶。从饮食文化的角度来讲，他们的茶食文化比较丰富。

奶茶是鄂温克族传统饮食之一，也是他们古老饮食的一个主要组成部分。鄂温克族在日常生产生活中，从早到晚都离不开奶茶，没有奶茶就会感到浑身没有力气和精神，觉得缺少了什么。或许正因为如此，他们把自己饮用的奶茶比作西方人的咖啡，进而同咖啡相提并论。所以，鄂温克人常常对远方的客人们说："奶茶就是我们的草原咖啡！""奶茶是我们的精神饮料！"可想而知，奶茶已成为鄂温克族物质生活和精神生活中不可或缺的主要内容之一，享有很高的声誉。毫无疑问，这跟鄂温克族奶茶的悠久历史及其丰富营养，以及与草原畜牧业生产生活密不可分的内在联系等密切相关。

一　牛奶茶

鄂温克语叫 uhungshi sie "乌洪式赛"，这其中 uhungshi "乌洪式"是指"有奶子的"意思，sie "赛"是表示"茶"，加起来就是表示"有奶子的茶"，简称为"奶茶"（见图 2-4）。更准确地讲，他们说的"奶茶"是指

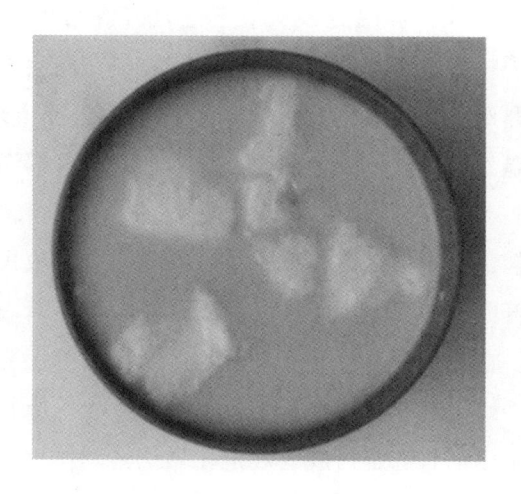

图 2-4　牛奶茶

"牛奶茶"，而不是说"马奶茶"、"羊奶茶"或"驼奶茶"。因为，鄂温克人几乎不喝"牛奶茶"之外的奶茶。只是生活在兴安岭深山老林里，自然牧养驯鹿的一小部分鄂温克族属于例外，他们喝的是用驯鹿奶熬制的奶茶。鄂温

克人很早就习惯喝奶茶，早期他们的先民喝的奶茶是用山林中的一种苦叶草熬制成深红色茶水，然后加入驯鹿奶熬成奶茶喝。由于熬制奶茶的所谓茶叶是属于山林中晒干的苦叶草，所以熬制而成的茶水也有浓浓的苦味，因而也就被称为苦奶茶或苦咖啡式的奶茶。后来，他们从俄罗斯人那里买来红茶熬奶茶喝。鄂温克人几乎每天煮两到三次奶茶，基本上每顿饭都离不开奶茶，特别是在早餐中，奶茶是最为重要的饮食内容，就是不吃主食也不能不喝奶茶，许多年纪大的鄂温克族老人，在早餐只喝奶茶而不吃其他东西。有的人家就是到了中午，也喝奶茶吃些烙饼或自制面包，很少吃其他饭菜。到了晚上，才吃一顿肉面或肉粥之类的晚餐，但同时还要熬一锅奶茶，晚餐后大家坐在一起喝奶茶。也就是说，鄂温克族传统的饮食习惯中，早、午、晚三餐都离不开奶茶。奶茶还是鄂温克族接待客人时不可缺少的饮食。一开始，从山林来到草原的鄂温克人，用草原上生长的 hahukta "哈呼特"、jisung "吉苏恩"等野草野花的干枝叶及花瓣等，熬成血红色的茶叶水并加入牛奶制成奶茶饮用。再后来，牧区鄂温克族从卜奎（现齐齐哈尔）买来红砖茶熬奶茶。呼伦贝尔有了甘珠尔庙会之后，鄂温克族牧民在庙会上从汉商那里买红砖茶或黑砖茶来熬奶茶。而且，此后海拉尔的相关店铺出现卖茶叶的商人，给爱喝奶茶的鄂温克族提供了很大方便，基本上满足了鄂温克族对于茶叶的需求。

根据调研资料，不论是生活在草原牧区的鄂温克族牧民，还是生活在兴安岭山林深处牧养驯鹿的鄂温克族牧民，或是在农村经营农场的鄂温克族农民，都爱喝奶茶。在呼伦贝尔草原从事畜牧业生产的鄂温克人熬奶茶时，主要使用水、新鲜牛奶、红砖茶、稷子米或小米、食盐等原料。他们熬奶茶时比较讲究，每道工序都有约定俗成的规范化做法。具体讲的话，就有如下几个程序。

（1）在铁锅里放入凉水，等锅里的水烧到一定温度时，就会在其中放入处理成碎块或碎末的红砖茶，等到锅里的茶水经过一段时间的沸腾，成为深红色或紫红色、铁红色的茶水时，就会把茶水连同茶叶一道从锅里舀出来，同时纱布袋过滤掉所有茶叶，在茶桶子里只留下茶水；

（2）刷干净的铁锅，放入一些切成薄片的羊尾，把羊尾里的油用热锅榨出来，紧接着用热锅中的羊尾油炒熟放入锅中的稷子米或小米；

（3）把锅里的稷子米或小米用羊尾油炒熟后，先放入 1/5 的茶水煮炒熟的米，等用茶水煮的炒米变为七成软时，再把茶桶剩下的 4/5 的茶水全部倒入锅内继续熬茶；

（4）在倒入锅里的茶水还未烧开之前放入适量食盐，等锅里带米的茶水烧开后倒入新鲜牛奶，再增强火候把倒入牛奶并有茶米的奶茶烧开。其间，还要不断地用大水舀子反复扬茶调味，使红茶、羊尾油、炒米、食盐、牛奶味等完全融为一体，散发出草原奶茶特有的喷香味时，才从锅内舀到奶茶桶里饮用。

用他们的话说，熬奶茶时任何一个环节也不能疏忽，包括红砖茶叶、羊尾油、炒米、食盐、牛奶等的用量一定要严格把握，否则会直接影响奶茶的质量和品味。比如说，红砖茶叶多了奶茶就会变苦涩，羊尾油多了奶茶就会过于油腻，稷子米或小米多了或炒过头了就变成米粥味或煳味过浓，食盐多了变咸奶茶，牛奶多了就品不出茶叶、羊尾油、米等的味道，自然也喝不出鄂温克族草原奶茶喷香的美味。另外，熬奶茶时，一定要掌握好火候，什么时候增强火力或减弱火力均有约定俗成的说法。例如，炒米的时候火不能太大，不然的话会将茶米烧煳；刚倒入凉牛奶的奶茶，一定要加大火力尽快烧开，否则锅中的奶茶就会失掉奶茶的本色；倒入锅内，同炒好的米一起煮的茶水，一般要煮 5—8 分钟，否则茶米达不到八成熟；用于熬奶茶的牛奶必须是刚刚挤下来不超过两个小时的新鲜牛奶，或者说越新鲜越好，奶子越新鲜奶茶就越好喝，等等。

在千百年的游牧生产活动中，鄂温克族牧民总结出了一整套熬奶茶的方法，制作了熬奶茶的一整套得心应手的工具。比如说，用来熬奶茶的工具中，就有一定厚度的铁锅、过滤茶叶的纱布袋、炒米用的弯头木棍、奶茶桶等几种。这些工具的形状、大小、颜色等均有严格意义上的要求。在这里，还有必要解释的是，熬奶茶的锅必须是铁制的，并要有一定厚度。在他们看来，唯有用一定厚度的铁锅熬出来的奶茶，才有真正的草原奶茶的味道。与此相比，用薄铁锅或铝锅熬的奶茶显得味不正。再说，鄂温克人认为，用头部弯曲的木棍炒出来的米比铁制炒勺炒的米好吃。还有，鄂温克人盛奶茶的桶子几乎都是乳白色圆柱形的大小不一的瓷桶或瓷盆。他们说，用这种器具盛奶茶能够长久保持奶茶的香味。诚然如此，冒着热气、散发香味的奶茶盛在乳白色、明净的瓷制茶桶里，确实给人一种分外的享受和美感，使人喝奶茶时觉得十分舒服和香甜。

如前所说，鄂温克人一日三餐都离不开奶茶。按传统的饮食习惯来说，早晨和中午都是必须喝奶茶、吃烙饼或自制面包以及乳制品等。他们的早茶在6点至7点之间进行，这要依据季节的变换和日照时间的长短来定，夏天的畜牧业生产活动一般在4点左右就开始，所以饮早茶的时间也比较早。严寒的冬季，鄂温克族生活的东北牧场太阳出来得较晚，因而每天出工的时间也不早，自然喝早茶的时间也在7点钟左右。他们多数人在中午12点前后喝午茶，就是吃了其他饭菜也要喝午茶。他们的晚饭是在5点至6点之间进行，这也要根据季节来定，晚饭一般吃肉汤面、肉粥、手扒肉，很少吃炒菜米饭。但是，不论吃什么，晚饭后他们同样会熬一锅奶茶一直喝到很晚。用他们的话说："饭后不喝牛奶茶，胃里就会受不了，甚至会影响睡眠。"鄂温克人不仅在一日三餐中均有奶茶，就是在三餐之间也经常喝奶茶。说来也怪，他们每人每天就这么没完没了地喝奶茶，也不感到腻味或觉得多余，也不知道都喝到哪里去了。当问到他们时，就会说"都变成了汗水和智慧"。他们喝奶茶时，在奶茶里还要放黄奶油、奶皮子、奶酪等来调味和强化营养。说实话，他们喝的草原奶茶，确实很有营养，能够补充体内的许多营养元素，使人喝后感到提神、舒服与快意。

鄂温克人不仅自己非常喜爱喝奶茶，家中来了亲朋好友或尊贵的宾客，也首先用喷香的奶茶和奶食品招待。因此，在鄂温克族中流传着这样一句话："烧旺炉火迎贵客，献上奶茶表诚意。"对于鄂温克人来说，有客人来家里是一件喜事。他们认为，外出的人不会背着自己的家走，所以谁外出都一样会遇到许多麻烦或困难。所以，一定要真诚款待外来的客人。不论来访的客人是谁，即使是过路人偶尔来家里歇歇脚，只要是一脚迈入鄂温克人的家门，主人都会马上奉上一碗热气腾腾而香味扑鼻的奶茶，并热情地款待。正因如此，奶茶已成为鄂温克人盛情款待四方宾客、传情交友的重要饮品之一。在鄂温克人的心目中，奶茶还是幸福、吉祥的象征。他们用纯净、新鲜的牛奶茶祭祀天神、敖包和祖先，祈求幸福与美好的未来。

二 驯鹿奶茶

生活在兴安岭的山林深处、在山林牧场上从事自然牧养驯鹿的鄂温克人，常年喝用驯鹿奶熬制而成的奶茶。驯鹿奶茶的主要原料有纯净水、红砖茶、驯鹿鲜奶、食盐等。熬驯鹿奶茶的方式和程序要比熬牛奶茶简单一些。具体讲，熬驯鹿奶茶时，首先在烧热的铁锅内倒入纯净水，水烧温热之后把捣碎的红砖茶放入锅中烧开，待茶水烧开10分钟并呈深红颜色时，将茶水中的茶叶全部捞出来，紧接着在茶水里放入新鲜驯鹿奶和适量的食盐，这就算熬好了一锅香喷喷的驯鹿奶茶。驯鹿奶茶是牧养驯鹿的鄂温克人每天早晨必须喝的茶水，同时他们还吃自制的面包。他们说，驯鹿奶茶有特殊的香味，也有特殊的营养，对于男女老少都有很强的补钙、强身健体、预防骨质疏松等作用。不过，熬制驯鹿奶茶时，在茶里不像草原奶茶一样放稷子米或小米等，只放奶子，烧开后直接饮用。另外，只有山林深处牧场自然牧养驯鹿的一小部分鄂温克族牧民喝驯鹿奶茶，其他牧区或农区的鄂温克族都不喝驯鹿奶茶。

三 羊奶茶

看到该茶名，就会自然而然地想到这是指用羊奶熬的奶茶。实际上，草原上的鄂温克族从不喝用羊奶熬的奶茶，山林中牧养驯鹿的鄂温克族也几乎不喝羊奶茶。只有那些生活在农业区、从事农业生产的鄂温克人喝羊奶茶。他们说，熬羊奶茶的方法和程序同熬牛奶茶的基本一致，只不过茶中放入的奶子是羊奶，而且不用羊尾油炒米，除此以外的做法几乎都相同。喝羊奶茶的鄂温克农民说，他们是没有奶牛，所以就用羊奶替代牛奶熬奶茶。在他们看来，羊奶茶虽然也有一定营养，但根本没法同牛奶茶相提并论。不过，生活在农区的鄂温克族喝羊奶茶的时候也并不很多，他们中的许多人为了满足喝奶茶的愿望，在家里尽量养一两头奶牛。只有那些没有奶牛的人家，才喝羊奶茶。另外，喝羊奶茶的人，在奶茶里基本上不放奶皮子、黄奶油、酸奶酪等奶食品。也就是说，羊奶茶是农区鄂温克族农民喝的奶茶。

四 面奶茶

这也是农区的鄂温克人饮用的一种奶茶，深受农区鄂温克族农民的青睐。不过，他们只在早餐时间喝，其他时间很少饮用面奶茶。事实上，熬面奶茶的方法和程序跟熬牛奶基本一致，没有根本性的区别。其中，不同点在于要把炒熟的稷子米捣成面粉状，放入铁锅内熬成所谓的面奶茶。这么说来，熬面奶茶的原料主要有纯净水、红砖茶、新鲜牛奶、面粉状的稷子米、羊尾油、食盐等。熬面奶茶时，前面的程序基本上同于熬奶茶，只是在炒米的程序由炒面粉状的稷子米取而代之。也就是说，熬面奶茶时，将炒熟的稷子米用木臼捣成面粉状，然后在锅里放入少许羊尾油再炒一次，等到被羊尾油炒的稷子米粉发出焦香味时，就把熬好的深红色的茶水倒入铁锅内，等开锅后先放适量食盐，再倒入新鲜牛奶继续熬煮，大约熬上几分钟后即可饮用。相比之下，面奶茶的米面味较为浓重，喝起来比较养胃，十分适合老年人和儿童饮用。喝面奶茶的时候，同样不放任何其他奶皮子、黄油、奶酪等奶食品。对此，他们还解释说，在平常的日子，很少有人熬面奶茶，只是在逢年过节时他们才熬一锅面奶茶，如果放了其他奶食品，就喝不出纯粹的面奶茶味道。

五 肉奶茶

这也是草原鄂温克人喜欢喝的一种奶茶。由于这种奶茶不仅有奶茶本应该有的奶香、米香、茶香味，还有从肉里散发出的香味，所以牧区鄂温克人十分爱喝肉奶茶。肉奶茶主要是从事畜牧业生产的鄂温克族牧民饮用，其熬制方法与程序跟熬牛奶茶完全相同，只是在用羊尾油炒米时把晒干切好的肉块放入其中一起炒,并同奶茶一起煮熟即成肉奶茶。也有人把事先煮熟的牛羊肉切成小块,放入将要熬好的奶茶里再煮两分钟即成肉奶茶。也有人先把奶茶熬出来,等喝时在热气腾腾的奶茶里放入已煮好切成薄片的牛羊肉,同奶茶一起吃喝。所谓的肉奶茶就是在熬好的奶茶里放入事先煮好的牛羊肉,同奶茶一同吃喝的一种饮食习惯。反过来说,放入牛羊肉之前,它就是人们平常喝的奶茶,无论在做法上还是在味道上跟平常的奶茶完全一样。另外,除了牛羊肉之外,像驯鹿肉、狍子肉、野猪肉等也可以充当肉奶茶的原料。不过,在他们看来,作为在肉奶茶中食用的牛羊肉,往往是属于前一天煮熟的成品。也就是说,用过了宿的熟肉熬肉奶茶,才能喝出地道的肉奶茶的茶香味和肉香味。对此他们进一步解释说,前一天煮好的牛羊肉,放入奶茶食用时,会比刚刚煮出来的肉还好吃。毋庸置疑,肉奶茶的营养极为丰富,其中含有大量蛋白质、钙、铁等人体所需的营养成分。甚至,老年人感到身体有些不适时,喝上几碗热气腾腾而喷香的肉奶茶,立马就会觉得恢复了体能和健康(见图2-5)。

图2-5 肉奶茶

总之，鄂温克人喝的奶茶丰富多样、名目繁多、各具特色。除了我们在上面谈到的之外，还有用砖茶熬出的茶水里倒入鲜牛奶，不用煮开就直接喝的速成奶茶，有在茶水里不放食盐、不用炒米，只放入牛奶和白糖熬成的甜奶茶，有在奶茶里放盐喝的咸奶茶，等等。总之，奶茶是他们饮食文化的一个重要组成部分，他们的生产生活离不开奶茶。不过，就像在前面提到的那样，从事不同生产活动或经营不同产业，以及生活在不同地区的鄂温克人，喝的奶茶还是有所不同。在牧区的鄂温克族牧民主要喝牛奶茶、肉奶茶等；生活在农区的鄂温克族农民，除牛奶茶之外，还喝羊奶茶和面奶茶等；生活在山林牧养驯鹿的鄂温克族牧民，主要饮用驯鹿奶茶，也喝肉奶茶。尽管如此，他们都最喜欢喝的还是牛奶茶。在草原与山林，芳香四溢的奶茶、独具特色的待客礼节、优雅文明的饮茶环境与茫茫无际的绿色世界，再加上鄂温克族自然、豪放、爽快、直白、超脱、好客的性格，使这里的奶茶显得更加香甜、更加美味、更加舒心、更加醉人心扉和令人迷恋。

第三节 肉食文化

从饮食分类学的角度来讲，鄂温克族可谓一个地地道道的食肉类民族，至今在呼伦贝尔草原牧场上从事畜牧业生产的鄂温克族牧民，以及在兴安岭的深山老林里自然牧养驯鹿的鄂温克族牧民，他们的日常饮食中还是以肉类或肉类饭菜为主。甚至有的时候一天三餐都离不开肉，早餐吃肉奶茶，中午吃肉面条或肉粥，晚上吃手抓肉。而且，他们除了吃熟肉，还要吃一些生肉。吃的熟肉中，包括手抓肉、烧肉、烤肉、炖肉、熏肉、晒肉干等许多。据说，鄂温克族主要食用牛、羊、驯鹿、鸡、鸭、鱼肉，同时还食用狍子、野猪、野兔子、野鸡、飞龙、榛鸡等野生动物的肉。在过去，也吃过驼鹿、熊等的肉。不过，鄂温克族不吃马肉、狗肉、鲇鱼肉、河螺肉等。

一 手抓肉

手抓肉，也叫手抓肉，意思是说将煮好的肉直接用手拿着吃，而不是用筷子或勺之类的用餐工具（见图 2-6）。鄂温克族喜欢用纯净水煮肉吃，而且做法也比较简单，先在锅里倒入纯净水，当锅中水稍温时，就将事先准备好的新鲜肉放入其中，同时撒上适量食盐。然后，加火煮肉，等肉煮到九成熟时，就可以从锅里拿出来食用。他们认为，九成熟的手抓肉营养最丰富，因此吃起来也特别柔软、醇香，口感也非常舒服。对此他们还解释说，如果肉煮得太熟太烂的话，就会失去肉香味和肉中的营养价值。他们吃的手抓肉主要是羊肉和牛肉，另外牧养驯鹿的鄂温克人吃的手抓肉主要是驯鹿肉。另外，生活在农村、从事农业生产的鄂温克人吃的手抓肉中也有猪肉。他们在早期从事狩猎生产的年代，或者说后来进入牧养牛、马、羊和驯鹿的时代之后，把狩猎业作为副业经营的时候，上山或野外打猎而猎获狍子、黄羊、野猪等野生动物时，也会将它们的肉煮熟当作手抓肉来吃。但是，不论他们用水煮吃何种动物的肉，做法基本上一样，都是在只放食盐，不放任何其他调味料的纯净水里煮着吃。不过，草原的鄂温克族牧民用清水煮手抓肉时，在煮肉的锅里还放些将皮削干净，切成一大块一大块的土豆，把土豆同肉一起煮着吃，土豆就会变得特别香。不用多说，同肉一起煮熟的土豆中，渗透着浓浓的肉香味，吃起来确实美味无比，十分开胃。

图 2-6 手抓肉

鄂温克人吃的羊肉最多,这也和他们牧养的羊群数量多少有关,有的人家牧养的羊群达到一万多只,所以一年四季不间断地吃羊肉,其中吃手抓肉是消耗羊肉的最佳方式。他们吃手抓羊肉时,对于羊肉与内脏的吃法有不同讲究。比如,羊腿、羊胸脯、羊肋条等带骨头的肉,都用来做手抓肉食用。与此同时,用羊的内脏加工成血肠、肥肠、肉肠、卷肠、馅肠等食用(见图2-7、图2-8)。这些无一例外地成为招待宾客的名菜。在鄂温克人看来,吃手抓羊肉的时候,若是没有血肠等附属性的肉食,就会觉得这顿肉吃得不完美。他们为了吃上一顿纯粹的草原手抓肉,杀完羊后首先将羊肉和羊内脏分离开,其次把要煮着吃的带骨头的羊肉剔出来,紧接着将羊的所有肠子,包括细肠、粗肠和胃肠都洗得干干净净,进而加工成以上所说的各种美味佳肴。其加工程序或做法基本相同,只是在羊肠羊肚里放入的材料有所不同。比如:①在处理干净的羊的粗肠里,放入用食盐、各种调料、葱花等调配好的新鲜羊血,就做成了羊血肠;②在羊的胃肠里,放入用食盐、各种调料、葱花及切成碎块的羊心和羊肝及羊肺等调配好的馅子,就做成了馅肠;③在羊的细肠里,放入调配好的羊血,就做成了细血肠;④在羊的粗肠里,放入切成长条的肥羊肉就做成了羊肥肠;⑤把带有肥肉的细长条羊肉,再用羊的又细又长的细肠紧紧地包扎好,就做成了羊卷肠或羊花肠,简称为卷肠。鄂温克人常常将这些内容不同、味道各异、美味扑鼻的羊肠,同骨头肉一吃煮着吃。这样对于他们来讲,才是真正意义上的纯粹草原手抓羊肉。特别是那些跟羊骨头肉一起煮的各具特色的羊肠,各有味道且味美好吃。但是,煮血肠时,一定要注意时间和掌握好火候,如果煮的时间过长,血肠吃起来苦涩而干硬,吃不出美味。若是煮的时间太短,羊肠里的血就会夹生或熟不透。所以,血肠快要熟时,用一根带尖的细长柳树条捅到血肠里,看看血肠熟没熟,要是没熟就会流出红血丝,熟了就不会流出血丝。对于他们来讲,无论哪种做法或哪种馅料的血肠,吃起来都会感到柔软、可口、回味无穷。而且,这些精心制作的羊肠各有特定营养成分,由此很受草原鄂温克族牧民的喜爱。除此之外,他们还经常煮吃牛肉手抓肉,其煮法和吃法跟羊肉完全相同,没有什么区别性特征或不同点,也是煮到九成熟或八成熟以后食用。

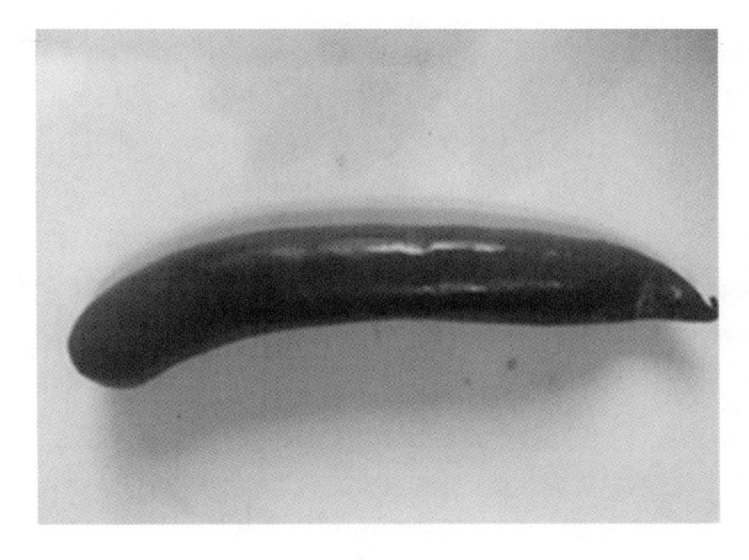

图 2-7 血肠

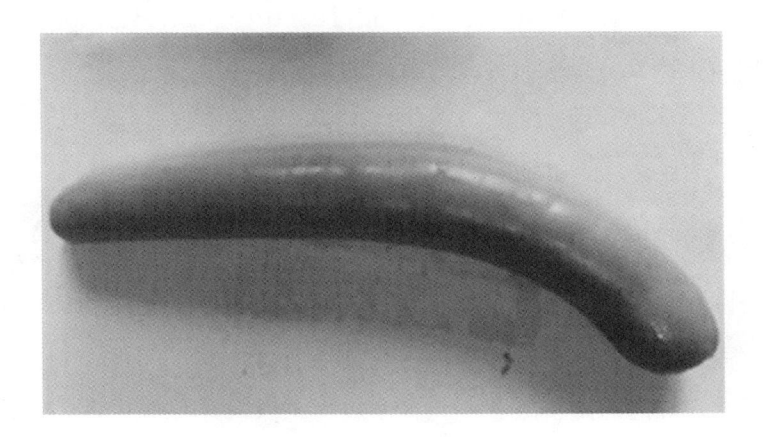

图 2-8 肥肠

生活在兴安岭的深山老林从事自然牧养驯鹿的鄂温克族牧民，也经常吃用驯鹿肉做的手抓肉。其做法与吃法同吃羊肉做的手抓肉基本相同，只是煮肉的时候不在汤里放食盐，而是在吃手抓肉时将肉蘸食盐水或酱油水吃。另外，农区的鄂温克族也有煮着吃猪肉的习惯，而且吃时放很多调味料，以此淡化或去掉猪肉的腥味。他们在冬季从事附属性产业狩猎生产时，也会将猎获的狍子、黄羊、野鹿、野猪等的肉放入清水锅中煮着吃。过去他们煮肉时，在木桶或桦树皮桶里放入煮着吃的手抓肉后，再倒入纯净水及食盐，紧接着把拳头大的、几乎要烧红的河流石投入其中，使木桶或桦皮桶里的水不断沸开，一直到肉煮成九分熟为止。他们还说，更早的时候，在处理干净的动物胃肠内，装入一个个剁成较大块状的带骨头的肉和纯净水，接着将其挂在事先准备好的木棍三脚架上，从底部用木火慢慢烧烤。当胃袋里的水被下面的木火烧开一阵子之后，胃肠底部及周边的外皮呈现出焦黄颜色，这就说明装入胃里面的骨头肉熟了，就可以将装肉的胃袋子从三角木架上取下来，用刀子切开胃袋子把切成块状的手抓肉拿出来食用。用这种方法煮出的肉浓香味纯，不过制作起来比较耗时和复杂。现在，这两种传统意义上的煮肉法基本上退出了他们的生活，取而代之的是在大小不一的铁锅里用纯净水煮手抓肉吃。

鄂温克人吃手抓肉时有很多规矩，首先在吃肉之前必须用刀割下一小块肉祭火神，然后大家才能动手吃肉。如有长者在场，长者先用刀将羊胸脯上的肉切成若干块分给在座的每人一份。鄂温克人认为，羊胸脯肉必须是大家一起吃，这样才能心往一处想，劲往一处使。大家吃完老人给的胸脯肉，就可以自己动手吃手抓肉。倘若没有长者在场，那么主人就先用刀割下羊胸脯肉敬给每一位客人，这也是他们待客时不可逾越的规矩，同时也表达了他们对客人的尊敬和美好心愿。还有，他们吃肩胛骨肉时，也要大家分着吃，不能由个人独自吃掉肩胛骨上的所有肉。对此他们解释说，羊肩胛骨上有神力和福气，因此不管有多少人都要分着吃，每人必须吃上一块。吃完手抓肉，他们还喜欢在煮肉的汤里放入一些大米、面条或面片熬成大米粥或面条粥、面片粥吃。老人们还要喝上几碗热气腾腾、喷香暖胃的煮肉汤。

二 烧烤肉

鄂温克族的肉食文化中，有将新鲜牛羊肉烧烤吃的习惯。而且烧烤肉深受他们的喜爱，吃起来味道鲜美、细嫩、煳香，令人百吃不厌。他们烧烤的肉必须是新鲜的牛羊肉，也就是刚刚宰杀完的牛羊肉，肉不新鲜的话一般很少烧烤。他们吃烧烤肉时，只在上面撒适量食盐，从不放任何其他调料。有时将烧烤过的肉蘸着酱油、醋吃。鄂温克人烧烤肉时，在家里通风好的位置点燃一小堆火进行烧烤，也有在炉火上烧烤的习惯，但更多的时候在野外或家门口点燃微型篝火，用较长的木棍插上肉块在篝火上烧烤。他们很会掌握烧烤肉的火候，不能让其太大或太小，而且一般使用木头燃料。他们烧烤用的木棍，基本上是直径有2厘米的柳树条，插肉时用刀子把柳树条的一头削尖，然后将切成块状的新鲜肉一个接一个地插在柳树条上，并撒些食盐拿到篝火上或炉火上烧烤。在缭绕的烟雾中，柳树条上的肉块烧烤成通红，并带有些煳味时就可以食用。有的人烧烤肉时，将插满肉块的柳树条紧靠篝火插在地上烧烤，等面对篝火的一面烧烤得差不多了，将另一面调整过来继续烧烤，一直烧烤到完全熟为止。有的人在烧烤肉的时候，不断地翻动柳木条，否则肉将被烤煳烧焦。不过，烧烤肉的时间往往按肉块切的大小来定，烧烤的肉切的大一些就会需要的时间长些，切的小一些就会需要的时间短些，但一般以柳条上的肉呈现焦黄颜色，发出吱吱的响声和冒出的肉油来确定是否到了可以食用的程度。这时，他们就会把烧烤的肉，从柳树条上拿下来食用。鄂温克族一般在夏季或冬季，当大地变成绿色或白色的时候，选择无风雨天或无风雪天，点燃篝火吃烧烤肉。在秋季或春天，基本上不吃烧烤肉，这完全是为了防火和安全。另外，他们还有将晒成半干的肉烧烤吃的习惯，鄂温克人说这种晒干成一半的肉烧烤吃更有品味（见图2-9）。

  牧养驯鹿的鄂温克族牧民，还经常吃烧烤的驯鹿肉。其方法，与烧烤牛羊肉的情况基本一致。不过他们更多的时候烧烤水分较少的驯鹿肉干吃。驯鹿肉干是妇女在夏季，将吃不完的驯鹿肉切成5厘米宽、3厘米厚的长条肉，上面撒上适量食盐拿到屋外晒干。不过，根据他们的习惯，准备烧烤吃的驯鹿肉干，不能让它完全晒透，否则吃起来没有十分香的味道，而且特别硬，不好消化。

  鄂温克人还有将羊肝、羊肾、羊心、羊肠等内脏用火烧烤吃的习俗。他们常常是刚刚杀完羊，在吃手抓肉之前，先品尝烧烤的羊肝、羊肾、羊心等内脏，特别是对于烧烤吃的羊肝、羊肾非常感兴趣。而且，烧烤吃的羊肝和羊肾的确好吃，尤其是撒上适量食盐，那味道更是鲜美可口、醉人肠胃。他

图 2-9 烧烤肉

们烧烤羊肝或羊肾时，同样将柳树条削干净，把切成块状的羊肝、羊肾一个个串上去，还要撒上适量食盐，然后拿到火炉或火膛里烧烤，二三分钟以后，羊肝、羊肾就会烧烤好。烤出的羊肝、羊肾外层焦黄，里面松软，别有滋味，还有很高的营养价值。

  鄂温克人在从事附属性产业狩猎生产时，猎获到野兔、灰鼠、貂及野鸡、野鸭、飞龙等小动物，也会赶紧将其皮毛和内脏收拾干净，插在削尖的木棍上，拿到火堆旁烧烤。烧烤时，同样不放任何调料，有时只撒些食盐。烧烤好的肉外焦里嫩，有浓烈的焦香味，是野外打猎者的理想野餐之一。另外，猎获到马鹿、黄羊、狍子等大型动物时，也会将其肉切成半斤左右的肉片状，埋在暗火炭中烧烤吃。另外，为了使肉烤得好吃，在肉的外层用黄黏泥抹上较厚的一层，然后埋到炭火中烧烤，把肉烤熟后将烤干的黄黏土收拾干净就可食用。这种烤肉法别具风格，味道又非常鲜嫩，有特殊的滋味。据他们讲，这种烧烤肉有丰富的营养和补充体能的元素，所以常常给体弱多病的老人或小孩食用。他们烧烤野猪等皮层脂肪多的动物时，在开膛前全身上下涂抹一层黄黏泥，而后吊挂在篝火上翻转烧烤，直到将黄黏泥烤干、皮成焦黄色为止。这时他们才弄掉肉皮外层的发干烧焦的黄泥，开膛取出内脏，享用喷香的烤肉。在这里，还要提到的是，鄂温克人很喜爱食用烧烤的鱼肉。烧烤鱼之前，他们将刮鳞、去内脏、洗干净的鱼身上撒些食盐，用木棍串好拿到火旁烧烤。烧烤的鱼又香又脆。鄂温克族还有将动物腿骨骨髓烤着吃的独特习俗。烧烤骨髓时，先将动物腿骨上的肉全部剔干净，然后拿到微弱的火苗里慢慢烧烤。等到烤出一种特殊的煳香味时，敲断烧烤好的动物腿骨，食用烤熟的芳香四溢的骨髓油。据说，烧烤的骨髓油，对人体骨骼营养、强化体能、增强体力、保健等方面有特殊功效。同时，也有润肠、润肺的特殊作用。所以，他们经常给伤骨者、老人、小孩吃烧烤的骨髓油。尤其是对于骨伤者，几乎每天都让他们吃骨髓油。当然，对于年老体弱者来讲，吃骨髓油是属于最好最理想的补养，也是他们增强体质和抵抗力的重要食物。

三　熏肉

鄂温克族肉食类饮食里，熏肉是一种别具一格的饮食内容。具体做法是：把牛、羊、驯鹿等的肉从骨头上剔下来，切成直径3—4厘米粗的长条，挂在用树枝叶或香草覆盖而成的木火浓烟中长时间熏制，直到木架上的肉被浓烟熏成熟肉为止。熏肉有携带方便、能够长期保鲜、能够扛饥饿等优点。所以，它是长期在外从事牧业生产者，以及长时间赶远路者的理想食品。另外，熏肉也可以弄成肉干，在炎热的夏季不发霉或不变质的前提下长时间储存。而且，有着酥脆可口的口感，便于干吃或熬肉粥、熬肉汤食用的多种作用。鄂温克族一般在炎热的夏季，新鲜肉不易长期储存的时节，或者说春季肉比较紧张的季节，经常食用熏肉干或用熏肉干做的各种饭菜。

四　烂炖肉

烂炖肉是指动物内脏的烂炖形式，也就是将动物心脏、肺、肝、肠子等处理干净后，切成一个个细丝或小碎块，一同放入锅里用纯净水慢慢炖，等炖到九成熟时就可以拿出来食用。这种食用法，或者说动物内脏的吃法，深受鄂温克族男女老少的青睐。过去，做烂炖肉时，在锅里只放入适量食盐和葱花，其他任何调料都不放。可是，现在他们的烂炖肉，却要放花椒、大料、酱油、米醋、蒜头、生姜等多种调料。这使本来就香味扑鼻、口感极佳的烂炖肉变得更好吃。在他们看来，烂炖肉除具有颜色鲜明、新鲜爽口、味美四溢的特征之外，还具有健脑、活血、明目、强肝、健脾的功能。

五　生肉干

鄂温克人也吃在烈日的阳光下晒干或被风吹干的生肉干。到了炎热的夏季，鄂温克族妇女常把准备近期食用的新鲜肉切成长35—40厘米、宽5厘米、厚3厘米的肉条，再加上一些食盐腌渍半小时左右，然后一条条地按照一定距离搭放在木架子上，拿到阳光下或通风好的地方晾晒十余天，生肉条就变成又脆、又硬、又香的无水分的肉干。这种生肉干，既可以直接食用，也可以做成肉粥、肉面或其他肉菜食用，还能放在火上烤着吃。生肉干无论是生吃，还是做各种饭菜吃，均有一种来自纯自然的肉的野香味。同时，也有储存容易、携带方便、不用烟火、随时食用等特点，是他们长途迁徙和游牧生活中理想的方便食品（见图2-10）。

鄂温克族还有将牛、羊、驯鹿，以及猎获的马鹿、狍子等杀完剥皮开膛后，从腔内取出还热乎的肝、肾等，上面撒些食盐就这么血淋淋地趁热吃的习俗。他们认为，生吃动物的这些内脏，有特别的清爽利口、清香滑嫩的感觉，而且，还有强肝、健脾、明目、保健等功效。据牧养驯鹿的鄂温克族牧民说，这种生食肉法对于清热明目以及肝、肾的保健均有特殊功效。另外，在初春或秋季为了防火，或在冰雪覆盖的数九严寒的季节难以点火做饭时，把刚杀的牛、羊、驯鹿或猎获的野生动物的内脏上撒些食盐生食。据说，这对人的耐旱耐寒具有极强功效。同样，他们在炎热的夏季，为驱散体内的火或调节胃口，把从河里刚钓上来的鱼收拾干净，切成薄薄的生鱼片，上面撒上食盐生吃鱼肉的习惯。根据调研资料，鄂温克族还有用清水煮哲罗鱼汤、

图 2-10　生肉干

清炖白鱼等独具江河风格的食用鱼肉法。并且，在食用和制作方面均有特殊讲究，深受鄂温克人的喜爱。

第四节　野味肉类饮食文化

鄂温克人除食用牛、羊、驯鹿等家畜肉之外，还会食用野生鹿及马鹿、犴、狍子、野猪、熊、灰鼠、飞龙、棒鸡等的肉。其食用法包括烧、烤、熏、晒、煮等。再说，每一种野生动物肉的加工、制作、食用方面都有独到之处，均有特殊讲究和营养价值以及制作技巧。除此之外，鄂温克族还有清水煮熊肉、串烧飞龙、微火慢炖乌鸡汤、清炖雪兔肉等独具风格的食肉法。其实，在前面分析和讨论鄂温克族肉食文化时，也涉及过野味肉与家畜肉的相同的一些吃法。在下面，我们主要分析和探讨鄂温克族食用野味肉的一些独到之处。

一　熊肉

很有意思的是，鄂温克人把熊看作人类的祖先之一，或者说它是猿人的前生。除此之外，还有一种十分稀奇的说法是，熊原本是人类的祖先之一，由于违背天法天忌偷吃了天国的蜜果，被天神惩罚而成了熊样。正因为如此，鄂温克族的信仰世界里，把熊作为人类的祖先来崇拜，除了极其特殊的情况之外他们不得猎杀熊。也就是说，只有在万不得已或被逼无奈时，为了保护人的性命才可以杀死熊，但绝不允许吃熊肉。后来，他们才慢慢学会了吃熊肉。按照他们的传统饮食习俗，在从事附属性狩猎产业的活动中，遇到残暴的熊尽量想尽一切办法跑掉或躲开。就是在人的生命极其危险的情况下，为了保护性命弄死了熊，必须将其拉回村子里，全村人全部聚在一起食用该熊的肉。而且，吃剩下的熊肉，每家都要平均分，谁也不能落下。这种传统的共餐习俗，进一步强化了鄂温克族之间的凝聚力与合作精神。另外，他们主要是用清水煮吃熊肉。当然，也可以用木火烤着吃或烧着吃。煮熊肉时，先将熊肉连骨头卸下来，而后放入锅内，再加上纯净水和适量食盐一起煮。煮上 30 分钟左右，就可以将熊肉从锅里捞出来食用。对于他们来说，吃熊肉时尽量把熊肉和熊骨头一起煮，要是将肉和骨头分开后煮着吃的话，就会给吃熊肉的人带来许许多多的苦难和不幸。不仅如此，在吃熊肉时，绝不能用刀刃碰破或用刀破坏熊的任何骨骼，认为这样也会带来各种灾难。吃完熊肉，把吃干净的所有熊骨集中起来，用事先准备好的桦树皮包好，拿到由四根树木搭起来的木架子上进行风葬。就像刚才提到的那样，不论是谁，只要猎杀了熊，都会把村里的人都请到家里或某一指定位置和大家一同吃熊肉，绝不允许自家人单独吃，这样熊的神灵或者是天神会来惩罚他们。鄂温克人还有将最好最香的熊掌送给年迈、体弱的长者或病人食用的习惯。就是在深山老林里，遇上素不相识的人，也会积极主动地邀请对方来吃熊肉。分别时，还要给人家一些熊肉，以备饥饿时食用。另外，在他们看来，包括吃熊肉在内，吃任何一种肉食都不能太贪婪，只知道自己吃不想着他人，尤其是自己获得食物的情况下，就知道自己吃不管他人饥渴，那种人早晚会饿死或渴死。过去的鄂温克人，在冬季或秋季猎到肥壮的熊，还要从其肥肉中榨出肥油盛到碗里就那么直接喝下去。特别是在严寒的冬季，出门远行的人们要是能够喝上一碗热乎乎、香喷喷的熊油，不仅能够长时间扛饿，而且会起到长时间保暖的作用。他们一般在严寒的冬季或凉爽的秋季喝熊油，因为熊油火太大，其他季节喝它会产生发热或拉肚子等不良反应。另外，只有天气寒冷或变凉时，他们才会猎杀到肥壮的熊。他们杀了熊之后，立马从熊身上剔下肥肉，用猎刀切成小块放在烧热的铁锅里，然后用微强的火势慢慢烧烤。过不了半个小时，锅里的熊脂肪就会榨出熊油来，这时便用勺子将熊油全部舀入事先准备好的桦皮桶里储存起来。等到冬季天寒地冻出远门时，家庭主妇就会从桦皮桶里舀出几勺早已储存好的熊油，放入锅里加热，然后盛到碗里让每位远行者喝上一碗。另外，他们也十分喜欢喝色泽乳白且味道醇厚的熊骨髓油。据说，熊骨髓油有特殊的健脑益智、强身补钙的作用。他们说，喝熊骨髓油时，同样给人一种油润、浓香、肉性味的感觉。他们喝熊骨髓油时，把吃干净肉的熊腿骨放入火堆旁或放回锅里重新煮，当腿骨里的骨髓烤熟或煮熟之后，用带有利尖的器具在熊腿骨两端弄出两个小孔，然后用嘴从其中的一个小孔吸食骨头中的骨髓。由于熊骨髓油有多种强身补脑及补钙等方面的微量元素，所以他们让老人或孩子吃的时候较多。他们还进一步解释说，熊骨髓油也有极强的护肤、美容作用。尤其是在寒冷、干燥的冬季，人们常常将骨髓油抹到发干或干裂的脸上或手上，任凭寒冷的北风如何呼啸，他们的脸和手会持久地保持柔韧、光滑，同时也能够御寒防冻。

二 猴头炖乌鸡

这里所说的猴头是指兴安岭的山林之中自然生长的一种菌类，属于野生蘑菇的一种。猴头可以和任何一种动物的肉一起炖着吃，也可以炒着吃。但是，各种吃法中，最美味的是将其同乌鸡肉一起炖着吃。在严寒的冬季，吃猴头炖乌鸡那真是美味无比。做猴头炖乌鸡时，先把乌鸡煺毛洗净剁成带骨头的小块放入锅中，再将用清水洗净控干的猴头放入锅中，用文火把乌鸡骨头肉和猴头一起慢慢炖。有经验的鄂温克族妇女告诉我们，炖锅中的汤水一定要没过乌鸡和猴头大约1寸，因为人们吃炖熟的猴头和乌鸡骨头肉的同时，还要慢慢品味猴头炖乌鸡这道菜的美味扑鼻的肉汤。该肉菜里乌鸡肉和猴头都十分松软、滑嫩、醇香，汤汁也非常鲜美、可口、喷香，还具有强筋壮骨、补肾醒目等作用。

三 串烧飞龙

飞龙是生活在大兴安岭山林里的一种飞禽。说是，因为该飞禽的头长得像龙，人们就习惯于叫它为飞龙。事实上，飞龙肉的做法或者说吃法也有很多。但最受欢迎的是将飞龙串在柳树杆上烧烤食用。其做法是：（1）将飞龙煺毛，用手拔掉洗干净；（2）把飞龙的内脏全部掏出来处理干净；（3）一个接一个地串插在削尖的长条柳树杆上；（4）把用柳树杆串插好的飞龙拿到燃烧的炉火或篝火上烧烤；（5）烧烤时什么调料也不放，有时只撒些食盐。串烧烤成的飞龙外焦内软，吃起来有浓烈的焦香味，十分开胃，是野外活动者或旅行者的理想食品。与此相关，鄂温克族还爱喝飞龙汤。毫无疑问，做飞龙汤的飞龙同样用开水烫掉或拔掉身上的所有羽毛，彻底地处理干净肚子里的内脏，接着将飞龙肉连同骨骼全部剁成小肉丁状，放入锅中的清水里，加上适量的食盐炖煮。讲究一点的人家，除了食盐以外，还放些大料、花椒、姜块、葱花等调料来调节味道。弄飞龙汤，大约烧开半个小时就可以拿出来食用。毫无疑问，飞龙汤美味四溢，营养价值极高。特别是对于久病卧床或做过手术者，有不可忽视的补养作用。

四 清炖雪兔肉

雪兔同样是兴安岭山林中特有的野生哺乳动物，有着很高的增强体能、增加体力、补养健身等作用。生活在草原和山岭的鄂温克族都喜欢吃清炖雪兔肉，那些上了年纪的老人更喜欢吃雪兔肉。其食用方法中，清炖雪兔肉尤为有名。做这种肉菜时，先将野兔收拾干净，连同骨头剁成小块放入锅里，加清水、食盐用文火慢慢炖。由于多数情况下都是老年人食用，所以炖煮雪兔时一般需要30分钟以上。清炖雪兔肉汤清澈、透明，肉又鲜嫩、可口，同时还有较高的滋补脊髓的作用。鄂温克人用雪兔肉除做清炖之外，还可以将其剁成小块骨头肉放入炖菜里炖着吃，同土豆、茄子、蘑菇、西红柿等炒着食用。

第五节 肉菜类饮食文化

一 什锦野味肉汤菜

这也是很有鄂温克族饮食文化特色的肉食类菜。该菜看起来所需的原料很多,但做起来并不十分复杂。不过,其烹制原料或者说所需的食料要有狍子肉或野菜之类的野味。具体讲,烹制该肉菜的时候,将事先准备好的鹿肉、狍子肉、野猪肉、野兔肉等原料放入清水锅里一起煮。等煮到快熟时,就在肉汤锅里放入适量食盐、野葱、昆毕尔(柳蒿芽)菜和山丁子(野果)等调料。他们说,这种肉汤喝起来十分开胃,又能当饱扛饿。而且,该什锦野味肉汤具有很浓的肉香、汤酸、味苦等独特风味。其中有人体所需的多种营养成分,还对胃病、着凉感冒、营养不良、身虚体弱者有特殊的疗效和滋补营养作用。

说到鄂温克人的肉菜,确实能说出不少名堂,但那些肉菜的原料并不复杂。在草原上,也就以牛羊肉为主,所谓的菜就是那些真菌类菜和野菜,调料除了食盐、野葱、野蒜等之外几乎没有其他什么。而且,其肉菜里,也有野生动物肉烹制的菜肴。其中,就有名声在外的肉炒草原白蘑菇菜,也就是用牛肉和羊肉炒的草原白蘑菇。而且,肉约占蘑菇菜的3/5,草原白蘑菇只占2/5。用他们的话说,草原白蘑菇有极强的香味和极高的营养,所以只放一点就可以烹发出浓浓的香味。再说,他们食用的野生蘑菇及烹制的蘑菇菜里,除了刚才提到的肉炒白蘑菇菜之外,还包括黄蘑、白桦蘑、猴头蘑、榛蘑、树墩子蘑、草蘑、毛尖蘑、油蘑等。这些蘑菇均属野生真菌类食物,不仅可以用牛、羊、驯鹿等家畜肉炒着食用,同时也可以用野猪、狍子、马鹿等野生动物的肉炒着吃。也有人将这些蘑菇同各种肉一起炖着吃。特别是,我们提到的乌鸡肉炖猴头蘑是鄂温克族老弱病残者经常食用的一种营养补给性质的肉菜。据说,类似真菌类肉汤菜的营养价值,更多地体现在它的汤里。所以,对于他们来讲,喝真菌类肉汤,似乎比吃汤中的野生动物的肉和真菌肉还重要。尤其是老年人,要以喝汤为主。当然,其中的乌鸡肉和猴头蘑也是味美鲜嫩好吃,且具强筋壮骨、补肾醒目等营养价值与作用。毫无疑问,他们的这些肉菜,都以肉为主。依据他们的饮食习惯,肉少了就没有营养和香味,肉多了才有充分的营养和香美的品味。另外,他们做各种肉菜时,为了真正吃到肉和野菜的香味及保护营养价值,除了食盐其他任何调料都不用。因此说,他们食用的肉菜配料或花样不太复杂,原料就是肉、野菜、食盐、白水,甚至有时连葱花都不放。做肉汤菜类时,几乎将事先准备好的肉、野菜、食盐、白水同时放入锅里一起炖,菜中的肉有九成熟时便可以拿出来食用,他们从不把肉菜里的肉煮透或煮烂。

另外,在他们的早期饮食内容中,还有把采集来的都柿、野草莓、红豆果、山丁子、臭李子等野果捣成果酱后,同煮熟的肉末或肉馅拌着吃的习俗。

二 炖肉菜

他们爱吃的炖肉菜中,还有清炖肉、野菜炖肉、什锦炖肉、豆角炖肉、白菜炖肉等。这些炖肉菜,也无一例外地以肉为主烹制而成。但是,在具体烹制技巧或做法上,以及用料的选择等方面却有所不同。比如说,不管烹制什么样的炖肉菜,其主要原料基本上离不开纯净水、肉、食盐。只是,讲究一点的人家,偶尔在肉汤里放入姜、蒜、大料等调料。然而,他们烹制清炖肉菜时,往往要用文火,这样炖出来的肉清香、不肥腻、汤汁鲜,且对体质虚弱者有一定调养、食补作用。草原或农区的鄂温克人还喜欢吃放入切成小块的骨头肉及土豆、豆角、白菜、胡萝卜、大萝卜、茄子等新鲜蔬菜的炖菜。还爱吃用切成小块的骨头肉和蘑菇、木耳、粉条等菜炖出来的菜肴。然而,如上所述,鄂温克人食用的所有炖菜,往往以肉为主,以土豆、豆角、白菜、红萝卜、大萝卜、茄子、西红柿为辅做炖菜。那么,到了严寒的冬季,各种品味的炖菜做得更多,而炖菜里的肉中也会有不少山林里的野生动物的肉,尤其是像用野生动物肉炖的蘑菇、炖的各种干菜、酸菜之类的炖肉菜非常多。不论怎么说,所有以肉为主烹制的炖菜,都是他们在严寒的冬季最喜欢食用的佳肴。归根结底,鄂温克族人一年四季都离不开以肉为主烹制的炖菜。到了冬季,他们几乎天天都要吃一顿炖菜。不过,随季节的变化,他们往肉汤里加入的野菜或蔬菜也有所不同。比如说,春天吃的炖肉菜里放柳蒿芽、菠菜、白菜较多；夏天吃的炖肉菜里放豆角、茄子、西红柿较多；秋天吃的炖肉菜里放土豆、大萝卜、红萝卜、圆白菜较多；冬天吃的炖肉菜里放酸菜、土豆、干菜较多（见图2-11）。

图2-11 炖肉菜

其实，对于他们来讲，春季喜欢吃、经常吃的肥肉炖柳蒿芽之类的菜肴，在其他季节吃的也不少。我们在前面说过，鄂温克语里把柳蒿芽叫 kumbul"昆毕尔"。该野菜生长在草原和兴安岭的山林里，有很强的生命力和生长能力，吃起来味道十分苦涩。柳蒿芽的生长旺期，或者说营养最为丰富的时节是春季。到了春季，鄂温克族妇女会成群结队地到草原或进山林里，采集大量的新长出来的柳蒿芽。根据他们的饮食习惯，采集柳蒿芽时必须采摘长10厘米左右、嫩叶细枝的柳蒿芽，如果柳蒿芽长得过长，吃起来就会有浓烈的苦涩味。但是，他们喜欢吃的用肥肉炖的柳蒿芽菜，按生活地域和生产方式的不同，炖菜里放的肥肉也有所不同。比如说，牧区鄂温克人用肥牛肉或肥羊肉、肥羊排骨等炖柳蒿芽，农区鄂温克人要用肥猪肉或肥猪排骨及猪肥肠炖柳蒿芽，林区鄂温克人则用野猪的肥肉或驯鹿的肥肉炖柳蒿芽。不过，这些地方的鄂温克人用肥肉炖柳蒿芽时的共同之处是都在其汤内放土豆。

具体讲，他们烹制肥肉炖柳蒿芽菜时，首先将采集来的新鲜柳蒿芽菜用清水冲洗干净，接着把它放入开水锅里烫一下再捞出来，用凉水反复冲洗3遍，以此冲掉柳蒿芽菜本身富有的浓烈的苦味。然后，用菜刀将柳蒿芽菜切成碎块，用手挤干柳蒿芽菜中的水分，重新放入新烧成温水的清水锅里。与此同时，还要往锅里放入切成小块的肥肉或剁成小块的带骨头肥肉，再放入土豆、茄子、大萝卜、红萝卜等菜类，最后还要加上食盐、葱、姜、花椒、大料等调料，紧接着用文火慢慢炖。炖上30—40分钟，就可以从锅里拿出来食用。这时，那些肥肉同柳蒿芽菜及各种调味料融为一体，吃起来香中有苦、苦中有香，十分开胃好吃。鄂温克人还有在煮手抓肉的肉汤里，放入处理好的柳蒿芽菜炖着吃的习惯。也有的人为了吃柳蒿芽菜的苦味，不用开水焯掉苦味，将从野外采集而来的柳蒿芽菜用清水冲洗干净就那么放入肉汤锅里炖着吃。这种吃法，由于肉菜汤显得太苦，好多人吃不习惯或吃不下去，只有那些老人们喜欢食用。柳蒿芽菜既可新鲜时食用，也可以晒干储存起来在秋、冬季节食用。用晒干的柳蒿芽也可以烹制多种菜肴，其烹制方法与做新鲜柳蒿芽菜肴基本相同，只是苦味不浓。据他们讲，柳蒿芽菜含有多种维生素，是一种天然的营养补品。对身体发热、鼻塞、流涕、咽痛、食道炎、胃炎、肠炎、哮喘、咳嗽等病症均有一定疗效。特别是对清洁血液内的毒素、祛除内火有明显功效。所以，有的老人感冒发烧时，把柳蒿芽菜当作汤药食用。

三 肉炒黄花菜

到了夏天，在美丽富饶的呼伦贝尔大草原和兴安岭的山林里，到处长满营养丰富而味道独特的黄花菜。毫无疑问，这也是鄂温克人喜欢的野菜之一。他们食用黄花菜有两种方法，一种是熬汤喝，另一种是烹制肉炒黄花菜食用。熬汤时，一般要用新鲜黄花菜。而且，除了黄花菜，就放食盐、葱花，其他像肉什么的都不放。他们把刚从野外采集来的黄花菜用清水洗干净后放入清汤锅内，再加上适量食盐用文火煮，待把菜煮熟从锅里舀出来之前撒上一些野葱花。他们说，用清水煮出来的黄花菜汤喝起来有一股淡淡的清香味。另外，鄂温克族用肉烹制的黄花菜也属于一种美味佳肴。他们所谓的肉炒黄花菜，实际上就是指用羊肉炒的黄花菜。由此，他们把这种炒菜，也叫羊肉炒黄花菜。烹制该炒菜时，首先把新鲜黄花菜或用水泡软的干黄花菜，用清水洗干净后切成5厘米左右，紧接着把事先准备的羊肉也切成同样长短的肉条，还要准备一些葱花。等这些工作结束后，就将肉菜拿到锅里炒。他们炒羊肉黄花菜时，主要放食盐、酱油、花椒等调料。肉炒黄花菜，或者说羊肉炒黄花菜是鄂温克人节庆餐桌上不可缺少的美味佳肴之一，也是他们接待四海宾朋的拿手菜。

四 肉炒草原白蘑

鄂温克族生活的幅员辽阔的草原上，生长有名贵且营养极其丰富的白蘑。其形为伞状，颜色为雪白，称之为白蘑或草原白蘑，是鄂温克人非常喜爱的大草原馈赠给他们的最香美的食物。他们说，人们从很远处就会闻到草原白蘑扑鼻的醇香味，每当到了草原白蘑生长的季节，整个草原上就会溢满它那迷人的醇香味。人们顺着其香味就会找到一圈又一圈散发极强醇香味的草原白蘑。鄂温克族吃的肉炒草原白蘑菜，可以说是享誉天下的一道美味佳肴。除了肉炒草原白蘑之外，他们还会用草原白蘑烹制很多种菜，包括肉汤草原白蘑、草原白蘑炖菜、草原白蘑肉馅、草原白蘑咸菜、草原白蘑凉菜等，还可以将洗干净的白蘑直接拿到火上烧烤吃。他们说的肉炒草原白蘑菜，就是将新鲜白蘑用凉水冲洗干净，并按白蘑自身条纹用手撕或用刀切成薄片，然后拿到锅里同切成薄片的羊肉或牛肉一起炒。炒菜主要使用豆油、食盐、葱花、酱油、花椒等调料。不过，他们做肉炒草原白蘑时，先将肉片炒成半熟，而后再放入白蘑继续炒。这样烹制的目的是不让生肉味渗入草原白蘑里，影响白蘑本应该有的美味。用他们的说法，炒草原白蘑时必须要用旺火，否则炒出来的草原白蘑会失去独有的鲜美味和醇香味。另外，鄂温克人认为，用刀切的草原白蘑会走味，所以一般用手撕成薄片，不用刀切。实际上，他们烹制的肉炒草原白蘑香味四溢，确实好吃，吃起来又香、又嫩、又软、又滑润。他们还用草原白蘑做肉味白蘑汤。由于该汤的营养取决于草原白蘑，要尽量突出草原白蘑本真的醇香味，所以就称其为草原白蘑汤。烹制草原白蘑汤时，先将切好的肉片放入水中烧开，等肉煮成六分熟时把洗干净的新鲜草原白蘑及适量食盐放入肉汤锅内，再用文火烧三分钟左右就成草原白蘑味十足的肉汤。草原白蘑汤里的肉多数是羊肉，也有的人用牛肉煮草原白蘑汤。在他们看来，草原白蘑汤具有解热功能，尤其是对出麻疹的儿童很管用，可以减轻患者的病痛和缓解病情。另外，草原白蘑咸菜是鄂温克族独有的传统小菜之一，主要用于吃手抓肉，或吃面条、面片等面食时放入碗里调味。具体做法是，把采集来的野韭菜花洗干净并捣成黏糊状，放入坛子里再加上一些食盐，然后再把洗干净的新鲜草原白蘑用手撕成片状放入其中腌制，五天以后就变成既有草原白蘑醇香味又有韭菜花咸香味的咸菜。这时，就可以拿出来食用。草原白蘑咸菜，不仅有醇香的草原白蘑味道，同时还含有微妙的野韭菜花特有的辛辣味，是吃手抓肉、面条、面片等的理想配料。草原白蘑咸菜吃起来十分可口、开胃、舒服。除了以上提到的之外，鄂温克族妇女还用剁碎的草原白蘑同肉馅搅拌到一起包饺子或蒸包子食用。草原白蘑做的馅，更是香味扑鼻，沁人心脾（见图 2-12）。

图 2-12 肉炒草原白蘑

五 鹿筋炒木耳

这是一道用驯鹿筋与木耳一起炒出的特殊菜肴。食用此类菜肴的鄂温克人，主要生活在兴安岭的深山老林，从事自然牧养驯鹿的游牧生产。由于这种菜是用驯鹿筋作为主要原料烹制，所以即使是牧养驯鹿的鄂温克人也不是经常能够吃到。因此，这样才显得更加珍奇而名贵。再加上牧养驯鹿的鄂温克人，不是十分喜欢吃炒菜，结果驯鹿筋炒木耳这道菜更是少见了。尽管如此，这道炒菜，在他们的山林饮食文化中，依然占有相当特殊的地位。他们在平常的日子里，虽然很少吃鹿筋炒木耳，但遇到喜庆佳节的日子，或在游牧点上来了贵客的时候，他们会毫不犹豫地动手烹制这一独具风格而又独特味道的山林炒菜。驯鹿筋炒木耳这道菜肴中，白色透明的驯鹿筋和黑色透明的木耳的黑白颜色相互交错、各显其色、分外显眼，再加上与翠绿的葱花颜色相配套，确实给人一种未食先有的饮食视觉美感。尤其是驯鹿筋和木耳经过烹饪后溢出的清香、醇美、醒胃的味道，让人感到回味无穷。他们说，这种菜不仅吃起来味美，同时还有极强的调节人体机能、促进血液循环等作用（见图2-13）。

图2-13 鹿筋炒木耳

第六节　面食类饮食文化

鄂温克人除了食用纯肉类食物之外，还经常食用以肉为主烹制的各种面食。用他们的话说，不论吃什么，不应该缺少肉这一主要原料，没有肉吃什么都没有味道。那么，除了我们在上面谈到的肉类及肉菜类食物之外，他们还经常食用肉奶类及各种面食。为此有人说，鄂温克族不仅是肉食民族，同时也是一个离不开面食的民族。他们食用的面食中，主要包括肉饼、饺子、包子、韭菜合子、羊油发面饼、葱花饼、酸面包、奶糖馃子、面条、面片、面疙瘩汤、牛奶面片等。

一　肉饼

肉饼，也就是以肉为主的馅饼，是在鄂温克族中很受欢迎的一种面食，他们每个月都要吃上两三顿肉馅饼。鄂温克族妇女做的肉馅饼以皮薄、馅多、油多闻名草原。她们烹制肉馅饼时，主要原料包括面粉、羊肉（或牛肉）、大葱、豆油、食盐、花椒、酱油等。而且，作为做馅的原料肉和葱不是剁成碎块，而是用菜刀均衡地切成3毫米大小的方块。他们认为，肉馅的肉和葱不能剁成碎块，这样会直接影响肉馅的美味，同时也没有什么嚼头，吃起来不香。另外，肉馅除了有肉和葱，没有其他任何蔬菜。作为调料，在肉馅中只放豆油、食盐、花椒、酱油等，其他任何调料都不放。尤其应该提到的是，鄂温克族妇女做肉馅饼皮子的面和得很软，用这种面包肉馅时根本不用擀面棍，只是把包肉馅的面团从和好的面中揪出来，拿在手里就那么旋动几下就自然弄出放肉馅的面窝，接着把肉馅放入其中捏好上口，并放在面板上或干脆拿在手里慢慢均匀压平，一直压平至人的肉眼能够透过薄薄的面皮看到里面的肉馅为止。这时的肉馅饼面皮，就会变成纸一般薄，所以将其拿到铁锅里烙的时候一定要小心谨慎，一不小心就会皮破肉馅漏出来影响品味。对此她们还解释说，为了确保肉馅饼外皮软度和撑展力度，和面时在面中放入一些食盐，还要把和成软绵绵的面团放入和面盆里自然饧30分钟。

结果，这样和的面，包上肉馅放入油锅里烙时确实不易破损。她们还强调指出，真正会做肉馅饼皮子的人，在整个和面、包馅、压扁等工序中，从不使用刀或擀面棍等工具。或许正因如此，经过她们的巧手做出来的肉馅饼不仅有喷香的美味，而且外皮酥软而焦黄，里面的肉馅更是香味扑鼻，十分诱人（见图2-14）。

图2-14 肉饼

另外，牧养驯鹿的鄂温克人吃的肉馅饼，跟其他地区的鄂温克族人吃的肉饼有所不同。比如，首先他们是用发酵好的面做肉馅饼的面皮子，再就是他们肉馅的原料主要是驯鹿肉和山野葱。还有，他们所谓的烙饼是，把弄好的肉馅饼放入火灰堆里烧烤，等熟了以后就将肉馅饼从火灰堆里拿出来，弄干净肉馅饼外层的灰或杂物直接食用。这种肉馅饼厚度约有3厘米、直径在12—15厘米之间。这种发面馅饼的肉馅，主要是用菜刀切成0.5厘米大小的驯鹿肉和山野葱，而作为调料除了豆油、食盐、酱油之外似乎不放其他任何东西。他们还说，有时也用马鹿、狍子、野猪、兔子等野生动物的肉来做馅，同样不添加任何蔬菜或其他野菜。他们夏天在河畔烧火做饭时，也有把肉馅饼放在平整而烧热的河流石上烙着吃的习惯。他们做这种肉馅饼时，在其外层从来不涂抹动物脂肪油之类的油性物，而且包肉馅的面皮子不能太厚。至今，他们做肉馅饼时，其肉馅同样以驯鹿肉和山野葱为主，不添加任何其他菜类。只是肉馅饼的烙法有所变化，也就是现在烙肉馅饼的时候，一般将肉馅饼放入有油的铁锅里煎烙，或干脆就将肉馅饼整个放入溶化烧开的动物脂肪油里，就像炸油条似的在油锅中炸着吃。无论是在油锅里煎烙的肉馅饼，还是在油锅中炸出来的肉馅饼都十分可口，不减其独特风味。另外，牧养驯鹿的鄂温克族青年牧民，现在也学会了用猪肉和牛肉做肉馅和烙肉馅饼的烹制方法。不过，相比之下，他们吃驯鹿肉馅饼的次数，要比吃猪肉或牛肉馅饼要多得多。尤其是在驯鹿牧场里来客人的时候，他们绝不会用其他肉做肉馅饼，而是一定要用传统的驯鹿肉烹制肉馅饼。

在这里，还要提到的是，鄂温克人早期常吃叫作 liskeshi "利思克什"的所谓肉馅饼。为何叫所谓的肉馅饼呢，因为它的肉馅不是由肉做成的，而是由动物的肺做成。这里所说的动物，当然包括牛羊以及野生动物。再说了，这种用动物肺子做成的馅里，从不放豆油等调料，只放动物脂肪和食盐。并且，烙这种肉馅饼时，同样不用豆油等植物油，而用动物脂肪油炸熟肉馅饼。不过，他们也用发面做这种肉馅饼。不论用什么面做皮子，用动物油炸出来后它的外层色泽金红铮亮，肺肉馅清香四溢，吃起来不仅柔美香甜，还有特殊的营养价值。据说，对那些肺病患者有特殊功效。这或许是对于缺啥吃啥、吃啥补啥之说的一种客观阐释。

二　肉包子

该食物是鄂温克族传统的面食之一。它的肉馅及其做法，同做肉饼基本一致，没有什么不同之处。甚至，调料及其原料等方面也没有什么区别性特征。当然，在包肉包子时，一般包成圆的。另外，包肉包子的面皮子，几乎都是经过发酵处理的面，吃死面肉包子是后来的事情。不过，他们包的肉包子都不很大，其直径基本上在 6 厘米左右。鄂温克族使用的肉包子的外皮，虽然用的是经过发酵处理的面，但皮层比较薄，就是蒸熟了也不显得皮厚。而且，肉馅的美味很容易渗透到发酵的面皮子里，吃起来内外相配合，确是一种美味佳肴（见图 2-15）。

图 2-15　肉包子

三　肉饺子

这是农区鄂温克族和牧区鄂温克族经常食用的晚餐。为什么叫晚餐呢，因为只有在晚餐的时候她们才做肉饺子吃，在早餐或午餐很少吃肉饺子。由于在山林里自然牧养驯鹿的鄂温克人很少吃肉饺子，他们吃肉饺子的历史也不长，也就是从 20 世纪初才开始吃。所以，在此强调说，肉饺子是农区和牧区鄂温克人爱吃的晚餐。事实上，牧区鄂温克人做的肉饺子的肉馅同他们做肉馅饼、肉包子的肉馅基本一样，没有什么区别性特征。农区鄂温克人，在做肉饺子的时候要放白菜、圆白菜、大萝卜、红萝卜、酸菜等蔬菜。但是，这也要根据季节或个人爱好来定。比如说，在夏天或秋天蔬菜丰富的时候，就可以选择性地用各种蔬菜做馅，但很少用酸菜、圆白菜或大萝卜做馅；在春季或冬天，他们就会经常用酸菜、圆白菜及大萝卜做馅吃。不论哪里的鄂温克人，他们肉饺子的面皮子都属于死面，没有人用发酵的面做肉饺子的面皮子。另外，他们还经常食用肉汤里煮的肉饺子。这真可谓他们饭菜的一绝，吃起来那味道真的十分香美，有十足的内外交融的肉香味。这种汤饺子，他们叫作肉汤饺子。肉汤饺子做起来也没那么复杂或麻烦。先把放入食盐和牛羊肉的汤煮好，然后在肉汤锅里放入粉条和肉饺子，快熟时再放些葱花就可以吃了。很有意思的是，他们在肉汤饺子里，除了牛羊肉、葱花、粉条和食盐几乎不放其他任何菜类或调料。另外，肉汤饺子里煮的粉条同样好吃，有浓郁的肉香味。后来，他们又演绎出挂面肉汤饺子、蔬菜肉汤饺子、清汤饺子等。饺子越吃花样越多，肉饺子也演绎出肉菜饺子、蔬菜饺子等。不用说饺子，就是他们经常食用的肉馅饼、肉包子中也有了带有肉菜的和完全用蔬菜鸡蛋做的品种了。尽管他们吃饺子的花样变得越来越多，可他们还是愿意吃传统的肉饺子，就是用牛羊肉和葱做成的肉馅饺子。

四 韭菜合子

在初春季节，草原和山林里的绿色延伸到天边，新鲜野韭菜长满原野的时候，鄂温克人最喜欢食用的一种季节性很强的面食就是野韭菜合子，人们习惯上简称为韭菜合子。其制作原料就是野韭菜、羊肉、食盐和豆油，连酱油都很少放。用来做馅的野韭菜，是在初春季节从原野上采集来的无任何污染、纯天然而新鲜嫩绿的韭菜。烹制韭菜合子时，先把野韭菜用水冲洗干净，再切成 0.3 厘米长，并同事先调配好油盐的肉馅拌在一起放置 10 分钟左右。等韭菜肉馅中的味道相互渗透之后，就用凉水和好的面包韭菜合子。他们说，韭菜合子主要品味在韭菜上，而韭菜味往外渗的力度较强，所以要用凉水和面，目的是尽量在肉馅中留住韭菜应有的微辣和香味。他们做韭菜合子时，面也是和得较软，和好面后就用手揪出一块块圆团，并弄出放馅的面窝，把韭菜馅放入其中捏好上口，放在面板上或干脆拿在手里慢慢压平至半圆形。然后，拿到平底铁锅里用豆油烙熟。也有用羊油烙韭菜合子的时候。不过，烙的时候油要放多一些，火势也不能太弱小。韭菜合子吃起来不仅有肉香味，而且还微带野韭菜的辣味和野菜味，吃的时候十分开胃，据说还有抵抗各种细菌的功能（见图 2 - 16）。

图 2-16　韭菜合子

五　酸面包

据说生活在草原和山林地带、从事畜牧业生产的鄂温克人用餐时，都离不开他们自己手工做的酸面包。在他们的语言里一般统称为 eweeng "厄文"，就是指人们平常说的"饼"。在早期，他们几乎把没夹入任何内容的发面饼都叫"厄文"。后来，从俄语借入称作"面包"的 hiliebu "合列布"这一名词，并专用于"面包"的统称。再后来，生活在城镇里的鄂温克人，自然从汉语借用"面包"一词用于城里用的鄂温克语里了。那么，这里所说的"酸面包"也是汉语借词，指的就是有酸味的或者说酸味较浓的面包。不论过去还是现在，鄂温克人都十分喜欢食用酸面包，特别是用早餐时，属于不可缺少的食物。酸面包也是他们款待宾客时的必备食品之一。他们说，鄂温克族妇女自制的酸面包又酸又香，形状多为圆形或长方形。她们做酸面包的主要原料，几乎只有面粉和酸牛奶。具体做法是，将酸牛奶同面粉掺和到一起，弄成比较稀软的酸面料后放置一宿。到第二天，酸面料发酵成功且膨胀到一定程度时，在发酵的面里再掺入一些面粉，把它和好搅拌均匀后放入圆形或长方形铁制油盒内，放入烤箱用文火烘烤，或者直接把处理好的酸味发面放入油锅里用文火烙烤。烘烤或烙烤的时间一般为 40—60 分钟。结果，无论烤出来的还是烙出来的酸面包都有浓重的酸香味。而且，酸面包外层焦黄，里面却十分松软。吃起来十分可口、有味，还易于消化，是鄂温克族早晨喝奶茶时的理想食品。吃酸面包的时候抹上一层白奶油会更好吃。除此之外，也有人家在早餐不吃酸面包，吃自己烹制的淡味面包或夹有各种野果酱的面包等。总而言之，他们吃的面包种类有许多，其中最受欢迎的就是酸面包（见图 2-17）。

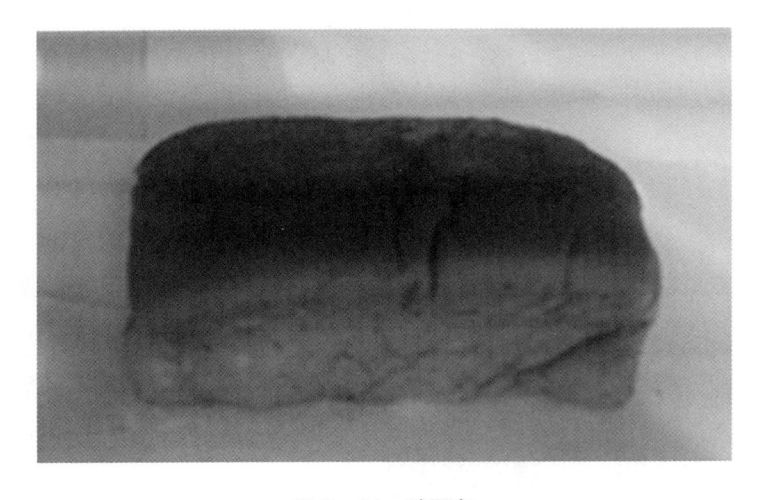

图 2-17　酸面包

六　奶糖馃子

用鄂温克语叫 karachi "卡拉其"。顾名思义，就是用面粉、鲜奶、鸡蛋、黄油、白糖为主要原料油炸而成的面食之一。每逢喜庆假日，特别是春节到来时，鄂温克族家家户户都要动手做奶糖馃子。他们做奶糖馃子时，和面用的原料非常重要。也就是说，鄂温克人用手和奶糖馃子的面时从不使用水，而是用牛奶、鸡蛋、豆油、黄油、白糖等搅拌而成和面料。实际上，用这种特殊的材料和面，是一种十分费劲的事情。因为，其中有豆油和黄油，又有鸡蛋，所以和面时十分油滑很难让食材融合凝结到一起。经过一定时间用劲不断地和，才能够将面和用牛奶、鸡蛋、豆油、黄油、白糖等搅拌而成的和面料均匀地搅和成一体。最后还要把和好的面在适当温度的地方放一宿，第二天早晨把略微发酵的面从盆里拿出来再反反复复地和好几遍，每次和面时要间隔5分钟左右。当这些工序完成以后，把面擀成约30厘米宽的长扁形，厚度有0.8—1厘米，接着再用刀切成2厘米宽、5厘米长的小块，同时在中间用刀刺出2—3个小缝隙，并且利用这些小缝隙做出不同形状的花样，这些花样大多数是模仿或象征自然界中的花草、树叶及鸟类。做完各种花样后，将它们放入沸腾的油锅里用旺火炸，2分钟左右就可捞出（见图2-18）。

图 2-18 奶糖馃子

值得强调指出的是，在烹制奶糖馃子的过程中，和面时所用的各种原料都有一定的比例，比如1斤面粉只可以放半斤鲜奶、4两白糖、4个生鸡蛋、2两羊油或豆油等。这样炸出的馃子形状特别好看，有的像花草，有的像草木叶子，有的像小鸟。这些馃子不仅外观好看，吃起来还有浓浓的奶味、糖味、鸡蛋味以及油香味等。在每年的春节或大型节假日，炸馃子已成为鄂温克人饮食生活中一项不可缺少的内容。尤其到了春节，每家每户都要炸好几袋子奶糖馃子，他们不但自己食用，更重要的是以此款待远近的亲朋好友和相互拜年的人们。鄂温克人对于奶糖馃子的味道和花样、颜色都特别讲究。也就是说，它的口味必须是香甜、油润、脆软，有鲜明的牛奶、黄油、糖、鸡蛋等的味道；油炸过的奶糖馃子应该有各种花样，有方块形、三角形、菱形、长条形、圆形、麻花形、葵花形等；油炸过的奶糖馃子的颜色有浅红色或深黄色。在他们的传统饮食中，谁家的奶糖馃子做得味道香、花样多、颜色正，谁家的生活就会幸福、甘甜、美满。或许由于这个缘故，鄂温克人对炸奶糖馃子、吃奶糖馃子很用心、很当回事。

七　火烧饼

鄂温克语叫 tugawung "图嘎翁"，意思就是"用火烧的饼"。也是鄂温克人在野外劳动或工作时，经常食用的一种面食。深受他们的青睐，特别是孩子们很喜欢吃。这种饼的原料，主要有面粉与清水，也有用鲜奶和面的时候，但绝大多数情况下是用纯净水和面。和好了面，分成 4 两左右的面团，紧接着将面团弄成中间有空心的面圈儿，然后把它埋在还未全部熄灭的火灰堆里，约过半个小时面圈儿就可以烤熟。这时，用木棍子将烤熟的火烧饼从火灰堆里拿出来，处理干净沾在上面的所有火灰，趁热吃下去别有一番品味。他们说，在火烧饼中间弄出较大空隙是有两个作用，一是将其从火灰堆里拿出来的时候比较方便，二是熟得较快较全面。不过，也有人把火烧饼做的像新疆烤馕一样，把它的中间部分弄得薄一些，转圈的面要搞得厚一些，中间位置也不留什么空隙。也有人把火烧饼弄成一个个小圆团或椭圆状等不同形状，而后埋入带火的火灰堆里烧着吃。火烧饼外皮焦黄、酥脆、里面松软，吃起来有一股诱人而纯正的麦香味。另外，火烧饼还易于存放、携带和扛饿。所以，一到生产繁忙的季节，鄂温克族妇女就会做许多火烧饼，供给一天到晚紧张地劳动的人们（见图 2 - 19）。

八　奶肉面片

这里所说的奶，自然也是指牛奶或驯鹿奶，他们很少或者说根本就不用

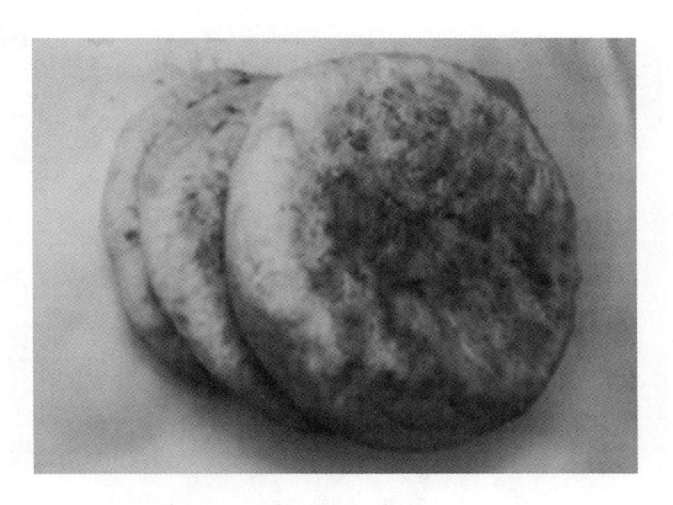

图 2 - 19　火烧饼

羊奶什么的做奶肉面片。做奶肉面片时，农区和牧区鄂温克人使用牛奶，山区鄂温克人使用驯鹿奶。过去，农区鄂温克人也吃奶肉面片，当然也是用鲜牛奶来做。他们虽然也吃羊奶，但做奶肉面片时要用新鲜牛奶。应该说，奶肉面片是鄂温克族传统而古老的饮食内容之一。做奶肉面片的基本原料有自然鲜牛奶、牛羊肉或驯鹿肉、清水、面粉、食盐等。具体做法是，先在锅内倒入一点清水和切成小块的肉丁或剁碎的肉末煮开，等锅中的肉丁和肉末煮熟之后，在其上面倒入一小桶新鲜牛奶，并加火烧开大约 3 分钟，在烧开的奶肉汤里加入适量食盐，随后就在奶肉汤锅里揪面片。等奶锅中的面片熟了，就可以舀出来食用。不过，她们解释说，奶肉面片的面片必须保持一定的薄度，厚了不好熟，吃起来也不香，吃不出奶香味。奶肉面片自然有醇香的奶味和肉味，吃起来十分滑溜、顺胃，营养成分也很高。尤其是，对老年人、孩子以及患者来说，是属于理想的补养食物，有丰富的维生素和补钙作用（见图 2 - 20）。

九　面粥

这也是鄂温克人在生产忙碌的时候食用的一种便餐。其实，做面粥很简

图 2-20 奶肉面片

单、很方便，就是将面粉用清水和得很稀，然后慢慢倒入开着锅的肉汤里，过上两分钟就会煮熟，可以食用了。而且，面粥里的肉要切得很小，甚至把肉丁切到不用牙嚼就能自然咽进去的程度。面粥里除了小块肉丁之外，似乎只放些食盐，其他什么调料都不放。鄂温克人吃的，或者说喝的面粥，以其柔软、细腻、醇香而著称。他们在生产繁忙的季节，有时也吃些拌汤面，拌汤面也叫拨拉汤面。也就是指，在面粉里适量放些清水，再用筷子拨拉成不大不小的面团子，然后放入已经开锅的肉汤里，不到三分钟就会熟。这种方便快捷的面食，鄂温克人工作或生产活动十分忙碌时候经常食用。

十 米粥

鄂温克人除了面粥之外，也吃用大米、小米、稷子米、玉米、高粱米等熬制的米粥。其中，牧区鄂温克人吃的绝大多数是在肉汤里熬的大米粥、小米粥或稷子米粥；农区鄂温克人爱吃清水汤里熬的大米粥、小米粥、玉米粥、高粱米粥；在山林地带生活的鄂温克人主要食用带有肉汤的大米粥和小米粥。事实上，这些粥的做法都比较简单。比如说，像肉米粥就是在清水锅里先放入切好的肉丁，将锅里的肉汤煮开有肉汤味之后，就会把洗干净的米放入肉汤锅里用文火慢慢煮，一直煮到米熟透黏稠为止。另外，他们煮不放肉的清汤米粥时，锅里的水烧到有温度时就将洗干净的米放入其中，同样用文火慢慢煮至熟透黏稠为止。无论是在肉米粥还是在清水米粥里，根据个人的爱好往里面可以放适量食盐，也可以放酸牛奶，有人还喜欢放些白糖或鲜牛奶来食用。另外，有的人，吃肉米粥时，其中除了肉和食盐之外，还放些奶油、羊油、野葱花、酱油、米醋等调料。所有这些，使米粥的味道变得更好吃、更加开胃和可口。不过，对于肉粥和白水粥，他们还有其他的解释。他们认为，肉米粥一般在天冷工作较忙的时候食用，而白水粥是在天热工作忙碌时食用得较多，像酸奶米粥、奶油米粥、蔬菜米粥等是他们在身体不适、营养不良、胃病发作、增强体能，以及女人怀孕、坐月子或在三伏天食用。有时，在婚礼中，女方家要为新郎、新娘做放入鲜奶、奶油、白糖的甜美米粥，让一对新人共同食用。在他们看来，新婚夫妻同吃一碗这种甜蜜的米粥，在未来的生活中会同甘共苦命运，并且相爱永恒。

生活在山林地区的鄂温克人还吃一种叫 ingitemusung "伊给尼特木舜"的米粥。毫无疑问，这里说的"伊给尼特木舜"是鄂温克语，指的是"稠李子米粥"的意思。做该米粥的原料，主要有生长在兴安岭山脉树林的一种叫稠李子的野果，以及黄色透明的小米。做稠李子米粥时，先把小米洗干净放入清汤锅里煮，当将小米煮成七成熟时把新鲜稠李子放入米粥里再煮上一刻钟，等锅里的稠李子小米粥呈现粉红颜色时，他们就可以把稠李子米粥舀到碗里食用。据他们讲，稠李子米粥色泽鲜艳亮丽、味道酸甜可口。有时，他们吃完手扒肉，还要熬一锅稠李子米粥喝，以此帮助肠胃消化食物。

鄂温克族传统饮食文化中，还有一种叫狍肉宴的聚餐形式与内容。众所周知，狍子是生活在兴安岭的大耳朵、大眼睛、颈长、尾短、后肢长、前肢短、冬季毛色为棕褐色、夏季毛色是栗红色、臀部成灰白毛色、雄有角、雌无角的一种鹿类野生动物。生活在山林地区或靠近山林地带的鄂温克人经常猎取狍子食其肉、穿其皮毛制成的衣服。尤其是在饮食生活中，狍肉发挥着应有的作用。由此，他们还创造了重大喜庆之日的家庭狍肉宴。也就是说，到了本民族冬至的感恩节或夏至的狂欢节等重大节日时，鄂温克人就会摆狍肉宴，邀请亲朋好友或邻里一起来吃狍子肉。毫无疑问，他们的狍肉宴以狍肉为主，其中就有生狍肝、煮狍肉、烤狍肉、狍血肠、手抓狍肉、狍肉炒杂花菜，以及狍肉炒菜、狍肉馅饼或饺子等。这是他们独具山林味道、山林风格、山林特色的饮食内容。他们吃的手抓狍肉里，还有精心做的狍血肠、狍肥肠等。另外，生活在草原的鄂温克人，在本民族节庆活动里，还吃地地道道的牛肉宴和羊肉宴。而且，他们的牛肉宴或羊肉宴，一般用新宰杀的牛肉或羊肉来做基本原料。而且，其宴席中食用的肉食十分丰富。就拿牛肉来讲，包括用牛奶制作的十余种奶制品，还有牛肉手抓肉、烤牛肉片、烤牛排、烤牛肉串、牛心菜、牛舌菜、牛肝菜、牛血菜、牛头菜、牛蹄菜、牛下水菜、牛尾炖菜，以及各种牛肉炒菜、牛肉炖菜、牛肉肉饼和包子、牛肉萝卜汤等，应有尽有，极其丰盛。

第七节　自然类饮食文化

一　维纳矿泉水

鄂温克族生活的草原山林地带基本上都有矿泉水，其中名声最大的是鄂温克草原东南部、大兴安岭北麓维纳山脉北侧山谷分布的八个泉眼里日夜不停地冒出来的矿泉水。而且，这八个泉眼里冒出的矿泉水各有饮用价值，由此人们分别称呼为治胃病的矿泉水、治头痛的矿泉水、治耳病的矿泉水、治身麻的矿泉水、治鼻痛病的矿泉水、治疗伤痕及伤口的矿泉水、治疗皮肤病的矿泉水等。每年夏季，到这里来饮用神奇天然的矿泉水以及治疗各种疾病的人有很多。鄂温克人习惯于叫这里维纳矿泉水圣地。他们说，oyna "维纳"一词是鄂温克语，要表示"潺潺冒出""不断翻腾""翻滚向上"等词义。关于维纳矿泉水的来历，在鄂温克族中流传着一则十分动人的传说："很久很久以前，有一位鄂温克族猎人在维纳山坡的深山密林中狩猎。一天清晨，猎人一箭射中了一头雄鹿，受伤的雄鹿带箭奔跑，猎人顺着雄鹿的脚印和血迹紧紧跟上去。当他追到山谷间的一片绿草丛中时，只见有几处泉眼在潺潺冒着泉水，而后汇入小溪而去。猎人发现雄鹿已经无影无踪，而猎人的箭却插在泉水中，猎人感到失望，又感到惊诧。这时猎人已经口干舌燥，便蹲在泉水边喝起泉水来，只喝了一口儿，顿时感到浑身舒服，疲劳消失。猎人猛然醒悟，原来这是神水！从此以后，神奇的维纳天然矿泉水便在鄂温克人中流传开来。"据地质、水文、医学方面的专家考察，维纳矿泉水对于心脏病、胃肠病、消化不良症、偏头痛、耳鸣病、鼻炎症、皮肤病、关节炎等均有特殊疗效。另外，对于治疗伤口及各种皮肤上的疾病也有一定作用。所以，鄂温克人都爱喝维纳矿泉水，或在矿泉水里泡身子或用矿泉水冲洗身子等。特别是，炎热的夏天，到此喝矿泉水的人更多。维纳矿泉水已成为夏日里鄂温克人必备的防暑、解暑饮料。维纳矿泉水喝起来稍有点酸钙味，酷似汽水，连续喝上几口后，顿时觉得浑身清爽、肠胃舒然。每逢鄂温克人吃手扒肉、饮酒之时，总要喝上一瓶维纳矿泉水，以协助胃肠消化。

二　桦树汁

生活在兴安岭深山老林里、从事牧养驯鹿的鄂温克族牧民，在漫长的生产生活实践中，发掘出饮用桦树汁的饮食内容。桦树汁是桦树自生自产的一种乳白色的汁液，在每年大地回春的时候，桦树中就饱含营养丰富的蜜浆般的汁液。他们说，桦树汁液清澈透明，酸甜清凉，是天然的理想饮料。桦树汁对人体也有极强的补锌、补铁的作用。他们会在每年的春末夏初进山寻找又粗又高又白的白桦树，用刀在桦树树干上割开一条小裂口，并用桦树皮碗接下从裂口流出的汁液，不一会儿工夫桦树汁就会流满一碗。在炎热的夏季，对于山林间自然牧养驯鹿的鄂温克族牧民来讲，喝上一碗鲜美而酸甜清凉的桦树汁是再幸福不过的事了。有时，他们根本就不用任何器具，就那么直接用嘴饮用从桦树裂口流出的汁液。桦树汁不仅能够解渴，同时有着相当多的微量营养元素（见图 2-21）。

图 2-21　桦树汁

三　山野果

鄂温克人食用的山野果主要有山丁子、稠李子、都柿、灯笼果、雅格达等。这些野果一般长在兴安岭的大小山林里流动的大小河流两岸的树林里，也会长在草原牧区河流边的树林里。每年在 8 月中旬至 9 月中旬的一个月时间，是这些野果的成熟期和采摘食用期。所以，一到这个季节鄂温克人纷纷到河边的树林里采集成熟的各种野果。其中：①山丁子是一种酸甜兼备的透明血红色的野果，形状为小圆粒，直径在 1 厘米左右，肉绵软且核细小，可以生吃也可蒸熟吃，还可以做成山丁子酱夹在面包、饼、馒头里一起食用，是吃起来很甜美的一种野果，深受鄂温克人的喜爱。而且，其果肉十分柔软，甚至可以吸食，但籽大坚硬。山丁子的吃法除了以上提到的之外，也可以晒干后在冬春季节食用，还可用放入米粥里将米粥熬成酸味米粥来喝。

②都柿属于无籽野果。都柿也叫山都柿，还有"兴安小雪莲"之美称，学名叫蓝莓。8月中旬，在兴安岭的森林与山谷之间的平坦湿润地带，有一片片生长成熟的红得晶莹、透明，紫得深沉、凝重的都柿。该野果在6月开花，8月成熟。都柿长得比葡萄略小，肉呈紫红色或红色，果皮很薄，果肉有鲜明酸甜口味，并有极其丰富的果汁，其果汁的味道醇厚、清香、爽口、浓酸稍甜，是加工制作饮料的理想野果，也是做水果糖和果酱等的极佳原料，深受孩子们的喜爱。都柿及都柿食品具有很高的营养价值，含有大量的维生素B、维生素C和多种氨基酸及丰富的柠檬酸。长期饮用都柿饮料或长期食用都柿食品，还可利尿解毒，以及防止肾结石、淋毒性尿道炎、膀胱炎、肠炎、痢疾，乃至防止视力衰退、脑神经衰老、抗疲劳、强化心脑血管及动脉血管等方面有一定辅助性功效。都柿还可以酿酒，都柿酒的品位更是醇香醉心。③稠李子也被称为臭李子，该野果8月初成熟，颜色呈现珍珠黑色，有珍珠葡萄那么大小，里头的籽为卵圆形呈黄褐色，果肉微苦、甘甜、凉爽味道并具，含丰富的大黄素和大黄酚，摘下来后用水冲洗干净可以直接食用。其果肉有清热解毒、止咳祛痰、下泻杀毒及消炎功效。另外，用稠李子可以加工果酱，夹在面包、饼、馒头里食用，很开胃并能增强食欲。④灯笼果，形似灯笼而得名。主要生长在兴安岭的大小山林、河水边的树林里，特别是在半沙化的小山林里长得比较多。灯笼果同样在8月初成熟，直径约0.5厘米的圆形透明的红果。其味道比较甜，而且清新怡人，含有丰富的营养，可以提供满足人体所需的微量元素。此外，灯笼果还有明目清脑、稳定血压、降低血脂、预防贫血、补充营养，以及预防糖尿病、保护肝脏、消炎利咽喉和利尿等功效。当然，灯笼果除了生吃之外，还可以加工成饮料或果酱食用。⑤雅格达也被称为亚格达，学名叫"红豆"。该野果同样生长在大小兴安岭的山林里，颜色鲜明透红，味道十分甘甜。也是鄂温克人喜食野果的一种，同样很开胃、很美味，有丰富的营养。雅格达可以生吃，也可以加工成饮料、果酱以及果酒等饮用或食用。图2-22为山丁子，图2-23为红豆和蓝莓。

图 2-22　山丁子

图 2-23　红豆和蓝莓

总而言之，这些各种各样的酸甜可口、营养丰富、美味各异的野果，深受鄂温克人的喜爱。另外，这些野果都可以直接生吃，还可以加工成饮料、果酱和果酒来食用，也可以放入饭菜里作为调料来食用。每年到了这些野果成熟的季节，人们就会纷纷到山林或河水边的林子里采集这些野果。有的人将采集来的野果弄成果酱慢慢吃，有的人还将其晒干后一年四季享用。

四　山干果

牧养驯鹿的鄂温克人生活的山林，或者说挨着兴安岭生活的鄂温克人地区有不少山林干果，也就是山干果。每年的秋天，当山林中的干果成熟的季节，鄂温克族妇女们就会带着孩子们去摘干果。而且每年都要采摘许多干果。她们采摘的干果里，主要包括榛子和松子。她们把采摘回来榛子和松子，处理干净后倒入烧热的铁锅内炒上十分钟左右，待炒熟后拿到外面放凉，然后才去壳儿吃干果。据她们讲，炒熟的榛子或松子的干果特别香脆，且含有许多人体所需的钙、锌、铁等微量元素，吃起来特别开胃和过瘾。当然，不炒熟吃也可以，但吃不出它们迷人的自然香味。鄂温克人还把炒熟的干果储存起来，以备在闲暇或节假日时作为零食食用，孩子们还将炒熟的干果揣在兜里当零食吃。他们也经常将干果作为礼物，送给远方的亲朋好友。另外，榛子还有补养脾胃、减轻身体乏力、补钙补铁、改善食欲不振、明目清脑等功效。松子有滋补健身、强身健体、改善腰酸腿疼、软化血管、加快代谢、延缓衰老、减轻头晕目眩、补肾益气、滋阴润肺、养血润肠，滑肠通便及预防心血管疾病等方面的辅助治疗效果（见图 2-24）。

图 2-24　干果

五　山味调料

生活在山林草原的鄂温克人在煮肉、做面、做汤、炒菜、炖菜时，经常要使用山味调料来给饭菜调味。这里所说的山味调料，实际上就是指山林里自然生长的，可以作为饭菜调料的特殊草本植物。比如说，在前面谈到鄂温克族喜欢吃的饭菜时，提到的野韭菜花、野葱、野蒜等都属于他们所说的山味或野味调料。另外，还有野大料、野苦菜等。将这些各具浓烈的调味功能的食物，按照个人的口味放入饭菜里，就会各自发挥独特调味作用，使饭菜变得更加美味。这些野外自然生长的调料味道相当纯正、自然、特殊而鲜明。他们还常用野韭菜花、野葱、野蒜等做各种咸菜或咸酱，在日常饮食中作为理想的调料食用。

第八节　传统与现代饮食文化的交融

　　对于鄂温克族来讲，所有的生命都离不开吃喝的问题，作为高等动物的人更是如此，饮食是人的生命能够延续的头等大事。或许由于饮食对于人的生命、生存、生活有其如此重要的关系、价值和意义，他们从未放弃过对于饮食的追求和依靠。同时，在千百年的历史进程中，他们用共同的劳动和智慧创造了独具风格而极其丰富的饮食文化与文明。我们所说的鄂温克族饮食文化与文明，就是我们在上面谈到的内容，它应该包含有饮食原料、加工、花样、调料、烹饪和食用以及饮食习惯等。甚至，应该包括，前面说到的饮食礼仪和饮食禁忌方面的内容。谈到鄂温克族饮食文化学，应该是属于对他们的饮食结构、饮食原料、饮食加工技巧、饮食习俗，以及对于同饮食密切相关的生产生活活动、生存环境和条件，以及同他们传承的远古文化及其信仰密不可分的饮食心理等展开实地调查、搜集资料、科学分析的一门学问。毫无疑问，饮食文化是鄂温克族物质文化的重要组成部分，同时也和他们的精神文化有深度内在联系。我们也可以通过以上讨论，能够清楚地认识到，鄂温克族饮食文化，依据不同自然环境、不同生存条件、不同生活地域、不同生产方式等方面的因素，有其各自不同的饮食内容和形式。这就是如前所述，鄂温克族的饮食文化富有的农区味、林区味、牧区味的饮食结构、饮食内容、饮食习惯。换言之，生活在我国东北温寒带地区的鄂温克人创造出了风格各异、味道齐全、花样丰富、颜色鲜美、食用可口、回味无穷的饮食文化。但是，他们的传统饮食文化中，像奶食与肉食，包括野生动物肉、野生蔬菜、野果等占有主导地位。

另外，在这里还应该提到的是，鄂温克人食用各种食物的时候或者说用餐之前，还有许许多多的讲究或说法。尤其是食用肉类餐饮时，有不少约定俗成的特殊礼仪或禁忌。要是弄不明白这些饮食习俗或饮食细节或戒律，就会很容易引起他们的误解或反感。从另一个角度来讲，这也是容易被饮食文化学所忽略的薄弱环节。比如说，鄂温克族招待远方的客人时，首先要拿出奶茶和手抓肉，有条件的富裕人家，就会现杀现煮羊肉或驯鹿肉，用煮好的新鲜羊肉或驯鹿肉招待客人。而且，在食用手抓肉之前，首先从肩胛骨、胸脯骨上各切下一小块祭祀山神、火神、祖先神，然后才从这些骨头上切下肉块给每位客人，客人要用双手接过直接放入嘴里食用。他们不允许将家庭主人切给的肉，不直接吃而放在桌子上或放入碗碟里。这意味着不尊重、瞧不起、不信任家庭主人。所以，只要是家庭主人亲手切给的肉，一定要当着主人的面放入嘴里立马吃下去。家庭主人切下肉块分给每一位客人后，才可以给自己切肉吃。而且，出于一种传统的礼节，他们吃肉时除了刀之外不使用筷子、叉子等食用工具，吃肉时还不能发出嚼肉、咽肉的声音。一般情况下，家里来客人，除了家里的主人和年岁大的老人之外，妇女和孩子都不能上桌，也不让他们在用餐场所来回走动。他们说，这样做都是出于对客人的尊敬。客人吃肉吃到五分饱时，还要从锅里拿出煮好的肥肠、血肠以及心脏、肝、肺等下水请客人吃。到最后，盛出一碗煮肉的清汤让客人喝。出于传统礼仪，客人走时还要从刚刚为接待客人宰杀的新鲜羊肉或驯鹿肉中，挑选一部分作为礼物带走。如果客人不带走送的肉，就会被主人看成不懂文明礼节的人。家里没有客人的情况下，鄂温克人吃饭时会让年岁大的老人以及孩子们先吃，等他们吃饱后，家庭主人和主妇才开始用餐。

还有，在过去，鄂温克族牧民或农民，从事附属性产业狩猎生产中打到野生动物，大家一起吃手抓肉的时候，也先从肩胛骨与胸脯骨及下水中各切下一小块祭山神、火神、祖先神等。有时，还要给山神磕头，以此表示深深谢意。在他们的传统意识里，兴安岭山林中的所有野生动物都属于山神的私有财产，猎人猎获的猎物是山神恩赐给他们的食物，所以吃肉前必须磕头表示感谢。与此相关，在很早之前，鄂温克族的先民不只是猎到食物感谢山神,就是在平常的日子里吃饭就餐的时候,用餐者都要共同将手掌合在一起放在胸前,感恩天神给他们食物使他们能够延续生命和生活。在他们的万物有灵论信仰世界里,人类食用的一切都是天神和它的支配下的诸神恩赐的,所以用餐时一定要感恩天神和其他诸神,这样做才会不得罪天神和其他诸神,才会得到他们的原谅、宽恕、同情,才会不断地得到食物延续生命和生活。同时他们也认为,为了吃饭糊口和生活,不能够无节制、无休止、无底线贪婪地、破坏性地、毁灭性地从自然界索取食物。这样做就会引起天神及其他诸神的不满,甚至会令他们愤怒,他们会残酷无情地报复人类,到时候人间就会遇到许许多多想象不到的灾难,包括山林火灾、洪涝灾害、暴风雪灾害、地震海啸灾害等,使人类生活的家园全部被毁灭而回到原先一片黑暗和冰雪的世界。因此,他们十分敬仰天神和他的主神,敬仰大自然和自然界的一切生命。

然而,就像任何一个文化与文明都不可能一成不变地严守原初的形态结构一样,在农村、草原、山林生活的鄂温克族饮食文化也不可能是永恒不变的。伴随人类文明的进程,伴随人类社会的不断发展和进步,鄂温克族古老而传统的饮食文化,在外来饮食文化日益严重的冲击和强势影响下,也在产生不同程度的变化与发展。具体一点说,在20世纪初就受俄罗斯饮食文化的影响,他们开始食用猪肉香肠、西红柿汤、俄式面包、俄式果酱等;20世纪60年代以后,受到汉族饮食文化的广泛而深入的影响,他们学会了吃玉米面粥、高粱饭、各种炒菜、各种米饭、馒头等。不过,值得指出的是,鄂温克族在不断接触、不断接纳外来饮食文化,丰富和发展本民族传统饮食文化的同时,也较好地保存了自己原始而独到的饮食文化内涵。换句话说,饮食文化的互动传播、相互借鉴、共同繁荣的现象,直到20世纪末并未使鄂温克族以奶食、肉食为主的饮食文化完全改变、走样或消失,只是产生了一定程度的变化。当然,善于学习和进步、能够与时俱进的鄂温克族,在同外来民族的接触中,自觉主动地学会、吸纳了不少自身没有的许许多多饮食文化内容和形式。

尤其是21世纪的今天,伴随我国经济社会的快速发展和崛起,鄂温克族生活的美丽草原与山林地区的交通、电信、商业得到空前的发展。然而，与此同时，外来移民也由此逐年增多，鄂温克族同汉族、蒙古族、达斡尔族间的通婚现象也越来越多，使得鄂温克族家庭饮食习俗发生着一定程度的变化，他们肉食类食品逐渐向粮食类食品、蔬菜类食品转变，而且食用馒头、煎饼、米饭、米粥、各种炒菜、凉菜的现象日益突出。特别是生活在乡镇政府所在地或城市里的鄂温克族，他们的饮食生活中传统意义上的肉食和奶食内容不断减少。有的与汉族通婚的家庭，早餐基本上吃馒头、喝米粥，午餐和晚餐是米饭加炒菜或炖菜。另外，随着兴安岭山林野生动物数量的急剧减少，以及国家颁布实施的禁猎令等，使他们的野生肉食类饮食文化发生着革命性转变。

总而言之，鄂温克族用生命和信仰传承的古老的饮食文化与文明中，具有独特风格的烹饪技巧、食用方式、营养价值。毫无疑问，所有这些都是他们传统文化中不可或缺的重要组成内容与形式。也是我国民族饮食文化，乃至世界饮食文化中弥足珍贵的文化遗产之一。然而，科学技术的迅猛发展和普及，使这一古老的饮食文化面临着史无前例的冲击和挑战。我们有责任和义务去保护这些将要离我们而去的饮食文化遗产，使其在我们中间生存得更久更好。特别是由于鄂温克族传统生产活动、生活方式、饮食观念的不断变化，他们日常生活中的饮食内容及其形式也不断突破历史与传统，走入现代、走向未来。换言之，鄂温克族传统的饮食文化与现代饮食文化在不断接触、不断撞击、不断影响中相互渗透、相互吸收，朝着多样化的饮食文化世界繁荣发展，这也从另一个角度充分反映了该民族饮食文化与文明的繁荣发展。

第三章
鄂温克族居住文化

鄂温克语里将"房子""房屋""住处""房间"等一般叫 zhu"住"，用汉语基本上转写成"住""筑""朱"等，但使用"住"的现象居多。当然，也有其他一些说法，只是有它特定的地方性、地域性和不同的解释和理解。例如，把"房子"早期用鄂温克语说成 tegenke "特根克"，把"住处"也叫 teger boga "特格尔博嘎"等。这其中的 tegenke 和 teger 均由动词词根 tege-"住"派生而来。而 teger boga 的 boga 是属于表示"地方""处所"之意的名词。那么，很显然 teger boga 是指"住的地方"，当然也表示"房子"之意。说到鄂温克族的居住文化，确实有许多话要说。因为，生活在不同地区、从事不同生产活动的鄂温克人居住的房子都有所不同。从这个角度上来讲，人们居住的房屋也是属于特定历史时期、特定自然环境与条件、特定社会生活及生产活动的产物。鄂温克族居住的房子也是如此，农区鄂温克人居住的多为土房，林区鄂温克人住的是圆木房或桦树皮房，牧区鄂温克人住的是圆形游牧包或木房等。而且，不同地区的房子在建筑材料、建造手段、房屋造型等方面均有各自约定俗成的内容与形式。特别是，根据山林牧场上四处自由游牧而自然牧养驯鹿的生产生活，创造出的桦树皮或用动物毛皮搭建的房子，他们叫 xieren zhu "仙人住"，该合成词的前一个词 xieren 是由动词词根 xieren-"接""连接""衔接"派生而来形动词，而 zhu 表示"房子"。也就是说，xieren zhu 的意思就是"连接的房子"或者说"用一节一节上下连接的房子"。草原牧场上，从事游牧生产的鄂温克人基本上住游牧包。顾名思义，就是为了游牧生产而搭建的包房，用鄂温克语就叫 ugge zhu "乌儒格住"。其中，ugge 一词一般表示"圆形的""圆圈的"。那么，ugge zhu 表示的是"圆形的房子"或"圆包房""包房"等意思。这些住处或房屋有极其浓重而鲜明的游牧文化特征，以及迁徙性、携带性、方便性、临时性房屋结构特征。毫无疑问，鄂温克族的居住文化有着非常丰富的内涵和独到风格。通过下面的具体分析和讨论，我们会更加清楚地了解或认识鄂温克族居住文化与文明的诸多结构性特征和因素。

第一节 仙人住

在前面我们已经对于"仙人住"做了一些词义及结构方面的分析和解释，认为"仙人住"就是用相接或连接的手段搭建而成的房屋。就如上面的解释，"仙人住"一词是鄂温克语合成名词 xieren zhu 的转写形式，指的就是用搭建房屋的材料一个又一个密封衔接、搭建起来的简易住处。"仙人住"分夏季的和冬季的两种，在所谓夏季的"仙人住"里人们可以从春季的中后期住到秋季前半期，其他时间段或季节他们几乎都住在冬季的"仙人住"里。牧养驯鹿的鄂温克族牧民搭建夏季的"仙人住"时，主要需要木柱子、木杆子、桦树皮、树根藤索、松树胶等材料。搭建冬季的"仙人住"时，主要需要木柱子、木杆子、动物毛皮、皮绳等材料。另外，不论是夏季的"仙人住"，还是冬季的"仙人住"，其结构性特征，无一例外地属于圆锥形，没有直立的墙壁、房梁、房柱。从某种意义上讲，"仙人住"是鄂温克人最为古老而传统的住房之一，也是他们最为早期的搭建房屋的手段和方法。现在只有生活在兴安岭深山老林里，从事自然牧养驯鹿的鄂温克族牧民还保存着这一古老而传统的住房方式（见图 3-1）。

也有人把"仙人住"说成"撮罗子"。就像我们在前面所提到的那样，牧养驯鹿的鄂温克族牧民，有史以来就在山林牧场一年四季过着自由自在、自然舒适的游牧生活。由于驯鹿消耗的苔藓和牧草非常多，再加上食草方面十分挑剔和讲究，牧养驯鹿的鄂温克族牧民在某一个选定的山林牧场上只能

图 3-1 鄂温克族山林住房桦树皮"仙人住"

够住上一周左右，如果赶上牧草十分丰富的牧场，可以住上十天半个月。频繁而不间断的迁徙性游牧生活，自然决定了山林鄂温克族牧民居住房屋的临时性、暂时性、移动性、灵活性和便携性结构特征。他们要求，搭建的所谓房子，或者更准确地讲临时性住处，应该具备材料简单、结构简易、搭建快捷、拆卸方便、搬迁容易，以及能够一定程度上防雨雪、防寒风、防日晒和防严寒等基本的条件与要求。否则，他们会在频繁的迁移中为了搭建房屋耗掉许多时间，从而给他们的生产生活带来很多的麻烦与负担。他们的"仙人住"均属于有防风防雨雪功能的圆锥形结构，房内中间部分的最高处要达到3米左右，直径约有4米。搭建夏季"仙人住"的工序和基本做法是：

（1）用底部直径约20厘米、长5米的三根松木杆的顶部一尺处，用树根藤索捆拴牢，再把三根松木杆各自劈开，弄出高约 3 米的三脚架。与此同时，把三根松木杆底部插入地面一尺左右；

（2）再将事先处理好的 30 根直径为 18—20 厘米、长约 5 米的松木杆，依据房内所用空间的边沿按一定距离搭放在三脚架交叉口处，根部也要插入地面；

（3）在"仙人住"屋内的中央位置立一根同样有 5 米长的松木柱子，其顶部比其他斜放着的木杆高出 1 米以上，在柱子的中段和正对门口的一根斜木杆上，捆绑一根水平线的短木杆，用于拴吊锅做饭；

（4）由两人各拿一根木杆，把事先准备好的一张张桦树皮，从两头同时挑上去一层压一层地搭放在"仙人住"的房架上。一般从下往上放，这样会使防雨雪的性能得到增强，同时"仙人住"也显得很牢固。不过，在"仙人住"顶端，要留出一个直径约有半米的通烟通风口；

（5）用 35—40 根直径为 15—20 厘米、长 3—4 米的松木杆，严严实实地压住"仙人住"的木架上搭放的桦树皮，使之不易被风吹起；

（6）最后要处理好进出的门。"仙人住"所谓的门有两种结构形式，一种是在进出口处放一个加工好的无毛的、薄的皮张，人们进出时掀开就可以。还有一种是属于悬挂结构的门，也就是在"仙人住"的向阳处留出人可以进出的一个口子，口子上端挂一个皮制门帘。这种皮制门帘，夏天同样使用去了毛的动物皮制作。在夏天，人们住的"仙人住"的门帘几乎都掀放着，到了晚上睡觉前才放下来。这样会保持"仙人住"内的空气新鲜干燥。

一般说来，"仙人住"没有什么窗户之类的通风通光线的结构或设施，也没有床或衣柜什么的家具，只是在屋内地上铺些干草，在干草上面再铺上防水、防潮湿、防昆虫性能很强的又厚、又硬、又大的毛皮褥子。这种毛皮褥子，一般用老驼鹿、老驯鹿或用熊、狼等的整只皮子粗加工而成，有的人家还铺双层毛皮褥。

搭建冬季"仙人住"的工序和基本做法，同搭建夏季"仙人住"的工序和做法、原料等基本一致。有所不同的是：

（1）搭建冬季"仙人住"时，将直径约 20 厘米、长 5 米的三根松木杆的顶部一尺处，用皮绳紧紧拴牢。同时，把三根松木杆的底部用雪水冰冻加固，或用皮绳拴在粗大的木材上加固；

（2）搭建冬季"仙人住"时，同样由两人各拿一根木杆，把事先半加工而有一定柔性的一张张毛皮，从两头同时挑上去一层压一层地搭放在"仙人住"的房架上。为了防雪、防透风、防严寒，也是将毛皮皮张从下往上放封闭搭放。在严寒的冬季搭建"仙人住"时，在其顶端还要留出一个直径约有半米的通烟、通风口。到晚上睡觉时，用事先准备好的毛皮盖子封住顶端的通风口。他们搭建冬季"仙人住"的毛皮由没有受损伤的驯鹿毛皮、野生驯鹿毛皮或野生驼鹿等的毛皮粗加工而成。粗加工后的这些毛皮皮张有一定柔性，作为"仙人住"木架上的覆盖物，搭放时能够按木架子的圆形结构圈起来搭放；

（3）搭建冬季"仙人住"时，也要用40根左右的，直径为20厘米、长有4米的松木杆，严严实实地压住"仙人住"木架上搭放的毛皮皮张。有的人家，为了进一步强化防透风、防严寒功能，在已经搭好的"仙人住"上面还要用雪严严实实地覆盖一层；

（4）不过，冬季"仙人住"的进出口处，比夏季"仙人住"的进出口要小。还要把半加工的、有一定柔性的整只毛皮，通过裁剪而成的门帘上端，用皮绳紧紧地捆绑在所谓门框的横杠上，人们进出口时掀开就可以。但是，该整只毛皮皮张也是按照进出口的大小剪制而成。不过，用毛皮皮张剪制而成的毛皮门帘，往往要比门的尺寸大出一圈，这也是为了"仙人住"内更好地防寒保暖。

一般说来，不论是夏季的"仙人住"还是冬季的"仙人住"，没有什么窗户之类的通风通光线的结构或设施，也没有床或衣柜等家具，只是在屋内地上铺些干草，在干草上面再铺上防水、防潮湿、防昆虫性很强的又厚、又硬、又大的毛皮褥子。这种毛皮褥子，一般用老驼鹿、老驯鹿或用熊、狼等的整只皮子粗加工而成。到了冬天可以铺上双层毛皮褥。

过去，牧养驯鹿的鄂温克族牧民，到了秋天，天开始变冷时，还住在用桦树皮搭建的"仙人住"的话，为了强化屋子的保暖性能，在桦树皮上面还要搭放一层草围子。到了春天，天气变暖时，他们还可以用去了毛的动物皮张，替换冬天严寒季节在"仙人住"上用的带有长毛的皮张。

在深山老林的牧场上，对于随牧草的变化而一年四季四处游牧迁徙的牧养驯鹿的鄂温克族牧民来讲，"仙人住"几乎是最为理想便利的住房。搭建"仙人住"时，所需建筑材料能够就地解决，到处都是，用之不尽。他们搭建"仙人住"的工序与方法又十分简单，一学就会，终身可用。而且，如同上面所说，搭建时不费很多时间，不需要用很大力气，只要有两三个人就会在两个小时之内全部搭建完工。据他们讲，特别能干而熟练掌握搭建"仙人住"的老手或高手，一人就会在一个半小时内搭建一个十分不错的"仙人住"。当然，搭建冬天住的"仙人住"时，人们所花费的时间比搭建夏天的"仙人住"的要长一些。而且，到了冬天不仅天气寒冷，而且搭建的原材料及搭建要求都比夏日的"仙人住"要复杂且严格。如前所说，冬季的"仙人住"要用驯鹿毛皮或野生鹿毛皮或用野生大型动物的毛皮搭建。他们将加工好的这些毛皮皮张，剪裁成长2米、宽1.3米的长方形毛皮皮张，有的人还在毛皮皮张四角缝上皮绳，以便加固毛皮皮张时将其用皮绳紧紧拴在"仙人住"松木杆架子上。搭建一个"仙人住"一般需要7—9张处理好的毛皮皮张。他们在山林生产生活的实践中，深刻地领会到鹿的毛皮和驼鹿毛皮等具有防风、防雨雪及御寒保暖的功能，所以在搭建"仙人住"或缝制冬天的衣物等时广泛使用它们的毛皮。根据调研资料，他们搭建的"仙人住"也有大小之分，小的"仙人住"里能睡4—5人，大的"仙人住"内可以睡7—8人。"仙人住"的中央位置是烧火做饭的地方，门的右侧是家里的夫妇俩休息或睡觉的位置，左侧是孩子们休息、玩耍、睡觉的地方，对门的位置是放置"玛鲁神"及家中老年人休息睡觉的尊贵位置。家里来的普通客人，若是大人就会让位于左侧，假如是小孩就自觉地坐在右侧，要是尊贵的客人或年纪大的老人，就会把他请到"玛鲁神"前的毛皮褥子上就座。由此可见，"仙人住"内最好的席位是"玛鲁神"前对着门的位置，其次是属于门的右侧位置，再就是门左侧的位置。另外，按照传统规矩，在"仙人住"内不允许任何人乱走动，也不允许人们大声喧嚷。在"仙人住"内烧火做饭或挂炉烧水时，严格要求挂在火上面的铁锅或铁壶要在"仙人住"的中心位置，这样做饭的烟火能够垂直从"仙人住"的顶端的通风口出去，不会造成满屋的炊烟污染。

在牧养驯鹿的山林牧场上，除了"仙人住"之外，还有用松木杆搭建的放置驯鹿鞍子和驯鹿驮箱的平台。该平台长3米、宽0.5米、高1.5米。另外，牧养驯鹿的鄂温克族牧民，为了防止驯鹿弄坏"仙人住"，在其外围搭建圆形或方形的木栅栏。由于驯鹿不惧怕主人或其他人，所以经常到"仙人住"周围寻找盐、碱或食物。如果不用栅栏围住"仙人住"，那么驯鹿就有可能在找不到盐、碱或食物的时候，弄坏"仙人住"或跑到"仙人住"里乱折腾。他们说，尤其是到了夏季，驯鹿受不了蚊虻的叮咬经常冲进"仙人住"内。为避免驯鹿等造成的破坏，他们一般在"仙人住"外面搭建一条护卫栅栏，栅栏的门与"仙人住"门的方向要保持一致，不过栅栏的高度基本上保持在1米左右，要是过低驯鹿就会从上面跳进来或跑进来，过高就会浪费木料。实际上，他们搭建栅栏的方法也不复杂，先将一双双直径为5厘米、长约1.5米的木棍交叉捆绑成"×"形木架，并把"×"形木架围着"仙人住"按照搭建栅栏的范围固定放牢，接着在平均间距约有3米的"×"形木架上搭放一根根稍粗且长的木杆，同时将木杆同"×"形木架子的交界处牢牢地捆绑好，只留下门处的相对细一点的树干，以便人们出入时搬动或挪动。有的人家，为了更好地保护"仙人住"，还要弄一层比原有的再高一尺的栅栏。他们牧养的驯鹿，看到"仙人住"外围的栅栏就不会往里走，老老实实地待在栅栏的外面。很有意思的是，牧养驯鹿的鄂温克人搭建的仓库，在和他们居住的"仙人住"有一定距离的地方，也就是说在"仙人住"栅栏的外面。他们搭建储存多余生活物资的圆木仓库时：

（1）要选择好间距宽度为1—1.5米、间距长度为1.8—2.3米、直径为25—30厘米的四根直线生长的活树；

（2）将挨着这四根树生长的其他树木全部砍掉，再把四根树离地面3米以上部分砍下来。结果，四根活树自然成为四根活体木柱子；

（3）在四根自然生长的活体木柱子上面，用平均直径约为15厘米的圆木搭建储存多余食物或多余生活物质的仓库。该仓库，他们称作圆木仓库。

圆木仓库的上面，要用抗衡雨水性能强的桦树皮来覆盖。这种高高在上的圆木仓库，没有窗户，只有人能钻进去的小门。圆木仓库有 1—1.2 米宽、1.5—2 米长、1—1.2 米高。搭建圆木仓库的圆木间都有不同程度的细小空隙，所以四处通风又能防潮，储存的东西不易变味或受腐蚀。他们在圆木仓库里除了储存多余食物之外，还会储藏晒干的野生动物的肉、采集晒干的野菜野果及粮食、衣物、毛皮物、生产工具等。他们将圆木仓库建在离地 3 米的高处，完全是为了预防熊、狼、狐狸等野生动物前来寻找食物，挥霍圆木仓库内的东西。人们到圆木仓库里拿东西时，只能利用固定式配置的独木梯子上下。而其他野生动物，就是闻到了圆木仓库内的肉味，也只能望而却步，无法上去偷吃或享用。根据我们的调研资料，也有用桦树皮搭建的仓库（见图 3-2）。

图 3-2 桦树皮仓库

他们通常选择依山傍水的地方搭建"仙人住"。在过去，所谓的居住点上牧养驯鹿的鄂温克族牧民，也都是搭建"仙人住"而居。不过，在一个居住点，也就是牧羊驯鹿的人较为集中生活的游牧点，只有2—6家一字排开的"仙人住"，他们不喜欢把几家的"仙人住"搭建成围城形状或零零散散，只要几家在一起基本上要一字排开地搭建"仙人住"。同时，在相邻的"仙人住"之间，也要留下50米左右的距离。这都是他们约定俗成的、共同居住时的传统习惯，或者说是一起生活时搭建房屋的传统规则。很有意思的是，他们在夏季搭建的桦树皮"仙人住"从不拆开带走，而是完整地留在原处，只是把必需的生产生活物资和用品带走。在冬天，他们也就把用毛皮皮张做的覆盖物带走，其他的像木杆房架或圆木仓库、栅栏、木杆平台等都原封不动地留下。特别让人感动的是，他们搬走前将"仙人住"及其周围都要打扫得干干净净，把所有生活垃圾包括做饭用的灰堆全部深深地埋入土地下，不会随便丢弃任何生活垃圾或废弃物。因此，当他们赶着驯鹿离开此地后不久，这里的生态就会自然恢复到原样。如果不是看到"仙人住"或"仙人住"的木架，谁也想不到这里还有人生活过。

总之，鄂温克族在远古时期，用共同的智慧创造的寒温带和温寒带地区人们居住的"仙人住"，也就是桦树皮帐篷或兽皮帐篷，给人们远古的生产生活带来过极大方便，并在严寒的冬季给他们带来过温暖与家的幸福。"仙人住"及其木栅栏、放置驯鹿鞍子和驮箱的平台、圆木仓库是牧羊驯鹿的鄂温克族牧民，或者说鄂温克族早期的一整套房屋建筑工程，也是他们早期最为典型的住房文化内容。现在，只有内蒙古根河市敖鲁古雅牧养驯鹿的一小部分鄂温克族牧民，还保存着这一远古时期的住房"仙人住"。不过，除了保存原来的房屋木架和结构特征之外，上面的桦树皮及兽皮覆盖物已由防水防寒性能好、使用起来又十分方便的帆布或纯毛毡子等取而代之（见图3-3）。也就是说，到了夏天，他们在"仙人住"木架上覆盖带有窗户和门的厚帆布。到了冬天，就会用上带有门窗的保暖纯毛毡子。也有的人，干脆就用上既方便又好用的现代化方形帐篷。用他们的话说，生活越来越好、越来越现代化了，只是感到遗憾的是，所有这些使他们同古老文化与文明间的距离变得越来越远，使他们的后代同本民族传统文化与文明间的情感变得也越来越陌生。

图 3-3　鄂温克族新旧结合的住房——"仙人住"

第二节　游牧包

生活在辽阔富饶的呼伦贝尔草原牧区的鄂温克族牧民，在漫长的游牧生产生活实践中，创造并一直居住的游牧包他们用母语就叫 ugge zhu "乌儒格住"。我们在前面对此说法做过较为清楚的解释。也就是说，其中的 ugge/urge/uruge 是表示"圆形的""圆圈的"等意思的形容词，zhu 是指"房子"。那么 ugge zhu 也就表示"圆形房子""圆形包房"等词义。然而，该合成词引申出来的词义是"游牧包"。现在牧场上的鄂温克族牧民，把 ugge zhu 习惯上说成"游牧包"。事实上，"游牧包"确实如此，它是由圈起来的方式搭建而成的圆形住宅（见图 3-4）。把它说成"游牧包"是因为，它只是在辽阔的草原上随牧场的四季变化，赶着牛、马、羊一年四季过游牧生活的鄂温克族牧民居住的房子，生活在农区、不过游牧生活的鄂温克人不住"游牧包"。甚至居住在草原上、不从事游牧生产的鄂温克人，现在也都不住"游牧包"了。在他们看来，"游牧包"的搭建方式虽然比"仙人住"复杂一些，不过跟盖土房子等相比，还是较为简单和方便，十分适合于他们十天半个月就要迁移的草原游牧生活。搭建"游牧包"时所需的原材料，只有木料、柳树条、芦苇、羊毛绳、皮条等。而且，它的整体木架都用桦木、杨木、柳木、松木等制作而成，并分有上部木架和下部木架。其中，下部木架由26—34根头部向外弯曲35度、身部有外线弧度的，直径为5厘米、长有2米的扁形木杆交叉而成网状的立式木架构成。这种网状木架的木杆交叉处均有穿孔，人们从这些穿孔穿入皮条连接并加固相互交叉的木杆。由于"游牧包"的网状木架每隔15厘米的木杆交叉处都用皮条连接加固，所以十分结实，同时对于网状木架的开合提供极大方便条件。因为，不用网状木架的时候，或者是拆下"游牧包"搬走时，完全可以将其收拢起来，放在牛车上运走或存放起来。当使用时再打开，弯头朝上、弧线对外，连接性的和圆圈形地直起来放牢。搭建一个"游牧包"通常需要4—6块网状木架，每个网状木架展开后约有3米长，高有1.5米左右。另外，网状木架是由向外缓慢鼓起的弧线木杆交叉而成。所以，一打开，就自然而然地变成往里弯曲的半圆形，将4—6块网状木架打开连接起来自然就成为一个完整的圆圈形，这时将网状木架相接处用皮条捆绑好（见图3-5）。"游牧包"的包内直径一般有4—6米，这要根据家里人口的多少来定，人口多的包内直径要大一些，人口少的包内直径要小一些，包内直径越大，使用的网状木架就越多。人口多的人家，甚至要用6块网状木架搭建"游牧包"。另外，相接而成的圆圈形网状木架的朝南处，要安装一扇人们进出的木板门。"游牧包"木板门是由加工好的木板制作而成的向外推开的门，一般宽有80厘米、高有1.3米。"游牧包"的木板门有门框，门框下部高度约有一尺，门框左右两侧也有半尺宽的加固门框的木板，门框的上侧横木用10厘米宽的木板制作。做"游牧包"的门和门框的木料几乎都选择松木，因为用松木做的门或门框不易变形走样，使用时间也较长。他们搭建"游牧包"时，将圆圈形网状木架的两头，用皮条紧紧地拴在门框上。许多人家在"游牧包"的木板门上还安玻璃窗户。

图 3-4　鄂温克草原的"游牧包"

图 3-5　"游牧包"圆圈形网状木架

"游牧包"上部的木架，主要由35—40根约3米长、直径为5厘米的木椽子，以及直径约为1米的圆圈包顶组成。"游牧包"的圆圈包顶，通常用宽10厘米、厚5厘米，椭圆的松木制作。而且，在圆圈包顶的外围，凿出从下向上斜着的，入口大、出口小的35—40个穿孔。另外，约3米长的木椽子的底部要弄出小孔，从小孔穿出的细皮条两头要拴死，以备搭建"游牧包"时用该皮条稳住木椽子。他们搭建"游牧包"上部木架时，首先三人从三个角度将三根木椽子的细头插入圆圈包顶的穿孔里，然后三人同时用劲将圆圈包顶立在圆圈形网状木架上，为了使其立得更稳妥还要把木椽子底部的细皮条套放在圆圈形网状木架上端露出的木杆上。紧接着用同样方式，将35—40根木椽子的细头一个个插入圆圈包顶从下而上的斜孔内，与此同时把木椽子底部搭放在圆圈形网状木架上端，并把在木椽子底部拴死的皮条套在圆圈形网状木架上端露出的木杆头上。另外，直径约有1米的圆圈包顶内侧，还用木板条弄出井字形状而向上鼓起的弧形隔间，其中除了用于烟筒的口之外，剩下的几个口上都安上玻璃，这样"游牧包"里显得更加亮堂。讲到这里，可以说把"游牧包"的木架结构基本上介绍完了。

"游牧包"上下部木架上还要用上防风寒、防雨雪、防曝晒的各种覆盖物。

他们往往根据季节的不同以及气候的变化，经常更换覆盖物。比如说，到了夏天，在"游牧包"下半部圆圈形网状木架外面，用直径约有1厘米、长有1.5米的又细又长的柳树条制成的围帘围上两层。有的人怕蚊虫进来，在柳树条围帘和圆圈形网状木架中间用上一层薄薄的白布帘子。也有的人家在白布帘子外面只用一层柳树条围帘。与此同时，在"游牧包"上部木架上，要覆盖用芦苇制成的苇帘子。而且要从下往上一层压一层地围着"游牧包"上半部的圆锥形结构叠压着放。为了更好地发挥苇帘子的防雨防风功能，在最下一层和最上一层分别放双层苇帘子。最后，用拇指粗的羊毛长绳将"游牧包"下部的柳树条围帘和上部的苇帘子紧紧捆绑好，同时将羊毛长绳的绳头拴在深深打入地面的粗木钉子上，以此保护柳树条围帘和苇帘子不被大风掀开刮跑。不过，夏天下大雨的时候，"游牧包"上面还要覆盖一层帆布或塑料布，以防漏雨（见图3-6、图3-7）。

图3-6　鄂温克族妇女制作鄂温克族夏季"游牧包"

图3-7　夏天的"游牧包"

"游牧包"内的中心位置有做饭用的铁炉子,烟筒要通过圆圈包顶井字形隔板的中间口或西北口伸出去,并用铁丝或铁片将铁皮烟筒牢靠地拴在圆圈包顶的木架子上。由于"游牧包"中心位置的高度有 2.3—2.5 米,所以要用三节一米长的铁皮烟筒,有的人家甚至用四节铁皮烟筒。包内左右边及后侧均有木床,正对着门的床位是属于年长者休息睡觉的位置,右侧是夫妇俩的床位,左侧是孩子们的床位。如果家里没有老人,夫妇俩就睡在北侧的床位内,孩子们睡右侧的床,家里有其他人就住在左侧床上休息。而且,包内左右两角都摆放有衣物木箱或存放其他生活用品的木箱等。木箱子的颜色和图案十分鲜艳美丽,并要和木床、木门、圆圈形网状木架、木椽子、圆圈包顶上染有的各种颜色相互搭配,从而更加显示出它们的整体、独特、柔和、完美的艺术风格与思想内涵。尤其是,夏天的"游牧包"四处通风、空气清新,加上草原上的花草带来的芳香,包内显得更加舒心、自然。到了春秋,为了防备反复无常、变化多端、冷热不均、早晚温差大而对身体带来的不适,他们在"游牧包"的木架上覆盖较厚的一层帆布,甚至要覆盖加厚的帆布。到了冬天,要覆盖较厚的毛毡子。到了数九寒冬,在毛毡子上面还要覆盖一层毛皮皮张或干草,这样包内显得更加暖和。特别是在干草上面覆盖一层厚雪后,包内变得更加暖融融的,使人们在寒冷的冬季充分感受"游牧包"的温暖和家庭的幸福(见图 3-8)。

综上所述,鄂温克人居住的"游牧包",主要由六部分材料组成:一是木料圆圈包顶;二是圆圈形网状立式木架;三是带窗户的木门;四是连接圆圈包顶和圆圈形网状立式木架的木椽子;五是根据不同季节的不同气候变换使用的不同覆盖物及不同围帘;六是捆绑覆盖物和围帘的羊毛绳子。众所周知,草原牧区的鄂温克族牧民游牧生活的特点是逐水草而居以及随季节和牧场的变化而迁徙。因此,在他们的一生中,一直过着四处迁徙的游牧生活。他们赶着牛、马、羊,伴随牧场的变化每年要迁徙 30—50 次,赶上牧草长得不好的季节一个月内就要搬迁 6 次之多。不过,他们每次的迁徙都要选择离河水泉流较近、牧草资源也较理想的地方。到了春

第三章 鄂温克族居住文化　161

图 3-8　冬天的"游牧包"

夏，一般选定有山有水、通风好、蚊虻少的地方。到了秋冬，他们会选定能避风而阳光充足，山的阳坡或树木茂密的地方。对于他们来讲，搬迁到一处新牧场，花费两三个小时就能把"游牧包"盖起来。毫无疑问，"游牧包"是最适合草原鄂温克人一年四季随草原牧场的变化，赶着牛马羊过四处迁徙的游牧生活。然而，随着现代化生活的普及，特别是在内蒙古草原上具体实施的定居政策，使牧场上的许多鄂温克人结束了游牧生活，并住进了宽敞明亮的现代化砖瓦房，开始了他们的定居生活及其定居性的牧业生产活动。值得庆幸的是，一部分鄂温克族牧民，在强大的现代化社会生活的背景下，还是固守着原有的牧区传统文化与文明，还是住在古老而传统的"游牧包"里，依然过着他们传统的草原牧场生活。他们说，住在这样与自然合为一体的"游牧包"里，心里觉得十分踏实和舒服，同时总觉得屋里的空气始终能够保持很新鲜，和屋外自然界的空气没有什么区别，要是住进四处不透风的砖瓦房就会觉得很憋闷。千百年来，他们习惯于生活在牧场上的"游牧包"里，习惯于过与大自然融为一体的自然、透明、清新、舒服、美好、幸福的生活。

第三节 圆木屋

鄂温克族牧民居住的圆木屋，是指用圆木材料搭建而成的牧区长住性房屋。鄂温克语叫 mukielieng zhu/muhielien zhu/mukeleng zhu "木克楞住"。可以看出，这是一个合成名词，其中的 mukielieng/muhielien/mukeleng 是形容词，主要表示"圆的""圆形的"之意。比如说，"圆木"用鄂温克语就叫 mukielieng moo/muhielien moo。很显然，这里的 moo 是指"木"，mukielieng zhu/muhielien zhu/mukeleng zhu 中的 zhu 是指"房子"，该合成词直译是"圆木房子""圆木屋"，它所表述的意思就是"用圆木料搭建的木屋"。事实上的"圆木屋"也是如此，它是由一个个去了皮、砍下树杈或树节子的光滑垂直、两头直径相差不大的松树圆木建造的木屋（见图3-9、图3-10）。"圆木屋"建筑材料主要有青石与圆木。搭建"圆木屋"时：

图3-9 旧式"圆木屋"

图 3-10　新式"圆木屋"

（1）根据设计好的房屋使用面积的大小，一般用长方形的大块青石打好"圆木屋"地基，并用加工好的水泥将青石间的所有缝隙全部堵死，不留任何一个空隙或间隙。同时，在青石地基上面用水泥抹平，抹出水平线。不过也有人用直径为 50—60 厘米的粗壮松树圆木做地基。但是，在松树圆木地基接触地面的部位，还要垫上桦树皮或砂石，以防被雨水等侵蚀而烂掉；

（2）用斧子将笔直的直径为 40—45 厘米、长 6—8 米的松树圆木料的枝权全部处理干净，削下所有的树皮，再用锛子或斧子刨平上下两侧，同时在两端按规定尺寸凿出镶嵌的牙铆；

（3）把加工好的松木一根根、一层层头尾镶嵌在"圆木屋"地基上叠放。同时，为强化防止透风和雨水滴漏的功能，在叠放的松树圆木之间还要垫上苔藓。另外，为了进一步加固"圆木屋"的松树圆木墙壁，每间隔一米距离处用木钻子弄出穿透三到四层叠放着的松树圆木的穿孔，接着从穿孔倒入松脂胶，再从穿孔钉入樟子松木钉；

（4）在一根根、一层层叠放松树圆木的同时，把门窗框架按照事先设计的尺寸安装好，这样当叠放的松树圆木墙的高度达到2.5米左右时，基本上完成了搭建"圆木屋"四壁的工程；

（5）搭建"圆木屋"的屋顶时，把事先加工好的"人"字形木架，通过滑板一个个弄到"圆木屋"前后两壁上按前后顺序摆放后，用横檩把几个"人"字形木架屋顶连起来并用木钉固定住；

（6）紧接着，在横檩上铺塑料布或其他防雨水性能强的油毡纸等。在铺好塑料布或油毡纸之后，在其上面还要钉两层较薄的木板，以此达到防雨水的目的；

（7）与此同时，在"人"字形木架屋顶的上下方均钉上木板，而在上方的木板上还要铺上干羊粪或锯末，以此加强屋顶的防寒性能；

（8）把"圆木屋"的外围建筑工程完成后，先用黏土把屋内墙和屋顶抹平，在这上面再抹一层沙子、水泥、白灰等搅拌而成的抹墙材料，最后还要抹一层白灰泥，这就算把"圆木屋"的里外的土木工程全部完成；

（9）这时可以安装门窗及窗户玻璃，以及钉木地板，搭建"圆木屋"的间隔墙等；

（10）"圆木屋"的西北角一般是厨房，厨房内有做饭用的火炉子和烤面包的铁炉子，厨房跟其他房间之间往往要用红砖砌成的火墙隔开，做饭用的烟火都要经过火墙的烟洞循环而出，最后由屋顶上的红砖烟囱排出。红砖火墙是冬季屋内取暖的重要依靠，烧火后能产生极高的热温，使屋内变得十分暖和；

（11）他们把"圆木屋"的建筑工程按照建筑计划全部完工后，为防外面的寒气直接进屋，还在门口的外围用直径为20—25厘米的圆木搭建一间小门楼，有的小门楼上还安玻璃窗户；

（12）"圆木屋"搭建完成后，许多人在圆木外墙上刷一层清漆，主要是为保护圆木的质量和原有的颜色。有的人家还在"圆木屋"的圆木墙壁、屋顶、屋檐、窗框、门和门框、小门楼上都涂上各种颜色的油漆，但以蓝、绿、浅绿、黄等颜色居多。也有的人家在"圆木屋"的屋檐、窗檐、门檐上都钉上形状各异、花样繁多、结构独特而雕有各种花纹和图案的装饰板。所有这些，使"圆木屋"变得更加典雅别致、风姿绮丽、色彩迷人。

"圆木屋"的门基本上朝南或向东，而且东、西两侧及朝南处均有玻璃窗户。因此，冬天屋内光线充足，夏天透风性能强，是理想的冬暖夏凉的住处。另外，"圆木屋"内基本上都有卧室、客厅、厨房和储藏室。早期，过相对定居生活的林区或牧区的鄂温克族牧民几乎都住过"圆木屋"。那些精致、神妙、风格各异，并极具雕塑魅力与奇特艺术风格，各有独到建筑构思且洋溢着古朴又自然气息的"圆木屋"，曾经给人们留下多少美好的精神享受与超越时空的遐想。然而，这一切将要成为人们远古的记忆，或者成为远古传说的海市蜃楼。现在，只有一小部分雅库特鄂温克族牧民，以及通古斯鄂温克族牧民居住在这一古老而传统的木屋——"圆木屋"中，其他鄂温克人现已都住进了宽敞、明亮、舒适而现代化生活设施一应俱全的砖瓦房或楼房。

第四节　鄂温克族其他住房及其结构特征

除了以上谈到的"仙人住""游牧包""圆木屋"之外，鄂温克族在生产生活实践中，用共同的智慧与劳动还创造了适合生存环境及其生产生活活动的"土房""草房""地窨子房"等房屋。这些房屋，也有鲜明的地方性、民族性、文化性，以及独特的建筑特征。下面谈谈这些房屋的建构及其搭建情况。

一　土房

鄂温克语叫 xiwar zhu "西瓦尔住"，其中 xiwar 表示"泥土"，zhu 指"房子"，xiwar zhu 直译是"泥土房"。用汉语就是"土房"。"土房"是牧业鄂温克族牧民夏季在夏营地住的较为固定的房屋。另外，农区鄂温克族农民，在农田地旁边也搭建该"土房"（见图 3-11）。他们搭建"土房"的时候：

(1) 用直径为 4—5 厘米的长条柳树编织出"土房"的墙壁及隔间结

图 3-11 早期土房

构。同时，要留下安装门和窗户的空间；

（2）给柳树编织而成的墙壁上，从里到外抹一层黏性很强的黄泥。当第一层黄泥被风彻底吹干之后，在其上面还要抹第二层黄泥；

（3）等黄泥墙完全干透之后，搭建前高后低斜线而下的房盖。弄房盖时，先在房棱上摆放一层又细又长的柳树条，或者摆放一层又厚又密的芦苇，然后在柳树条或芦苇上面先后抹三遍黄泥，这就算把房子的主体结构搭建完成；

（4）在房内所有墙壁与隔间的黄泥墙上，还要抹一层白白的石灰，为了使室内墙壁变得平整、洁白、干净；

（5）紧接着安装门窗。木板门一般朝南，而且从里向外开，门上不安窗户。"土房"的窗户都比较多，有的人家盖的"土房"前后左右都有窗户，但绝大多数人只是在前面和左右安窗户；

（6）所有这些工程结束之后，还要用厚厚的白纸糊屋内天棚；

（7）把"土房"的外间，也就是说进门处就是厨房，厨房右面的小隔间里老人住，左侧较大屋子里夫妇俩和孩子们一起住；

（8）有的人家，为了防潮、防凉在屋内搭建土炕，烧火做饭的烟火都要通过土炕烟道，所以土炕能保持一定的温度；

（9）"土房"外，也就是它的右侧，或者紧挨着"土房"，或者在3—5米处，用同样材料和方式还要搭建一个有5—6平方米的小仓库。用他们的话说，夏天居住在"土房"里显得很凉快，在春末秋初居住时也感到很暖和，但天很冷或到了冬天他们不住这种简易的"土房"。他们一般从每年的5月到9月初住"土房"。

鄂温克族牧民或农民，到了冬季离开简易的"土房"，从夏营地或农田地旁边，迁移住到冬营地的"土房"。所谓冬营地"土房"是用土坯搭建而成，其房屋原料、搭建工序、房屋结构都同汉族盖"土房"的方法完全一样，没有什么特别之处。盖冬天住的"土房"是鄂温克族跟汉族移民学会的建筑技术。所以，在这里不多说了。

二 草房

鄂温克语叫 orookto zhu "敖若克特住"。在鄂温克语里 "草" 就叫 orookto "敖若克特"，把 "房子" "屋" "住处" 都叫 zhu "住"。实际上，鄂温克族住的 "草房" 有两种。

一种是下面的主体结构属于黄泥墙，只有房盖是用草搭建，叫 "泥草房" 或 "泥草屋"，也有人称其为 "草房"（见图3-12）。还有一种是整个用草搭建而成的房屋。搭建第一种结构类型的 "泥草房" 时，一般用松木或桦木杆搭建出有人字形房顶的房架。然后，按照房子所占面积，以及盖房子的建构计划，用黄泥或土坯垒墙。在已经垒好的墙面上，还要从墙里墙外抹几遍黄泥。最后，在黄泥墙内抹一层白灰。房顶上要苫一层厚厚的干草，还要用黄泥将干草屋顶压住，以免被风刮走。这种 "泥草房" 南墙的正中有房门，房门两边及东西墙上各有窗户，所以屋内变得十分亮堂。该 "泥草房" 的内部，一般间隔为三间，一进门中间的屋是厨房，左右两侧是居住室。厨房北面为灶，居室北面为炕。室外东、西两墙正中位置的地面上各有一个下粗上细的泥土烟筒。"泥草房" 的灶、炕、烟筒要连成一线通道，使炕成为居住者冬季不可缺少的取暖设施。同时，在正房南面的东西两侧还建有仓房和西厢房。家家户户的房前屋后都有菜果园、畜圈以及围着用红柳条编织的各种花纹篱笆。这种"泥草房"冬暖夏凉，在早期，是从事农业生产或畜牧业生产的鄂温克族农牧民的主要住所。特别是在 19 世纪末期到 20 世纪的初期，农区鄂温克族农民在生产活动中，基本上居住在这种结构类型的房屋。

图 3 - 12　早期"泥草房"

另一种"草房"是全部用草木搭建而成，属于简易型的房屋。搭建这种"草房"时：①先用直径约为 10 厘米的柳树或桦树湿木杆搭建上部弯曲成半椭圆形、高约 2 米的十多个木架。而且，在木架和木架间要留下 30 厘米的距离空间；②用横杆将弯曲成半椭圆形的木架串连起来；③把弯曲的木架与横杆的交接点，都用小拇指粗细的柳树湿木条牢靠地捆绑到一起；④在已形成半椭圆形的房架子上，从左右两侧一层压一层地由下向上按顺序摆放干草搭子，要摆放到左右两侧草搭子接头为止；⑤在"草房"的接头相合处，用事先准备好的人字形干草搭子盖住"草房"顶端；⑥紧接着弄"草房"的南北两侧。南侧要安装用柳树条或木杆制成的门，且将门框两边和上部的空隙，都用柳树条或木杆严密地全部封堵上，以此来挡住风雨和蚊虫。"草房"北侧有的人家同样用干草搭子封好，有的人家则用柳树条或木杆来堵上，不论使用干草搭子还是用柳树条或木杆，在"草房"的北侧也就是在背面的平面墙壁上必须要留一个较小的通风口，用他们的话说就是"草房"的一个小窗户。一般情况下，鄂温克人只有在农忙季节，或者说打牧草的时候，才会搭建这种简易的"草房"。因此，它具有一定的临时性、暂时性、季节性。由于，它是一个真正意义上的"草房"，在屋内绝不允许生火做饭或抽烟，而在屋外另搭建一个做饭用的小棚子。另外，屋里面积只有 10 平方米左右，只能放置简易而较小的两张木床和一些急需的生活用品等。不过，这种"草房"就是炎热的夏季也显得十分凉快，且主要用于夏秋生产最为忙碌的季节。

三 地窨子房

鄂温克语叫 sangaal zhu"伞嘎拉住"。鄂温克语里 sangaal 表示"坑""窟窿""洞穴"等意思，而 zhu"住"同样指"房子"。因此，在鄂温克语中将"地窨子"也叫 sangaal zhu"伞嘎拉住"，意思自然是指"地窨子房"（见图 3-13）。其实，鄂温克人曾经居住过的"地窨子房"同汉族或其他民族早期居住的"地窨子"大同小异，没有太特别的结构性特征。而且，主要是在农区，从事农业生产的鄂温克族农民居住时使用。据他们讲，搭建"地窨子房"一点儿都不费劲。就是事先找一处有些坡度的小山包性质的地形，然后在小山包的南侧，也就是光照较好的阳坡上根据自己所需的居住空间挖出一个方形或长方形土坑，接着在土坑的四面墙壁上抹黏性很强的黄泥，黄泥上再抹白灰就算完成了屋内墙的建造工程。搭建"地窨子房"的屋顶时，在已经摆放十分整齐的横木椽子上，铺一层厚厚的芦苇，芦苇上面再铺一层干草，在干草上面还要抹一层较厚的黏性很强的黄泥。另外，在"地窨子房"的朝阳处有门有窗户，屋内有厨房和寝室，外屋就是厨房，里屋就是吃饭、休息、睡觉的房子。所以，里屋有土火炕。事实上，"地窨子房"也是农区鄂温克族农民居住生活的固定性房屋。他们说，搭建"地窨子房"的技巧是和汉族农民学的，这种房屋搭建起来比较容易，又不费什么木料或其他建筑材料，加上冬暖夏凉的特点，因此一开始深受农区鄂温克族农民的喜爱。但是，住的时间长了，还是觉得通风透气功能较差，屋内由于潮湿，一些储存的生活用品或粮食等易发霉。结果，到后来就没有几家住"地窨子房"了，到现在完全没人住了。

图 3-13　地窨子房

综上所述，鄂温克族古老而传统的房屋，或者说他们搭建的居住建筑，基本上就是在前面提到的那样：

（1）夏季用桦皮、冬季用动物毛皮皮张搭建的简易环保型"仙人住"；

（2）四季有别、拆建容易、携带方便的"游牧包"；

（3）自然舒适、构造讲究、独具匠心的"圆木屋"；

（4）搭建简易、季节性强、凉爽宜人的"土房"；

（5）结构简单、材料单一、富有特点的"草房"；

（6）抵御严寒、能挡风雪、冬暖夏凉的"地窨子"等。

当然，这些都是鄂温克族传统意义上的住房，其中像"土房"、"地窨子房"以及"草房"等是农区鄂温克族农民早期居住较多的房屋；"仙人住"和"圆木屋"是山林牧场上从事牧养驯鹿生产的鄂温克族牧民居住的房屋。不过，在莫日格勒河两岸，从事草原畜牧业生产的鄂温克族牧民也喜欢住"圆木屋";更多的草原牧区的鄂温克族牧民,在游牧生产活动中住的是"游牧包"。另外,江河湖畔从事渔业生产的一部分鄂温克人,也住"草房"或"土房",也有住"仙人住"的人。一直到20世纪60年代末期,甚至是到了70年代中后期,许多鄂温克人还较完整地保存着古老而传统的建造技能和知识,还住在那些被认为是传统的房屋里。只是从改革开放以后,随着鄂温克族地区经济社会的快速发展,以及现代化建设的不断推广和深入,那些传统意义上的房屋很快被边缘化甚至有些已经退出了历史舞台。比如说,像"草房""土房""地窨子房"以及"仙人住"等,几乎都成了历史的记忆。现在,要么根本看不到,要么只有在民族博物馆或展览馆里才能看到,要么只有在极其偏僻山区或农区的极个别的人在居住。与此相反,在草原或山林里生活的,从事纯粹意义上的畜牧业生产的一部分鄂温克族牧民,至今生活在所谓传统的"游牧包"或"圆木屋"里。为什么说是所谓传统呢?因为现在他们居住的"游牧包"或"圆木屋"已经产生了不少变化,已被注入不少现代生活、现代社会、现代文化、现代建筑的特点。除此之外,更多鄂温克人已经搬进了舒适宽敞,现代生活设备齐全,有电有煤气有取暖设备的红砖瓦房。对面为上位、以西为贵、室内严禁乱走动等传统的居住习俗等中,均蕴含着深厚的历史性、传统性、传承性等独特的文化内涵。在我们看来,被传承下来的古老而传统的居住习俗及其文化,是属于鄂温克族远古的居住文化与文明的一种高度浓缩反应,其中包含的居住文化的内容应该更久远、更丰富、更深刻和更多,有其一定历史性、地域性、多样性、民族性、文化性研究价值和意义。

第四章

鄂温克族交通运输文化

　　鄂温克族根据生活地域、自然环境和条件、生产方式和手段等的不同，在交通运输工具方面也出现了一些异同现象。严格地讲，生活在山林地带，从事自然牧养驯鹿业生产活动的敖鲁古雅鄂温克族牧民，也就是所谓的雅库特鄂温克人的交通运输工具中离不开驯鹿、雪橇、"桦树皮船"。生活在呼伦贝尔辽阔富饶的草原牧区，经营牧养牛马羊的畜牧业生产的鄂温克人，也就是索伦鄂温克人和通古斯鄂温克人，在他们的日常生活或生产活动中使用的交通工具一般是马、马车、牛车、马雪橇、牛雪橇，以及骆驼和骆驼车及骆驼雪橇等。不过，生活在农业区，从事农业生产的鄂温克族农民所使用的交通工具，虽然也有马、马车、牛车以及马雪橇、牛雪橇等，但他们更多的时候使用的是带有胶皮轱辘的大小马车和牛车，以及水上用的木船等。这其中，最为传统并具有代表性的是驯鹿、马、"桦树皮船"、雪橇等交通工具，其次就是马车、牛车、木船等交通工具。再往后，就有了各种各样胶皮轱辘的大马车和大牛车、手扶拖拉机、拖拉机、汽车等交通工具。不过，像"桦树皮船"和雪橇等最具远古性、历史性、传承性的交通工具，迄今为止在原料、工序、样式、结构等方面没有产生过多的变化，依然保留着它们原有的特色。由此，在这里先从"桦树皮船"以及雪橇开始阐述鄂温克交通工具以及运输工具等传统文化。

第一节　桦树皮船

鄂温克人使用的"桦树皮船"，就是指以桦树皮为主要材料制作而成的船。鄂温克人从事渔业生产时期，或者在江河湖畔进行水上狩猎生产的年代，都广泛使用过"桦树皮船"（见图4-1）。我们完全可以说，倘若没有"桦树皮船"，也不会有他们独具特色的江河湖泊上的渔业生产及产业。与此同时，"桦树皮船"也是鄂温克人早期水上搬运货物、运送生活用品、迁徙搬家的主要运输工具。从而，"桦树皮船"曾经在他们的生产生活中，特别是在水上交通和水上运输活动中，发挥过极其重要的作用。而且，制作"桦树皮船"的原材料和整个制造过程对于生态环境，以及江河湖泊的水质不造成任何负面影响和污染，是属于纯自然、纯绿色、纯环保的产物。"桦树皮船"之所以被誉为绿色之舟，以及江河的生命之舟的原因，就在于制造的时候不使用一铆一钉，不需要任何金属材料，而完全是用白桦树皮、白桦树木料、樟子松木料、白桦树胶和松树胶、松树根须、松木钉、兽筋线等制作而成。水上使用"桦树皮船"时，不需要任何马达、发动机、工业油，真可谓滴油不沾，且它的水上运行全凭船桨和人力。正因为如此，它对于江河湖泊

图4-1　桦树皮船

的水不产生任何副作用,所以被誉为"环保性能强、绿色概念深、文明程度高的水上轻舟"。他们说,"桦树皮船"有一套约定俗成而严谨的制作工序、制作技巧、制作原理。而且,每一道工序都十分细腻、讲究,必须做到滴水不漏的精密程度。"桦树皮船"也有大、中、小之分。

(1)大型"桦树皮船"主要用于运输货物或搬家时使用,用鄂温克语叫 jiwa/jiewa/jiewie/jiw"吉瓦"或 mongokin/mongohing"梦高金",用他们的解释来说,是应该指大型"桦树皮船"。该"桦树皮船"的体积较大,身长达 8 米左右、宽度有 1.2 米,船的平面结构接近于"U"字形状,上部的敞开度要比底部宽大,可以乘坐 5—6 人,还能托运体积较大而有一定重量的货物或一定数量的鱼类。大型"桦树皮船"还适合大江大河及其大湖大泊的深水区开展渔业生产。在早期,鄂温克族渔民就用这种大型"桦树皮船"在海上捕鱼。当然,大型"桦树皮船"也是他们充分利用水路,运输生产生活物资和水上捕捞的各种鱼类,做沿海地区水产品易货生意,以及四处搬迁时用的理想交通工具。

(2)再就是所谓中型体积的"桦树皮船",鄂温克语叫 talumukin"塔鲁木金",他们说该词的意思是"上部敞口度较小的双人捕鱼船"。talumukin 的 talu 是表示"桦树皮",而 mukin 应该是指"水上用具"。也就是说,talumukin 是属于黏着性质的合成词,具有"桦树皮水上用具"或"桦树皮船"的内涵。根据调研资料,中型"桦树皮船"的船身长度约有 6 米、宽度有 1 米左右,是属于典型的双人用船。当然,也可以乘坐 3 人。它的主要功能就在于一人划船一人捕鱼,或一人划船两人捕鱼,能够在大一点的江河湖泊上使用。而且,装鱼容量也较大。同时,中型"桦树皮船"也是一个较理想的水上交通工具。有时,还可以运输轻便易运的货物或家用品。在过去,中型"桦树皮船"的使用率较高。生活在江河湖泊岸边的鄂温克族渔民,几乎家家户户都有这种中型体积的"桦树皮船"。

(3)从事渔业生产的鄂温克族渔民,还有一种单人使用的,长度为 4 米、宽度有 80 厘米,上面还有封口的小型"桦树皮船"。所谓封口,指的是该"桦树皮船"的上段都有为防止进水而设置的,由桦树皮或兽皮专门制作的遮盖物。而且，他们用该遮盖物整个盖住小型"桦树皮船"的上面部分，只留下大人腰围大小的口子。用该船捕鱼时，人的下半身处于用遮盖物严密封闭的小型"桦树皮船"的小小船舱内，腰以上部位从腰围大小的口子伸出，露在外面。这样做，首先是防止船舱里进水，其次也是为了小型"桦树皮船"的灵活机动和快速行驶的速度，再就是为了捕捞到更多名贵鱼类。与此同时，这种小型"桦树皮船"的前后两头，都有专门用于放鱼的设备。用他们的母语，将小型"桦树皮船"叫 shilukun "细鲁昆"，意思是"迅速驰行的桦树皮船"。小型"桦树皮船"更多地使用于小江小河或在一些小的湖泊里捕鱼，也可以在水流湍急甚至汹涌澎湃的水面上捕鱼。另外，由于小型"桦树皮船"水上行驶速度很快，鄂温克族渔民还将其誉为"水上快艇"。正因为如此，他们办理急事、要事或需要快速送达各种音信时，把该小型"桦树皮船"作为水上交通工具来使用。

不过，到后来，这大小不等的三种结构类型的"桦树皮船"，都产生了一定程度的变化。结果，在形体结构上慢慢趋于一致，在使用功能上也变得大同小异。甚至，在许多情况下，将小型"桦树皮船"或中型"桦树皮船"等都称为"吉瓦"了，也就是我们所说大型"桦树皮船"。很有意思的是，现在的一些"桦树皮船"变成了两头尖，两头都可以划动的水上捕鱼船只和交通工具。除此之外，现在大多数的"桦树皮船"的中心部位变得十分宽大，船头和船尾变得尖细并微微上翘的结构形状。另外，"桦树皮船"的船身变得较矮，高度仅为 20 厘米左右，整个船体成了扁平结构类型。众所周知，"桦树皮船"还配备有船桨和登杆两个必不可少的附属部件。所谓船桨是由一根樟子松杆加工而成的，有 3 米长、两头扁平的桨叶，中间的把手处属于圆筒形。"桦树皮船"船桨，主要用于深水区域来回行驶时使用。另外，这里所说的撑杆是，指一副用白桦树木棍加工的圆柱形杆子，长约 2 米或 2 米以上，基本上在靠近河岸的浅水区域及逆水而行时，用其顶住河底，使"桦树皮船"能够在水上逆行或行进。

"桦树皮船"是鄂温克人用古老而传统的手工造船技术制造而成，主要用于水上渔业生产活动，以及人们渡江、渡河或水上搬运货物时使用。"桦树皮船"的制作，看似并不复杂，但真要是动手制作可不是一件容易的事情，它的工序都有约定俗成且极其规范化的步骤，以及自成系统的程序、规则及原理。首先，我们可以从以下八个方面了解，早期鄂温克族渔民，在制作"桦树皮船"前的一些程序化准备工作。

（1）选择河边密林中生长的白桦树为取材目标。因为，河边密林里生长的白桦树具有节子少、树干笔直又高大、上下粗细程度相差不大等结构性能及特点。对于早期的鄂温克族渔民来说，这种白桦树的白颜色树皮是制作"桦树皮船"的最为理想的基本材料。制作"桦树皮船"所需的白桦树直径都在 40 厘米以上，最低也得达到 40 厘米。事实上，白桦树的直径越大越好，其桦树皮材料越会发挥作用。他们用剥白桦树皮的专用刀具，将无节子的白颜色树皮轻轻剥下，然后将它张开铺平埋压在湿润的河边土层里或用很多树干将其平压在湿润的地表上。很显然，其目的就是保持桦树皮原有的软性并使其进一步软化，以便制作"桦树皮船"时得心应手地自由使用；

（2）挖取数十根直径为 6 厘米左右、长度为 1 米以上的柔软而拉力强度大的落叶松树根，并把它们盘卷后放入事先挖好的河边水坑中进行浸泡，使其变得更加柔软有韧性，增强其不易裂开或拉断的功能。被水浸泡过的柔软而结实的落叶松树根，要作为缝合桦树皮的理想绳索，主要用于船身木架上包桦树皮时使用。另外，缝合桦树皮接头部位时也会充分发挥它的特殊效能；

（3）砍下挺直而无节子或节子十分少，直径约为 40 厘米、长度为 5 米的樟子松杆。樟子松是属于常绿乔木，有特殊香气，精密度强，很能防虫蛀，是制作"桦树皮船"最为理想的船架木料。他们将砍下来的樟子松，用斧子加木楔子劈成宽约 15 厘米、厚约 6 厘米的四块木板。然后，将这四块木板从选定好的一头劈开到一半，使木板变成人字形状。制造"桦树皮船"的能工巧匠用人字形木板撑夹桦树皮，同时作为"桦树皮船"的木架结构的重要组成内容来使用。那么，准备使用并被处理好的樟木人字形木板，还要被紧紧地捆绑成一体，放在湿润、避光处三天才可使用；

（4）用樟子松木料削制 9 根形状粗细和长短各不相同的"桦树皮船"

横梁，横梁的长度可根据"桦树皮船"不同位置的宽度来定。为便于加工制作，可以制成略宽于"桦树皮船"船体宽度横梁原料；

（5）预先准备好厚为5毫米、宽约5厘米的110块樟子松薄木长板条。这些长板条的70块是作为"桦树皮船"内的顺条木板来使用，40块是作为"桦树皮船"的弓形木板条或"桦树皮船"的弓形鞍条材料来使用。制作好的薄木顺条木板也需要捆绑好后，放置湿润、避光处三天，提高它的柔性和可操作功能；

（6）与此同时，要准备削制好的80根当作木钉子用的小木楔子。在制作"桦树皮船"时，用于固定"桦树皮船"的木架及薄木弓形板条；

（7）要刮取约3公斤的新鲜白桦树油脂和松树油脂，并熬制成粘贴剂。熬制的粘贴剂以不粘牙为最佳程度，主要用于粘接桦树皮接头处和桦树节洞缝合处，从而对"桦树皮船"起到极强的防水作用；

（8）以上准备工序完成后，还要准备好40块用圆形白桦木料制成的凹型木夹子。主要用于制造"桦树皮船"时，固定桦树皮与船架子的相接处。

以上谈到的是制造"桦树皮船"前的基本材料选定、加工等前期准备工作。那么，这些工序都完成以后，就进入制造"桦树皮船"的具体工作当中。有关加工、组装、制造"桦树皮船"的工序，主要涉及以下四个方面的工作。

（1）将桦树皮从埋好的土层下面取出来，一张张地用桦树油脂和松树油脂熬制的粘贴剂等无缝隙地连接起来。同时，用人字形岔开的樟子松板条里外两层牢牢地夹成两头尖、中间宽、两端微微上翘的"桦树皮船"的形状。随后，用制作好的圆形桦树木夹子将其固定好，再用驯鹿皮长条带子将其紧紧地捆绑住和固定好。接着在"桦树皮船"内一个挨一个地铺好樟子松薄木顺条木板以及樟子松弓形鞍条。在具体操作时，一定要严格按照"桦树皮船"内部实际结构的不同凹度，精确无误地掌握樟子松薄木顺条木板的长度，以及樟子松弓形鞍条的弓形度。紧接着，用削制好的木钉子，将顺条木板和弓形鞍条，死死固定在"桦树皮船"的木架上。另外，在"桦树皮船"的两端对称处凿出的口子里，安装上提前准备好的横梁，并用木楔子将其牢靠地固定在"桦树皮船"

的木架子上。到这时，他们才会将水中泡好的小落叶松树根拿出来，去掉根皮，用刀子劈成两半，用手撸成十分光滑的"线"状后，捆绑好船架的两个尖端和缝固桦树皮与船架间的各个连接处。还要用木杆制成两个木架子，将"桦树皮船"底朝上扣放在木架上，并用一定重量的石块把"桦树皮船"两端死死压住，使"桦树皮船"完美地保持独特流线形；

（2）用松树根制成的线索，将船体的桦树皮接头整整齐齐地缝制好。缝制时不能缝得过紧，要给桦树皮和松树根线索留下自然伸缩的微妙间隙。同时，还要用新鲜桦树油和松树油熬制好的粘贴剂，粘接桦树皮缝接处和桦树皮上的树节洞及破损处，黏接时要以不透水、不漏水、进水为准；

（3）缝制一至两个桦树皮坐垫，供划船者和乘船者使用。坐垫以船舱的大小为尺度，是将桦树皮用松树根线缝制而成；

（4）最后一个工序是制作"桦树皮船"桨。早期的鄂温克族渔民，习惯把一根长3米、直径为30厘米粗的落叶松的中间部位削成圆柱形，两端削成船桨状用于"桦树皮船"的划行。同时，他们还要制作一副小船桨。小船桨约80厘米长、20厘米宽，呈长条鱼形状。小船桨的主要用处是，鄂温克族渔民夜间蹲守在江河边的弯道滞流处，捕获到此寻觅食物的大鱼。这副小船桨的特点在于，划水时不出一点声响，便于划船捕大鱼。再有，还需要制作一副"桦树皮船"的支杆，支杆一般需要两根1.5米长的落叶松木杆。"桦树皮船"的支杆是为了在河岸浅水处划船时使用，或者是逆流而行时使用。

即使他们的能工巧匠，制作一个造型独特、别致美观、技艺精湛、轻便耐用的"桦树皮船"，也要七天左右时间。同时，令人感到惊奇的是，从一个完美无缺的"桦树皮船"的整体结构中，竟然找不到一块金属材料，甚至一根小铁钉。它完全是用纯自然的桦树皮、樟子松杆、木板、木钉、松树根线、桦树油和松树油粘贴剂等制作而成。从而表现了他们古老而神奇的创造智慧和精密超然的手工技巧，以及自古就有的和自然和谐相处、热爱大自然、迷恋大自然、信仰大自然，以及保护生态环境的弥足珍贵的人生理念和态度。大家知道，寒温带或温寒带的山林地带是白桦树与樟子松的故乡，是白桦树与樟子松生长的理想沃土和摇篮。这片土地，也正是鄂温克族世代生息繁衍的美丽家园。他们在生产生活实践中，充分而科学地认识和把握了白桦树与樟子松的生长特点、自然属性、结构性能、主要用处等。在此基础上，通过具体生产生活的检验及其实践过程，不断开发利用、不断发挥其特有功效，甚至把它们作为生产生活中的重要物质资料。毫无疑问，它们是最纯粹的生产生活环保原料。制作"桦树皮船"的桦树皮是属于桦树纯白色的外皮，由此人们习惯于将桦树叫白桦树。也就是说，因为桦树有一层洁白、细嫩、结实的白皮，所以就成了人们心目中美丽的白桦树。无论哪个季节、从哪个角度看，它都会给人一种洁白无瑕、纯情如画的视觉享受。而且，树干端直、树皮白色、纸状、分层脱落。白桦树善于用阳光的热温和雨水的营养来编织白色外衣，而它的白色外衣在抗衡风雨和严寒方面能够发挥极其重要的作用。或许它的外衣将木体保护得很好，是桦树的木体变得又软又轻又细嫩，让人爱不释手。在早期，鄂温克族渔民选择桦树皮做"桦树皮船"的主要原料、基础原料，不只是因为白桦树皮含有丰富的油质，具有极佳的防水、防潮性能，同时也包含并浸透着以上提到源自思想根柢、精神家园、信仰世界的诸多丰富内涵。或许正因为如此，他们加工并制作"桦树皮船"的时候，对于每一处细节、每一道工序、每一个结构都全心全意地倾注所有情感、所有技能、所有智慧。对于他们来讲，"桦树皮船"具有神圣的美丽、神圣的生命力。是他们早期渔业生产生活中不可或缺的重要生产生活用具和水上交通工具。

在这里，再说一说制作"桦树皮船"时使用的樟子松。说到樟子松，如同前面所说，它是属于常绿乔木，松科类植物。也是非常优质的树种，十分珍贵的木料，主要分布在大兴安岭北部海拔400—1000米的陡峻阳坡或半阳坡山地。樟子松树干笔直，生长速度较快，成活率较高，一般树高有15—20米，也有高达30米的情况。樟子松胸径在80厘米到1米左右，树干下部的树皮较厚，呈灰褐色或黑褐色，有不规则的开裂状块，上部的树皮较薄，颜色上属于黄色或黄褐色，木体接近淡黄色或中度黄色。樟子松有针叶，其结构二针一束，并有坚硬、稍扁、易扭曲的特性。针叶长有4—9厘米，宽有

1.5—2 毫米，边缘还有细锯齿，两面均有气孔线。从 5 月到 6 月是该树的花期，雌球花基本上是紫红色或淡紫褐色。它的球果在第二年 9—10 月间成熟。而且，其球果卵圆形或长卵圆形，长有 3—6 厘米，直径为 2—3 厘米，成熟时淡绿褐色至淡褐色。樟子松十分适应夏天的凉爽天气、冬天寒冷的气候，以及淋溶黑土、薄层粗骨土及风积砂土的土壤。它是阳性树种，根系非常发达，具有耐旱、耐寒、抗风等特性。樟子松生长地多为纯林，间或混生少量的落叶松、黑桦树和白桦树。樟子松也是固沙造林的主要树种。樟子松木质较坚硬、纹理通直清晰，是制作"桦树皮船"的理想木料。另外，生长期的树干含有一定油脂，可以用斧子划破树皮提取油脂，这也是樟子松制作"桦树皮船"时优先选择木料之主要原因。由于它自身富有油脂，自然成为抗衡浸水、透水、漏水的主要因素和条件，也是能够在水中长时间保持不变形、不易腐蚀、不易腐烂的根本原因。另外，同其他树木相比较，樟子松木材轻度高、水中浮力强、纹理整齐易于加工，所以它自然是制作"桦树皮船"架的最佳原材料。在早期，为解决鄂温克族渔民的水上交通作出过极其重要的贡献。

  鄂温克人手工制造的"桦树皮船"，有很多结构性特征和使用方面的特点，对此我们在前面的分析中也一定程度地涉及过。不用多说，它是鄂温克族传统的水上交通文化的一个组成部分。特别是，在他们早期物质文化与文明中，是一个不可忽视的重要内容。如上所述，"桦树皮船"是十分环保的水上生产工具和交通工具，它合乎人类水上生态文明的需求。"桦树皮船"用起来十分方便、轻巧、快捷、耐用，就是出现一些破损或故障，修复起来也不很费劲。另外，搬运"桦树皮船"的时候，别说是大人可以独自来回背着走，就是十几岁的小孩也能将小"桦树皮船"背着走。另外，"桦树皮船"除了在小江小河或湖泊上能够作为交通工具使用之外，在大江大河甚至在海面上也都可以作为交通工具广泛使用。所以，它的使用范围很广。"桦树皮船"的最大特点就是十分轻巧，水上行船时基本上没有什么声响且迅速又快捷。由此，使用"桦树皮船"的人们，把它说成世界上最轻快的船。鄂温克人的"桦树皮船"完全采用纯天然的木料等制作，他们用樟子松木制作船架和船钉，用加工好的松树根线或柳树线缝合桦树皮的接缝处，用白桦树油和松树油熬制的粘贴剂勾缝或封堵桦树皮上的枝节留下的大小窟窿，结果整个制作"桦树皮船"的过程中根本用不着任何一个金属材料。由于制作"桦树皮船"的材料质地轻盈，所以成品后的"桦树皮船"也就轻得出奇，能在水面上快速滑行，轻松愉快地行驶。轻便快捷的"桦树皮船"还有一个特征是，整个船体呈流线造型，这一造型利于减少船体在水面上行驶时产生的水的阻力，使人能够迅速划动桨叶用最快的速度向前行驶。特别是那些扁平体型的"桦树皮船"，几乎像一个纸船一样，整个都漂在水面上，毫不费力地随波而行。正是"桦树皮船"的这些特征，以及结构合理的独特造型，造就了它在水面上迅速、快捷的行驶功能，成为早期鄂温克族渔民最喜欢的水上交通工具。

　　早期的鄂温克族渔民，基本上都生活在江河密集、水源丰富的山林地区，他们的生产生活离不开"桦树皮船"这一交通工具，"桦树皮船"也离不开鄂温克族渔民的生产生活及水上交通（见图4-2）。从17世纪以来，黑龙江水域成为鄂温克族先民生活的理想沃土。他们不论是在大江、大河上进行渔业生产，还是在浅滩、小河里去捕鱼，都同样离不开"桦树皮船"，并把它作为水上的重要生产生活工具，同样也用于横渡大江大河，以及运输各类生产生活用品。除此之外，"桦树皮船"还是他们沿岸从事狩猎生产的重要水上工具。就如前面所说，"桦树皮船"在水上行驶时轻巧无声，所以江河岸边的野生动物不易发现，从而为他们沿着江河湖泊岸边开展狩猎生产创造了很好的条件。很有意思的是，到了夏季他们就经常乘坐"桦树皮船"开展猎业生产，对象就是到江河岸边或水泡边来饮水或吃嫩草的野生动物。当然，在江河湖面上用渔网或渔叉捕鱼时，也经常将轻便而速度很快的"桦树皮船"作为水上工具来使用。所以，对早期的鄂温克人来讲，"桦树皮船"是水上载人运货，以及从事渔业或猎业生产活动时的理想工具。

　　人们通常使用的交通工具，自然是日常生活的重要内容和要素。事实上，交通工具，包括生活工具在内，也是属于人类在长期的生产生活实践

图 4-2　早期桦树皮船

中，用共同的劳动和智慧探索并创造出来的产物。另外，相互间的学习、借鉴、补充和改进使人们传统意义上的交通工具不断得到完善。生活在同一个环境、同一个地区、同一个社会背景下的不同民族间的相互接触与交流，以及由此产生的相互间的影响，同样表现在人们日常使用的交通工具等方面。那么，将黑龙江地区鄂温克人的"桦树皮船"，同内蒙古地区的鄂温克人的"桦树皮船"相比较，也能够看出不同地区的鄂温克人使用的"桦树皮船"在造型、制作、使用等方面存在的一些异同点。比如说，黑龙江地区的鄂温克人使用的"桦树皮船"中间宽两端窄，船身两端尖而上翘，呈梭形造型。另外，船身明显扁平，船舱两端还有封口，中间敞口处仅容一至二人。船体体型较小，船长一般在2—3米，船宽为0.8—0.5米，船高为0.4—0.5米。"桦树皮船"的船桨也分大小两种。其中，所谓长桨，只是一根，两端属长而方又扁平的桨叶，中间为圆柱形把手；短桨是一副扁平椭圆而鱼尾处有短把手的划船工具。他们的"桦树皮船"载重量较小，主要用于江河里进行渔业生产及水上交通。内蒙古鄂温克人使用的"桦树皮船"的船身相对细长，长度在9米左右，两头尖细而向上窄，无头尾之分，呈流线形，前后均可行驰。在河中载五六百斤或二三人至五六人不等。船身用樟子松木料作架，外面包上桦树皮，接头用松香和桦树皮油粘接涂好。船体重几十斤，时速达40公里。他们制作的"桦树皮船"要比黑龙江省的鄂温克人的精细，造型大方又美观。他们使用的长桨用落叶松木料制成，长度有3米，两端呈桨状，中间为圆柱形；小桨长约0.8米，宽0.2米，呈长条鱼形状，鱼尾端为手撑处。除此之外，还有支杆。他们的"桦树皮船"有敞口、扁平、细长、流线线等结构特征。载重量较大,用于渡水、渔业、猎业、水上运送货物、水路活动或搬家等。总的说来,在造型上,鄂温克族"桦树皮船"几乎都属于流线梭形结构。而且,船两头尖细而上翘,船体扁平又较细长。不同之处,就在于黑龙江地区鄂温克人的"桦树皮船"两端封口,而内蒙古地区鄂温克人的"桦树皮船"均为敞口。在从船体的大小结构来看,黑龙江地区鄂温克人的"桦树皮船"给人的感觉是小巧玲珑,内蒙古地区鄂温克人的"桦树皮船"体积较大较长,也有一定载重量。共同之处是都有一只长桨。除此之外,内蒙古地区鄂温克人的"桦树皮船"还有一副短桨和撑杆,黑龙江地区鄂温克人的"桦树皮船"基本不配短桨或撑杆,就是有也使用得少,甚至好多"桦树皮船"没有短桨。从用途上看,黑龙江地区鄂温克人的"桦树皮船"主要用于渡江、水上运输、江面上从事渔业生产等。内蒙古地区鄂温克人的"桦树皮船"除了用于水上交通、渡江河、水路运送生产生活物品,还用于江河湖泊的渔业生产及江河岸边的猎业生产等。

  有关"桦树皮船"的来历及其产生年代等,鄂温克族中有很多不同的说法或传说。有人说,它的历史年代可以追溯到人类广泛使用船舶之前的远古时期。据鄂温克族老人讲,用桦树皮制作船只是鄂温克族先民在水上进行渔业生产时期,逐渐认识到桦树皮和樟子松具有防潮、防腐、防水性能,以及原料丰富、加工简单、使用方便等特点,进而从桦树皮水瓢、桦树皮碗、桦树皮水桶、桦树皮水盆,逐渐发展到制作"桦树皮船"。"桦树皮船"的出现,给他们远古的水上交通,以及渔业生产生活带来了许多便利条件和好处。也就是说,"桦树皮船"是他们的先民,在具体的生产生活实践中创造出来的水上交通工具和生产工具。而且,一直使用到现在。不过,据说,一艘"桦树皮船"的寿命不超过5年。换言之,"桦树皮船"一般可以使用3—5年的时间。但把"桦树皮船"保养得好,也可以用8—10年时间。他们有许多保护"桦树皮船"的办法或措施。比如说,上船前把水靴子用水冲洗干净,不许在脚或鞋子上带沙子或石粒上船,更不能脚上带泥土上船,因为船里有缝隙,泥土跑到缝隙里就会长出草,长出的草会烂掉,由此侵蚀"桦树皮船"的木料,木料一旦烂掉,"桦树皮船"就会失去支撑能力,从而缩短或断送"桦树皮船"的使用寿命。再说,由于桦树皮冬天容易冻裂,夏天也会出现由于暴晒而断裂等现象。加之"桦树皮船"在水面上划行时,船底或船身有可能被硬物划破等原因,所以在使用过程中需要随时修修补补。把那些裂痕、创伤、划破口等及时用松树根须线,以及用松树油熬制的黏合剂等修补好,否则会造成一定影响或损失,甚至会由此废掉整个"桦树皮船"。对于早期的鄂温克人来讲,"桦树皮船"质量的好坏直接关系到他们的水上交通,以及水上生产生活。"桦树皮船"的质量不好,会给他们的水上交通及渔业生产带来许多负面影响。反过来讲,"桦树皮船"的质量好,会对他们的水上交通及渔业生产带来许多好处。由此,他们特别注重"桦树皮船"的质量问题。进而,他们制定了一系列检测和评估"桦树皮船"质量的具体规定。其中就包括:

(1)要检测船体从头到尾的中心线是否笔直。中心线不笔直或歪斜,就会导致"桦树皮船"在水面走偏;

(2)要检查刀工。用快刀细加工"桦树皮船"时,刀工要达到细致入微、迅速敏捷、事到功成的程度。其结果,"桦树皮船"的刀工显得顺溜、快活、舒然和完美。看着不但美观舒心,更重要的是可以减少水中阻力。刀工的好坏,完全能够表现出制作"桦树皮船"者的功底、技巧、细心、耐力、智慧、认真态度、制作技艺等。他们说,往往从制作"桦树皮船"的刀工看出新手还是老手、劣手还是高手;

(3)要检测"桦树皮船"的轻度,"桦树皮船"越轻越好使,越轻说明"桦树皮船"的质量好;

(4)要看桦树皮船的平稳度。也就是说,"桦树皮船"质量不到位,在水面上行走时不能保持始终平稳,由此会出现左右摇摆等现象,甚至遇到旋涡、大浪、风雨时出现翻船事故;

(5)要仔细检查船桨两头大小、厚薄、长短、粗细是否达到高度一致。同时,观察用船桨划水时,是否发有噪声,有噪声或声音大都说明船桨质量有问题。在他们的眼里,质量过关的好船桨,它几乎没有任何噪声,而且划船时发出的声响也十分小,甚至会达到人耳听不到的程度;

(6)全面检查"桦树皮船"的船骨是否结实。也就是看船架子的质量是否过硬,是否很结实,能否经得起来回搬运,否则会出现散架现象。

这些都是早期鄂温克族渔民,在制作"桦树皮船"以及在水上使用"桦树皮船"的生产生活实践中,用切身经历和丰富经验总结出来的检测和评估"桦树皮船"的条款,有一定实践性、合理性、科学性、实用性。他们把这些标准看作不可否定而严格遵循的规则,否则就会威胁到他们的生产生活乃至生命安全,造成意想不到的损失。在他们看来,"桦树皮船"不仅是传统意义上的水上交通工具和渔业生产工具,同时也是他们生活和生命中不可缺少的精神依靠。为了让其发挥更加理想的作用,他们必须保质保量地细心完成任何一个工序,去制作完美无缺的"桦树皮船"。对此他们还解释说,"桦树皮船"的质量就等于他们的生活质量,能体现出他们对于自己生活与生命的态度。伴随"桦树皮船"逐渐成为历史,人们对于"桦树皮船"评价标准也产生着变化,变得越来越少、越来越简单、越来越模糊。

其实,从我们上述分析和讨论等内容完全可以了解,作为早期鄂温克族渔民的交通工具和生产工具的"桦树皮船"所承载的文化内涵及其意义。说到"桦树皮船"的文化,我们也不得不提作为"桦树皮船"的重要材料桦树皮的故事。这个道理很简单,没有桦树皮,哪来的"桦树皮船",也谈不上鄂温克族早期水上交通工具。再说了,没有桦树皮的文化,也就谈不上"桦树皮船"的文化,"桦树皮船"同桦树皮根本没有办法分开。桦树皮文化是指以桦树皮为主题的物质生活与精神生活的内容,它涉及以桦树皮制作而成的所有生活用具与生产工具,以及他们用桦树皮制作用具的程序、技巧、花样、形状、功能、用处、用法等(见图4-3)。比如说,"桦树皮船"的制作工序中就有许多文化内涵,"桦树皮船"木料的选用和加工、"桦树皮船"的造型、"桦树皮船"的使用等方面均有许许多多的文化含义。特别是,早期鄂温克族渔民在"桦树皮船"的船身上刻画的各种图案和花纹,甚至有他们崇拜的各种神灵图像,均表现有浓重的物质文化和精神文化的氛围。他们坚信,桦树及桦树皮都有灵性,而且它们都有各自的神灵,所以它们能够领悟人心灵里的一切,把它们的神灵刻画在"桦树皮船"船头或船身

图 4-3　琳琅满目的桦树皮生活用品

上,那些神灵会每时每刻保佑他们,会给他们带来许许多多的好处和幸福。因此,他们将万物有灵论的思想信仰,包括对于桦树与桦树皮的信仰都淋漓尽致地表现在"桦树皮船"的船头或船身上。与此同时,他们还禁止对"桦树皮船"说脏话和不礼貌、不尊敬的话,禁止在"桦树皮船"里扔垃圾、放垃圾或放脏东西,禁止用脚踢或踹"桦树皮船",禁止将破旧或损坏的"桦树皮船"乱放乱扔。他们坚定地认为,要是有这些动作和行为,就会遭到报应,会从"桦树皮船"上掉入深水里淹死。正是如此,早期的鄂温克族渔民,十分膜拜和信仰桦树、桦树皮、"桦树皮船",在那些年代,他们离开了"桦树皮船",几乎寸步难行,就等于断了水上交通,断了水上渔业生产。另外,在早期,他们把精心制作的"桦树皮船"作为珍贵礼物送给亲朋好友,也作为信物赠送给恋人。另外,在他们的神话传说里,也有不少同"桦树皮船"有关的内容。比如说,小伙子珍爱迷恋的"桦树皮船",变成婀娜多姿、美丽如花的少女嫁给了他;人们将要被洪水猛兽夺去生命的危急时刻,从太阳诞生地方飞驰而来的许许多多的"桦树皮船"拯救了所有人的生命等传说。

总而言之,"桦树皮船"作为早期鄂温克族渔民重要的水上交通、运输、生产生活用具,凝结了远古先民的集体智慧,充分体现了他们的生产生活理念,承载了他们远古而悠久的文化内涵。"桦树皮船"作为远古时期的水上文化之品牌与象征,不仅为早期鄂温克族渔民水上交通、水上运输、横渡海洋和江河湖泊作出了重要贡献,同时也作为他们水上渔业生产生活的主要依靠,发挥过极其重要的作用。进而成为早期鄂温克族渔民物质生活和精神生活的重要组成内容。"桦树皮船"对于早期鄂温克人来讲,具有极强的远古文明与文化代表性特征,就此我们应该珍惜人类早期的一切文明与文化,保护它、珍惜它、传承它,让它重新焕发新的生命力,进而为我们今天的水上交通发挥应有的作用。

当然,后来鄂温克人也学会了制作大小木船,用于水上交通或水上拉运生产生活物资。同时,也用于江河上从事渔业生产。其中,小木船是属于水上交通工具,大木船用于拉运货物和渔业生产活动。再后来,江河湖泊边生活的鄂温克人,也用上了铁制小船,以及电动铁船等。

第二节 冰雪上的交通工具

一 雪橇

鄂温克语叫 shirgul/shiggul "希尔古勒",意思是"滑行物",意译的话就会变成"冰雪上滑行的交通工具",简称为"雪橇"。不过,从该词的结构来看,它是由动词词根 shir- "拉""拖"派生而来。鄂温克语动词词根 shir- 应该同蒙古语动词词根 chir- "拉""拖"同根同源。蒙古语里把"雪橇"叫 chirga (chir-ga),鄂温克语则说 shirgul (shir-gul)。很显然,在鄂温克语动词词根 shir- 与蒙古语动词词根 chir- 后面接缀的 -gul 和 -ga,都是属于由动词派生名词构词词缀词根。那么,这两个语言的名词 shirgul 及 chirga 表示的原始概念应该是"拉的东西"或者是"拉着走的东西"等,用汉语译成了"雪橇"或说成"爬犁"。不论怎么说,"雪橇"是鄂温克人早期冬季在冰雪上使用的重要交通工具之一,他们的先民使用"雪橇"的历史已经十分久远，早在他们生活的寒温带地区，每当严寒的冬季，冰天雪地的时节到来时，就用训练好的狗和驯鹿拉"雪橇"，主要用于交通、拉货、搬迁，同时也用于他们的生产活动。在早期，狗和驯鹿拉的雪橇是他们冬季使用的最理想的交通运输工具。在那远古的岁月，在那冰雪肆虐的北极，没有任何一种交通运输工具能与它相提并论。结果，他们的先民，将驯鹿雪橇一直用到由马雪橇、牛雪橇、骆驼雪橇代替为止。不过，生活在内蒙古自治区根河市敖鲁古雅河岸边，经营自然牧养驯鹿产业的鄂温克农牧民，至今到了冬天还使用驯鹿雪橇。然而，生活在牧区或农区的鄂温克人，早已将驯鹿雪橇改换为马雪橇、牛雪橇、骆驼雪橇。这里所谓的马雪橇、牛雪橇、骆驼雪橇，也就是指用马、牛、骆驼来拉的大雪橇（见图4-4）。

图4-4 大雪橇

鄂温克人使用的雪橇，在其结构特征等方面，从古至今几乎没有什么太大变化，主要是松树、樟子松、桦树、柳树、臭李子树等原料制作加工而成。几乎不用任何一根铁钉或金属原料。雪橇头部是属于高高竖起且向后弯曲成羊角型的结构类型，雪橇底部滑冰雪用的木板条，是由两条又扁又宽的松木或樟子松制作，滑冰雪板条上端离地30—45厘米处是雪橇的上架，是宽1—1.2米、长 2—2.2 米的平面木板，用于载人或拉货。在滑冰雪板条与平面木板左右两个边框之间有 5—6 根支撑杆。与此同时，也有 5—6 个将左右支撑杆紧密相连并相互固定的横杆。雪橇前面还设计有两条长 3 米左右的辕子，主要用于套用马、牛、驯鹿、骆驼等。毫无疑问，雪橇作为鄂温克人冰雪世界的理想交通运输工具，在他们的生产生活中发挥着极其重要的作用。

雪橇还有大、中、小之分，大型雪橇一般是指刚才提到的马雪橇、牛雪橇或骆驼雪橇。像马雪橇、牛雪橇或骆驼雪橇等也可以说成马拉雪橇、牛拉雪橇或骆驼拉雪橇。也就是说，由马、牛、骆驼拉着走的雪橇都属于体积大的大型雪橇，冰雪上的载重量可以达到 2000 斤以上。主要功能和作用是在冬季的冰雪上运输货物、拉木柴或草料、运粮食、搬家，以及人们之间的来回走动、串门、赶路、拜年、接送宾客等方面。除此之外，还有一个重要用处是，在冬季四处游牧的生产生活中，鄂温克族牧民在更多的时候使用马拉雪橇、牛拉雪橇或骆驼拉雪橇来回搬家、拉运牧草、生活物资等。进而，这些大型雪橇，在他们的冬季生产生活中发挥着不可忽视的重要作用。

中型雪橇是指驯鹿雪橇，长度在 1.4—1.6 米之间、宽度在 70—80 厘米之间。在冬季，牧养驯鹿的鄂温克族牧民虽然使用中型雪橇运输货物及生活用品或者搬家，但其重量和容量要低于大型雪橇。比如说，大型雪橇可以拉 10 个人或重量为 2000 斤以上的货物；而中型雪橇能拉 6 个人或千斤上下的货物。在草原或农区，也有用马或牛拉中型雪橇的现象，那是为了人们来回串门走亲戚，运送小批量货物，以及接送孩子上学等。在这里，有必要说明的是，由骆驼拉的中型雪橇或大型雪橇，在农区鄂温克族农民的生产生活中基本上不使用，而是草原牧区从事畜牧业生产的鄂温克人使用。

小型雪橇是指狗拉雪橇，长度 1.2 米左右、宽度在 60—65 厘米之间，一般能乘坐 3—4 人，它在冰雪地上的载重量至少达到 500 斤。小型雪橇几乎都用于亲朋好友间的相互走动，以及个人出门办理某些要事、急事或个人的某些特别活动。在过去，也用于个人性质的畜牧业生产活动及狩猎生产活动，以及一个人串亲、送小型货物等。后来，也用于送孩子上学、送信等（见图 4-5）。

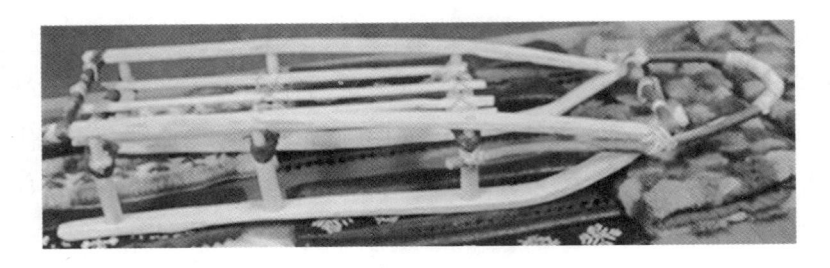

图 4-5 小雪橇

然而，随着气候不断变暖，鄂温克族生活区域内冰雪封冻的季节相对缩短，加上各种现代化交通运输工具的日益普及，传统雪橇的使用率不断降低。现在，只有在草原深处放牧的鄂温克族牧民，以及在山林里自然牧养驯鹿的鄂温克族牧民等在使用雪橇。但是，在一些自然旅游景区，像驯鹿雪橇、马雪橇、狗雪橇等已经成为颇受欢迎的旅行者专用交通工具。在鄂温克人使用的雪橇里，速度最快的是马雪橇，其次是骆驼雪橇，排行第三的是狗雪橇，在后面的是驯鹿雪橇，走的速度最慢的是牛雪橇。然而，随着鄂温克族生活区域内冬季旅游事业的不断深度开发，除了传统意义的雪橇之外，还有了像电动雪橇、单木板宽面底雪橇、骑式雪橇、卧式雪橇、连动式雪橇、牵引式雪橇、羊拉雪橇等。而且，现在的电动雪橇还分单人型、双人型、四人型等。据鄂温克族老人讲，过去鄂温克人还使用过带有封闭式木棚的雪橇，里面还有取暖用的铁炉子，里面还可以做饭用餐。这种豪华型雪橇，只能乘坐 3—4 人，过去多数是那些有钱的贵族阶级使用。总之，现在传统结构类型的雪橇使用率变得越来越低，取而代之的是那些现代电动雪橇或其他高性能、多功能的现代化交通工具。

二 塔拉嘎吉

塔拉嘎吉（talgaki）主要是生活在内蒙古呼伦贝尔鄂温克族自治旗锡尼河岸边的鄂温克族牧民和陈巴尔虎旗莫日格勒岸边的鄂温克族牧民使用的一种又矮又宽的雪橇。据他们的解释，talgaki 是属于他们的母语，说的就是"矮雪橇"。毫无疑问，这里所谓的"矮雪橇"是同其他地方的雪橇相对而言的产物。另外，他们的矮雪橇的结构性特征是，体积比我们在前面说的大型雪橇和中型雪橇要小一些,高度比大型雪橇和中型雪橇要矮一些。该雪橇的载重量可以达到1500斤左右,主要用于冬天雪地上拉牧草、游牧生产、搬家、拉运生活物资等。由于做工和工序比较简单,用材方面上也没有什么太多的讲究,所以鄂温克族牧民几乎都能够自己制作矮雪橇。对于这些地区的鄂温克族牧民来说,早在贝加尔湖一带生活的时代,他们的先民就开始使用矮雪橇,起初他们在矮雪橇上套马使用,后来也学会了套用牛和骆驼来拉矮雪橇。他们说,结构矮的雪橇不仅装各种货物时不费劲,稳定性强,而且载重量也比较高。特别是适合拉运木材、柴火、牧草等生活物资。很有意思的是,这种矮雪橇更适合于套用骆驼,套用骆驼的时候不仅矮雪橇变得更加稳当,还会增加载重量。还有,一些鄂温克族牧民,在严寒的冬季为了防严寒和暴风雪,在矮雪橇上面用桦树皮或毛皮皮张搭建棚子,便于在冰天雪地的冬季拉家带口地四处游牧,以及用于串亲、出门购物、接送宾客等活动(见图4-6)。

图4-6 矮雪橇

三 滑雪板

鄂温克语叫 seku/seki "色库",兴安岭深处牧养驯鹿的鄂温克族牧民叫

kayama"卡亚玛",不论是"色库"还是"卡亚玛"都是指滑雪板,也是在冰天雪地的冬季,鄂温克人早期使用的重要交通工具之一。他们说,鄂温克族先民最早使用的"滑雪板"下面,没有专门安上驯鹿皮、驼鹿皮等,而是直接用"滑雪板"的底部木板滑行。那时,鄂温克人制作"滑雪板"的主要原料,一般是松木板和兽皮皮带。他们制作"滑雪板"的松木板宽14—16厘米、长1.2—1.4米,前端呈向上翘起的弯状,后端呈坡形,中间有用驼鹿腿皮做的绑脚皮带。后来,为加快"滑雪板"在冰雪上的滑行速度,在"滑雪板"底部特别安上了驼鹿毛皮或驯鹿毛皮。其结果,确实提高了"滑雪板"在冰雪上的滑行速度。在冬天天气好的时候,"滑雪板"一天之内可以滑行80公里以上。特别是,在严寒的冬季,冰雪覆盖的山林间,"滑雪板"是最快最理想的交通工具。平时骑马或骑驯鹿走三天的雪山路,脚踏"滑雪板"一天就会到达。鄂温克人使用的滑雪板,还配备有一副滑雪用的木杆,主要用于加快滑雪的速度。根据该木杆的使用功能,鄂温克族也有称其为顶杆或撑杆的现象。滑雪时用的木杆,一般长1.2—1.4米,直径6厘米左右,且基本上都由松木加工而成。另外,该木杆下部有尖端,上部有相当结实的把手。虽然,生活在山林地带的鄂温克人有时还使用"滑雪板",保存其制作技术和技巧,但现在的鄂温克人除了参加滑雪运动时使用"滑雪板"之外,在平常的生产生活中很少使用"滑雪板"了(见图4-7)。

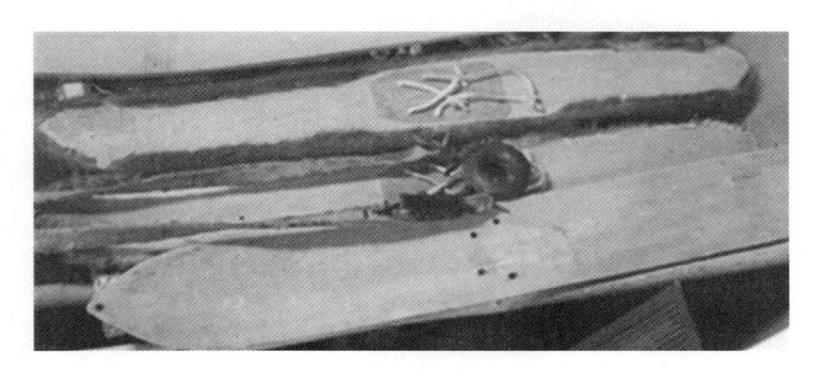

图 4-7 滑雪板

不过，我们在山林中自然牧养驯鹿的鄂温克族牧民那里还见过一种用红松制作的滑雪板，林区鄂温克族牧民称其为 yemanlak/yemanluk "叶玛拉克"或"叶玛尼鲁克"。很显然，该词起初应该是一个合成形式的词，也就是由名词 yeman "雪"和 lak/luk "滑雪板"两个名词合并而成。表示的意思就是"雪上的滑雪板"或"雪上的滑板"，简称为"滑雪板"。那么，他们在生活中具体指的就是"红松滑雪板"。生活在山林牧场、以牧养驯鹿为主要产业的鄂温克族牧民，在冬季山林里下雪以后，同样将"红松滑雪板"作为传统交通工具来使用。他们制作"红松滑雪板"时，先把红松用斧子劈成板状，再用又大又长的快刀削成长1—1.2米、宽10—12厘米的，又扁又长，前端上翘，后端呈坡形的红松木板。而且，在红松木板中心部位安装有固定性质的两条犴皮绑带，主要用于在"红松滑雪板"上紧紧地绑住穿驯鹿毛皮靴子的脚。实际上，"红松滑雪板"的制作及结构特征，都跟他们冬天用的其他滑雪板没有什么太大的区别，只是比其他滑雪板显得要小一些。这或许同更多的时候，"红松滑雪板"的使用者是属于10—16岁的青少年有关。另外，10岁以下的鄂温克族儿童，也将"红松滑雪板"作为雪地上的滑雪玩具来玩耍。另外，牧养驯鹿的鄂温克族牧民，在冬至感恩节上举行孩子们的滑雪比赛时，一般使用"红松滑雪板"。从某种意义上讲，"红松滑雪板"是山林鄂温克族孩子们最喜欢的交通工具（见图4-8）。

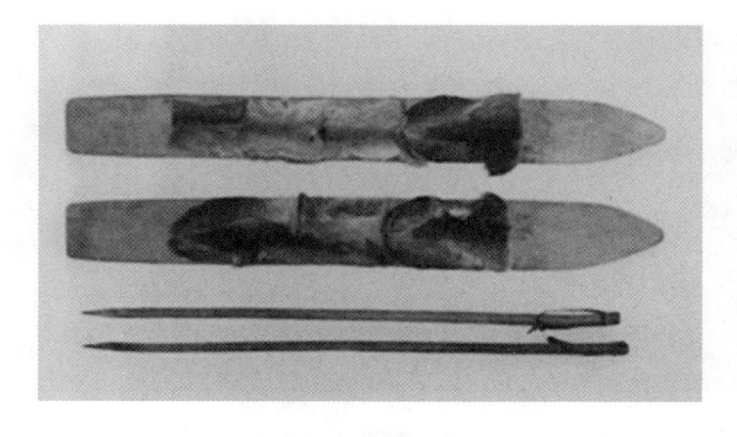

图4-8 红松滑雪板

第三节　航盖车

　　生活在辽阔富饶的呼伦贝尔大草原的牧场上，多少年来伴随日出日落经营畜牧业经济的鄂温克族牧民，在他们的日常生产生活实践中，特别是对一年四季跟随牧草的自然性、季节性、时间性、周期性变化，不间断地赶着牛、羊、马四处游牧的人们来讲，交通工具显得极其重要，可以说一天都离不开交通工具。其中，同他们的畜牧业生产生活最为密切，发挥作用最大的是"大轱辘平板牛车"，也有人亲昵地称其为"草原牛车"，还有人把它艺术地简称为"勒勒车"，意思是说："人可以坐上这种牛车，在辽阔无边的草原牧场上，慢慢悠悠、不忙不急、自由自在、乐呵呵地赶路。"（见图 4-9、图 4-10）所以，人们根据坐"草原牛车"的这种悠闲自在而不亦乐乎的心态、表情、状态称其为"勒勒车"。用鄂温克语叫 hangai teggeng "航盖车"，其中的 hangai "航盖"表示"敞开的""宽敞的""平坦的"等词义，为形容词，teggeng 是指"车"。这两个词加起来应该有"敞车"或"敞开的车"之义。草原鄂温克族牧民称其为"勒勒车"，在农区和牧区鄂温克人的生产生活当中都被广泛使用，而在林区自然牧养驯鹿的鄂温克族牧民基本上不使用这一交通工具。实际上，使用最多的还是在牧区从事畜牧业生产的鄂温克族牧民。

图 4-9　大轱辘草原牛车的基本构架

图 4-10　带框架的大轱辘草原牛车

鄂温克族制作的"勒勒车"有两个木轮，木轮的高度有 1.5—1.8 米。所以，有人将"勒勒车"说成"大轮车"。"勒勒车"有车轮大、车身较小、结构简单合理、使用自然方便等结构性特征。由于"勒勒车"车轮大而轻便，十分适合在辽阔草地、雪地、沼泽或在沙漠地区使用。"勒勒车"还有大小之分，根据大小的不同载重量也有所差别，但一般能承载数百斤乃至千斤以上的货物。在他们的生产生活活动中，"勒勒车"的使用面很广，使用率也很高。比如说，他们运送货物、上市场购买生产生活资料、购买粮油食品、搬家、串门、探亲访友、相互交往、送子女上学，以及拉柴火、拉水、参加婚礼、草原集会、敖包会等生产生活及其他活动中都作为重要的交通工具、运输工具、拉货工具来使用。"勒勒车"可以一车单独行动，也可以几辆车前后相连同行。有的时候，十几辆甚至是几十辆车排成一条长龙而行，场面十分壮观而又气派。很有意思的是，赶"勒勒车"的往往是老人或妇女，甚至是有十几岁的儿童，很少见到青壮年男性劳动力赶"勒勒车"的现象。那些青壮年男性劳动力，常常是骑着马与"勒勒车"车队同行，来照顾前后相连而拉长的车队的每一辆车。他们还为了不使车队里的任何一辆车落下，将每头拉车的犍牛角上拴上粗皮绳牢牢地系在前一辆车的尾部。与此同时，在末尾的牛车上还挂个较大、声音较清脆的铃铛，以便赶车人清楚地知道后面的车是否紧随其后。就这样，鄂温克族牧民，可以赶着牛车在草原上慢慢悠悠、不慌不忙地走上一整天。对于在辽阔的呼伦贝尔草原上，从事畜牧业生产并一年四季伴随牧场的变化，赶着牛马羊逐水草而居，又频繁搬迁的鄂温克族牧民来讲，"勒勒车"就像他们的影子，时刻也不能离开。反过来说，在人烟稀少，甚至是荒无人烟的辽阔草原上，若是没有"勒勒车"，他们似乎什么事都办不成。他们搬迁时，把所有的生产生活用具，包括游牧包都装在"勒勒车"上运走。除此之外，也包括燃料和饮用的水，以及其他所有生活用品。也就是说，他们搬迁时长龙车队里包括老人车、母婴车、衣物被褥车、食品粮油车、游牧包车、柴火车、水箱车、库房车、备用车等。过去，草原牧区的鄂温克族牧民，从现住的牧场搬迁到另一个牧场时，要走好几天，甚至有时要走一周左右才会到达新的牧场。在这漫长的搬迁旅途中，中青年牧民主要骑着马赶着牛群、羊群和马群走在长龙车队的前面，而老幼妇女则分别乘坐不同的"勒勒车"紧跟后面走。孩子小的妇女或孕妇或年纪大的老人，还要乘坐搭有防雨雪、防风寒、防曝晒的桦树皮篷子的"勒勒车"。另外，他们长途搬迁的时候，一般晚上休息，让拉车的犍牛休息吃草，牧人们则在带有篷子的"勒勒车"里休息睡觉，等天蒙蒙亮时吃完简单的早餐，做完各种准备工作后赶紧给"勒勒车"套上犍牛继续赶路。有的时候，家人过度劳累，或者牲畜十分疲惫的话，他们会在某一水草丰美的草场暂时休息一到两天，然后继续坐上"勒勒车"向目的地进发。他们就这么停停走走，一直走到选定的新牧场。总的来讲，这种长途跋涉变换牧场，主要出现在根据季节的更替变换草场的时候。也就是从冬季的牧场迁移到夏季的牧场，又从夏季的牧场游牧到秋季的牧场，再从秋季的牧场迁徙到冬季牧场的时候，需要一周或更长的时间。另外，农区生活的鄂温克族农民，也经常使用"勒勒车"，但主要用于拉运收割的粮食，拉柴火或其他生产生活物资，也是他们来回串门、走亲访友、送孩子上学、上集市或商场购物时的主要交通工具。从这个意义上讲,"勒勒车"同样是农区鄂温克族农民的主要交通工具和运输工具,进而在他们的生产生活中发挥着不可忽视的重要作用。不过,比较而言,"勒勒车"还是没有牧区鄂温克族牧民的使用率高。

以上所说,"勒勒车"在鄂温克族牧民和农民的生活中,是一个十分重要的交通工具和运输工具,具有很高的需求量和使用率。正因为如此,不论是牧区还是农村,鄂温克人集中生活的嘎查村落里几乎都有一到两名专门制作"勒勒车"或修理"勒勒车"的能工巧匠。他们除了给自家制作"勒勒车"之外,还给本村的其他人制作或修理"勒勒车"。这些能工巧匠把做好的"勒勒车"送给需要用车的牧民或农民时,对方会给他一些羊等牲畜来表示感谢,基本上不给什么钱。换句话说,他们之间很少产生货币买卖关系。在他们早期的传统意识里,这是一个很不得体的事情。所以,在早期,他们之间没有什么金钱买卖或经济交易,只是属于相互间的一种帮助与支持。你认为"勒勒车"做得好、质量高,如果你本人的牲畜多,可以多给制作者一

图 4-11　农区桦树皮棚车

只羊,甚至多给几只羊。有的人一下要两辆或更多"勒勒车",那就可以给制作者牛或马等大畜,有的人家还给几头牛或几匹马。用他们的话讲,这是在相互完全信任的基础上进行的公平合理的交易,也是相互间的一种帮助、支持。还有的时候,这些鄂温克族能工巧匠把一辆十分精美而质量好的"勒勒车",就作为一份厚重的礼品奉送给他们的亲朋好友,不需任何回报或答谢。

图 4-12　有帆布包篷的"勒勒车"

图 4-13　新式粗木轱辘篷车及拉水车

图4-14 新式粗木轱辘平板"勒勒车"

根据我们实地调研时掌握的第一手资料，鄂温克族能工巧匠制作"勒勒车"时基本上需要以下材料和制作工序：

（1）将从林子里选定砍下来的桦树或柞树木料用木火烘烤，等木料的木质有一定软度后，把它加工成半圆形。然后，把两个半圆形桦树木料或柞树木料头尾对接成车轮外圆形，也就是轮辋型。在这轮辋内侧还要凿出平均间隔20—25厘米的18—20个插入轮辐上头的方形孔；

（2）用直径为25—35厘米、长35—45厘米的圆木做轮毂，在轮毂上有安装车轴的中心孔，它外围的中心部位还要凿有18—20个插入轮辐下头的方形孔。

（3）再用18—20根宽8—10厘米、高3—5厘米、长50—60厘米粗加工的桦木或松木板条做轮辐。不过，也有用榆木或柞木制作轮辐的情况；

（4）车轴用松木或樟子松木加工，一般为1.4—1.6米长。而且，中间宽粗两头较细。车轴两头还配备有防治车轮脱节抛锚的木钉子；

图 4-15　老式大轱辘拉水"勒勒车"

（5）用加工好的轮辐，把轮辋和轮毂牢牢地固定住。再把两个加工好的车轮套入车轴，进而将车轮支起来。到此时，车轮的制作工作基本结束，也就算作完成了"勒勒车"下面部分的制作工程。每辆"勒勒车"安装两个高度为1.5米的车轮；

（6）车的上部分由两根4米多长的车辕子，其后半部用8—10条横撑木杆相连，木杆上用柳树条编出人乘坐或放货物的平架子；

（7）车辕靠后部，就是在所谓平架子的中心部位，安装固定车轮的木槽子，并用粗大的木楔子或木钉将车轮和车辕相对固定住；

（8）在左右两个车辕的头部，配备有套用于牲畜脖子往下弯曲的和向上弯曲的两个相互配套的榆木用具。当使用"勒勒车"时，就用榆木脖套从上下两个方面套在牲畜脖子上，使牲畜用其使劲拉动"勒勒车"；

（9）为防备人或货物被高大的车轱辘带下去，发生意外事故，在"勒勒车"乘人或放东西的柳树条平架子两侧安装木板架，或用柳树编制的屏障。这样，即使人坐在牛车的柳树条平架子上，人的手脚或身子碰不到高大而转动的车轮子。

总之，鄂温克族使用的"勒勒车"，主要由车辕、车轴、车轮、车架、车套、木板架等构成。制作"勒勒车"的整个过程，同样不需要任何铁钉或金属原料，构造与结构显得不是很复杂，且便于制造和修理。整个车都用桦木和松木木料，或者用柳木、榆木、柞木、樟木等木料制作。不过，使用率最高的木料就是桦木，因为桦木有柔中有刚、软硬兼备、经得住磕碰、加工又方便、轻便而好使、不易变形等结构性能和特征。所有这些，深受鄂温克族能工巧匠们的青睐，且被公认为制作"勒勒车"的最佳木料。"勒勒车"虽然木轮子又高又大，但整车的重量比较轻，所以在沼泽、泥泞、凹凸不平的洼地里、柔软难行的草地上、荒漠和沙滩中，包括崎岖陡坡的山路等极其复杂的自然环境和条件下，都能够不受影响地按一定速度向前行进。甚至是，在风雪交加的严冬，在茫茫的雪原以及积雪深厚的山路上，也都能够顺利通行。

鄂温克族使用的所有"勒勒车"，其外形结构及其功能基本相同，但也有一些地方性特征。比如说，呼伦贝尔草原辉河一带的鄂温克族牧民用的"勒勒车"，比莫日格勒河流域的鄂温克族牧民用的"勒勒车"略大一些。除此之外，索伦鄂温克族一般套用犍牛，套用马的时候比较少，所以他们把"勒勒车"也叫作"牛车"。而莫日格勒河流域的鄂温克族牧民，在"勒勒车"上除了套用犍牛之外，还经常套用骆驼或马。再有，鄂温克族牧民乘坐的"勒勒车"，特别是老幼病残孕乘坐的"勒勒车"，基本上都搭有篷子。并且，制作篷子的原料根据季节的不同而有所区别，也就是夏天要用桦树皮、芦苇、细柳条、白帆布或厚一些的白布等搭篷，初秋风大天气变凉时要用厚帆布制作，到了冬天就会用羊毛毡子做篷子。所以，"勒勒车"的篷子冬暖夏凉。有人在严寒的冬季进行长途搬迁时，还要在篷车里安上小铁炉生火取暖御寒。到了夏天，篷车还能遮挡炎热的阳光和风雨。

另外，莫日格勒河两岸的鄂温克族牧民在走亲访友时，经常使用由"勒勒车"演化而来，并有一对直径为60—80厘米的小木轮的"小型两轮马车"，以及"中型四轮马车"等。"小型两轮马车"在老年人休闲、旅游、上街、购物、串门时使用得最多，因此也叫老年人用的小马车。"小型两轮马车"的主体结构，就是人乘坐的部分，其宽度和长度均在1.2米左右，它的结构特征有点像早期京城的豪华型人力二轮车。车上有座位,有靠背,有扶手,还有放脚处。另外,"小型两轮马车"有一对长度2.2—2.5米的车辕子及榆木套具,主要用于套马拉车(见图4-16)。"中型四轮马车"是指有四个车轮的马车。不过,该马车的前两个轮子是直径为45—50厘米左右的小轮子,后面的一对大轮子直径在为70—80厘米之间。同时,前两个小轮子和车辕子都是活的,可以向左右自由转动。毫无疑问,这完全是为了左右拐弯的方便而匠心制作的产物。"中型四轮马车"的轱辘原来都是用桦木、榆木、松木材料制作而成,而且它们的制作工序十分精细和讲究。该马车的乘坐处或放置货物处是宽1.2—1.5米、长2—2.5米、高度为30—35厘米的长方形木框架。这种马车,主要用于人们拉家带口外出办事、购物、旅游、串门等,有时也用于运送生产生活用品。"中型四轮马车"一般套用一匹马,上面可以乘坐4人,人多时还可以乘坐5—6人。不过,当乘车人多的时候,他们往往套用两匹马。然而,现在的"中型四轮马车"的轮子基本上变成铁制产品了(见图4-17)。

图4-16 小型两轮马车

图 4-17　现在的铁辖辘中型四轮马车

　　随着鄂温克族地区经济社会的快速发展,像摩托车、轿车、拉货车、运输车、客车、拖拉机等现代化的交通工具已经被普遍使用,或者说随处可见、到处都有。特别是,农区鄂温克族农民,现在很少使用过去传统的交通工具、生产工具、拉货工具"勒勒车"了,而是改用了农区汉族使用的车身粗大结实,由铁钉、铁铆钉、铁螺丝钉、三角铁、铁丝、铁片等加固的马拉大车或牛拉大车,大车辖辘是属于带有轴承的胶皮轮子,大车的载重量达到1000 斤以上。这种大车,根据运货的载重量来套用 1—3 头牛或马匹,载货量轻就套用一头牛或一匹马,载货量较重就会套用 3 头牛或 3 匹马。而且,主要用于运送粮食或其他重量级的生产生活物资。当下,除少数偏僻或边缘牧场的鄂温克族牧民,在生产生活中使用传统的牛车和马车之外,在靠近城市或较为发达的农村牧区已难以见到他们传统的交通工具和运输工具了。另外,掌握牛车和马车等的制作技艺的能工巧匠多数已上了年纪,新手也没有几个。作为鄂温克族古老文化与文明象征之一的"勒勒车",曾经在他们的生产生活及其历史进程发挥过十分重要的作用。至今,在他们的旅游胜地与文化腹地,以及地方民族特色的旅游事业的发展中,同样发挥着应有的积极作用,从而给远道而来的四方宾客奉献着他们远古生活的享受与快乐。不过,现在鄂温克族使用的"勒勒车",在其制作原料、加工技巧、结构、性能作用、使用目的等方面也产生了一系列变化。比如说，"勒勒车"原来的纯木轱辘已被胶皮轮子取代，同时篷车也改为铁木结构，车的许多部位用上了铁钉、铁片、螺丝钉和三角铁等（见图4－17）。

第四节　骑用交通工具和其他交通工具

鄂温克人骑用的交通工具，主要有马和驯鹿。应该是驯鹿在前，马在后。也就是说，鄂温克人在驯化马之前，就驯化驯鹿作为重要的交通工具。据说，他们的先民驯化野鹿的历史可以追溯到遥远的过去。众所周知，驯鹿的祖先，也就是早期的野生鹿，具有性格温顺、不惧怕人、容易与人亲近和接触等特点。所有这些，给那些与野鹿共同生活的鄂温克族先民创造了诸多便利条件，使他们除了狩猎野鹿，食其肉用其皮毛之外，还驯化一部分野鹿用于生产生活，主要是骑用和运送狩猎生产中猎获的猎物，一头驯鹿一次能够运送200斤左右的猎获物。但是，在早期，他们往往是根据眼前的需要，将野鹿临时抓来使用，用完就放回山林，从不像现在这样把它们驯化并牧养。严格地讲，鄂温克族的先民，把野鹿从山林里抓回来，由专人来牧养管理的历史也十分悠久。不论怎么说，驯鹿那宽大有力的鹿蹄子是在茂密而复杂的山林间，尤其是在山林间崎岖不平的路上，还有过膝的雪原、山林间的泥泞地与沼泽地里，最能够发挥作用的部位。因此，在早期，鄂温克族先民在山林生活时期，驯鹿几乎是属于他们最早而且是最为理想的交通运输工具。后来，为了追捕猎物，跟随狩猎的对象从山林下到辽阔的大草原，在这里他们发现了一群群随心所欲地四处奔驰、自由自在地生活的野马。与此同时他们也发现了野马的奔跑速度及可驯化的特性。进而他们积极主动地接近野马群，并用围捕、下套、挖陷坑、放烟火等手段抓住野马或小马驹，关进事先准备好的马圈里慢慢圈养和驯化。把马驯化到一定程度，就从马圈里牵出来骑用，也用于运送猎物和其他生活物资。用他们的话说，一匹马一次能够运送400斤左右的货物（见图4－18）。

再后来，马不仅成为草原牧区游牧业生产活动的重要伴侣，也成为草原

图4-18　鄂温克牧民骑用的马

牧区畜牧业生活中的重要交通运输工具。鄂温克族先民最早的时候，把马就叫 injihang "英吉汉"或 inchihan "英奇汉"等。后来，受蒙古族牧民的影响，把对马的称呼改成了 morin "莫林"。在这里，还应该提出的是，生活在莫日格勒河及锡尼河两岸的鄂温克族牧民，除了把马作为草原牧区交通工具和运输工具使用之外，还驯化野骆驼当作交通工具来使用。尤其是在严寒的冬季，骆驼是十分理想的交通工具。因为，冬天骑在毛茸茸的驼背上，不仅柔软舒适，而且能够祛寒保暖，身子会感到暖融融而很舒服。不过，除了生活在莫日格勒河及锡尼河两岸的鄂温克族牧民之外，其他地区的鄂温克人很少把骆驼作为交通工具或运输工具来使用（见图4-19）。

现在，生活在内蒙古根河市敖鲁古雅河畔、自然牧养驯鹿的鄂温克族牧民在深山老林里赶路或寻找丢失的驯鹿时，在山林里来回走动、走亲访友、四处搬迁、拉运货物等时，同样会经常骑驯鹿或是用驯鹿。毫无疑问，驯鹿是牧养驯鹿的鄂温克族牧民最为理想的交通工具、骑用工具、运输工具。再说了，在那山林深处的凹凸不平、崎岖陡坡、洼地沼泽的山路上驯鹿是唯一

图 4-19　鄂温克牧民骑用的骆驼

骑用伙伴。而生活在农区、经营农场的鄂温克族农民也很少骑马了，取而代之的是摩托车、拖拉机和汽车等新的交通工具和运输工具。

　　鄂温克族中林业生产的工人，以及生活在林区或靠近林区的鄂温克族牧民，充分利用流动的江河水，从上游的山林地带到下游的某一生活区运送木材时，就会坐上"水上木排"，拉着木材顺流而下（见图 4-20）。另外，"水上木排"也可以作为生活在江河上游的人们，顺流而下到江河下游的某一地方或生活区的水上交通工具。不过，常常是在流动的江河水面上，进行几天或长达一周多的时间，水上漂流到下游的某一地方时才使用"水上木排"。鄂温克族制作"水上木排"的方法不是太复杂，相对简单一些。比如，①到山林里砍伐 20—25 根直径为 20—25 厘米的笔直生长的桦树或松树原木；②把树上所有枝杈全部砍下来，甚至有的人把树皮也都削干净；③把处理好的笔直的原木截成 40 根左右约 4 米长的木材；④将 40 根左右 4 米长的笔直木材，粗细头相互配套地用松树根制成的粗绳，一个接一个地紧紧地

图 4-20　河流中的木排

捆绑好；⑤准备 3—5 根撑"水上木排"时使用的、直径为 6 厘米左右、长 5 米的笔直松木撑杆。这就算将一个比较理想的"水上木排"制作完成了。他们还可以在"水上木排"上搭建简陋的避风雨桦树皮棚子，也可以在"水上木排"上面生火做饭和用餐。但是，应该指出的是，不论多么漂亮、多么结实、多么好用的"水上木排"，都只能用上一次，用完就拆开，将笔直的木料作为木材用于生产生活。另外，"水上木排"这一水上交通工具和水上运输工具，一般在每年的 6 月份，封冻的江河水完全融化之后才能够使用。撑"水上木排"者基本上是三名男性，每人手拿一根事先准备好的长 5 米的笔直松木撑杆，抵住河底，调整和控制顺流而下的"水上木排"。而且，用撑杆撑"水上木排"的时候，最老练、最有经验的人拿着松木撑杆一人站在前面掌握方向，其他两位也各拿一根松木撑杆站在后面的左右两侧，控制"水上木排"的尾部触碰江河的两岸，以及用撑杆抵住水底加快速度。有的人还为了保平安，在"水上木排"中央竖起刻有太阳神或山神、水神等的桦树杆。每当"水上木排"在江河中遇有旋涡、暴风雨、强大水浪等险情时，他们就会向"水上木排"上的神像杆祈祷，求得保佑。根据他们的说法，在江河中使用"水上木排"之前，必须充分观察天气变化，还要选择吉日。平安到达目的地后，他们还要跪在神像杆前，对他们的保佑表达深深谢意。据他们讲，使用"水上木排"的季节，随着江河水开始结冰就会结束。他们还说，现在的鄂温克族基本上不用这一远古的水上交通工具和运输工具了，几乎成了历史的记忆。

总而言之，鄂温克族除了一小部分人外，基本上生活在内蒙古呼伦贝尔大草原、兴安岭的山林地带、草原和兴安岭相接处的辽阔农场地，而这些地方均属于温寒带气候。在冬天的严寒季节，气温达到零下40℃以下。夏天和春秋都显得比较短，只有冬天显得很长，从9月底就开始下雪，到第二年的4月份才结束，下雪的时间有七个多月，剩下的五个多月的时间留给了春、夏、秋三个季节，每一个季节大概只占用不到两个月的时间，然而，夏天雨水又多，冬天风雪大，加上有星罗棋布的湖泊和纵横交错的江河泉流，还有数量可观的沼泽地、湿地、泥泞地、高山、峻岭、雪原、雪山、沙丘地、荒无人烟的草原和山林等，都给鄂温克人的通行和交通运输带来了极大不便。善于探索和思考的鄂温克人，在这些困难面前，充分发挥他们共同的智慧，并用共同的聪明才智与劳动，在不同的历史时期、不同的社会背景、不同的自然环境与条件下，在不同的季节创造出了许许多多的交通工具和运输工具。除了我们在前面谈到的之外，据说在远古时代，鄂温克族先民在海上或江河湖泊上经营渔业生产时，还使用过用柳树条编织的船体，并在上面包一层兽皮而制成的兽皮舟或船，也用过各种各样的简易木筏子，以及充分利用空心粗大的圆木做成的独木舟。其中的独木舟，他们的先民使用的历史似乎较长。在20世纪60年代，鄂温克人生活的江河流域还出土过他们的先民使用过的独木舟。对此当地的鄂温克族老人还解释说，独木舟是他们的先民在远古时代，主要用于渡河、水上通行、水上相互往来或水上运输小批量水产品等生产生活活动。当然，所有这些都已退出历史舞台。毫无疑问，鄂温克人现在使用的交通运输工具，几乎都变成了现代化产品。

第五章

鄂温克族生活与生产用品文化

在这一章里，主要讨论鄂温克族传统意义上的生活用品及其生产用品用具。与此同时，也简单谈一谈婚丧用品。而且，侧重于鄂温克族具有历史性、民族性、代表性、独特性生活及生产用品及用具，基本上不涉及：（1）现代的生活与生产用品及用具，如缝纫机、割草机、酸奶机、洗碗机等；（2）各民族间普遍使用的生活与生产用品及用具，像锅碗瓢盆、被褥枕头，以及木匠、农民用的工具等；（3）外来的生活与生产用品与用具。不过，谈到鄂温克族传统用品与用具时，也许会出现一些在前面阐述鄂温克族衣食住行文化时，论及的一些内容，但不会太多。同时，从生活和生产用品或用具的角度，做了新的补充说明。以上三个方面的考虑，很大程度上减少了我们在这里讨论的内容。不用多说，很多民族，包括鄂温克族在内，日常生产生活中使用的用品与用具基本上彼此一致，没有什么太大、太多的差异。那么，鄂温克族人在历史上使用的传统用品用具，在讨论该民族传统意义上的衣食住行的时候，已经谈论或介绍了不少，如桦树皮生产生活用品用具等在前面谈了不少。另外，在最后部分，也想简单谈一谈同鄂温克族历史传统有关婚丧方面的一些用品用具。这也是因为，鄂温克族传统意义上的婚丧活动比较简单，没有太多的讲究和程序及仪式，所以自然就在此方面使用的用品用具不是太多。有关他们在婚丧活动中使用的马匹驯鹿、毛皮服饰、桦树皮用具等，在前面也都不同程度地涉及过，没有必要再进行重复性的分析和说明。总之，在这一章，只是简要阐述鄂温克族传统意义上的、具有一定代表性的和有本民族特色的生活及生产用品和用具。

第一节 传统生活用品用具文化

就如上面所说的，在下面分析和介绍鄂温克族日常生活用品用具时，主要涉及与该民族的日常生活密切相关的历史上的、传统意义的用具。对于那些现代生活用品及用具，以及外来的生活用品或用具，在这里基本上不涉及。

一 萨帕

萨帕是鄂温克人从早期生活开始一直使用的用餐工具，不论牧区还是农区或者是林区的鄂温克人，用餐时都使用 sappa/sabba "萨帕"，鄂温克语的该名词用汉语译出来就是指"筷子"。是鄂温克人用餐是必不可少的用具。那么，该说法应该来自鄂温克语表示"五个指头的手掌"或"张开五个手指的手掌"，有时也可以指"展开的手指"sarapan 或 saraban/sarapan/sarpan/sarpa/sappa，或 saraban/sarban/sarba/sabba 餐具，即筷子。在这里为什么谈到"筷子"呢？因为我们进行田野调研时，鄂温克族老人跟我们说，他们使用"筷子"的历史十分悠久，使用勺子的历史并不十分久远，至少是使用"筷子"以后又过了很多年才开始使用勺子。调研资料显示，鄂温克族特别喜欢食用纯粹的肉汤或肉加野菜的肉菜汤，起初他们的先民使用的是单根筷子，也就是用单根筷子将肉汤或肉菜汤里的肉或野菜放入嘴里食用，但这种食用方法很不理想，经常会把肉或菜弄到地上或衣服上。为了使肉或菜不掉到地上和衣服上，他们就会用嘴直接对着碗，用单根筷子往嘴里扒拉肉或菜吃。结果，一不小心碗里的热肉汤或肉菜汤就会烫到嘴或舌头。后来，他们就自然而然地琢磨出用两根木筷子食用肉汤或肉菜汤里的肉或野菜的方法。由于他们的先民早期生活在山林地带，到处是树木，因此吃饭的时候，就会随便从树上撅下两根细枝当筷子使用，用完就会扔掉。再后来，他们越来越感觉到用两根木筷子用餐方便好使、运用自如、得心应手,就不断提升筷子的质量和使用率。由此就出现了樟子松筷子、松木筷子、桦树筷子和骨制筷子。筷子也从一次性使用变成了多次性使用。不过,像桦树筷子或柳树筷子的使用寿命不长,用几次就出现弯曲等现象而失去有效的使用功能,像松树或樟子松木筷子可以使用较长时间,使用时间最长的是用动物骨头制成的骨制筷子(见图5-1)。他们说,骨制筷子如果不被折断或损坏的话,几乎可以用上一辈子。鄂温克人做的筷子的长度一般为18厘米左右,头部直径约有3毫米,尾部直径是5毫米。而且,从头到尾都是圆形。在他们看来,小巧玲珑的筷子携带起来十分方便,使用起来也很舒服,他们不喜欢又粗又长的筷子。他们十分珍惜精心制作的樟子松筷子和骨制筷子,尤其是对骨制筷子爱不释手,无论到哪里都会随身携带。更多的时候,他们把骨制筷子插入刀鞘上专为放置筷子而制作的插孔里,同刀一起随身带着走。鄂温克人一般用两岁或三岁的公牛的腿骨,或用羊、驯鹿及野生动物的腿骨或肋骨做筷子,制作骨头筷子的时候,首先将吃干净肉的腿骨或肋骨完全晒干或风干,然后用刀子和锯条将其处理成细条,最后再用刀子进一步加工成如同上面所说的长度和上下圆形的骨头筷子。现在草原牧区或山林里的鄂温克族牧民,还在使用骨制筷子,还是用传统方式放入刀鞘里随身带着走。而且,他们还用自己亲手精心制作的骨制筷子,同吃手抓肉的刀子和刀鞘一同作为珍贵礼物送给亲朋好友。用他们的话说,"身上有刀有筷子就会饿不死"。可想而知,刀子和筷子在他们的生产生活中占有重要的地位,也是他们用餐时不

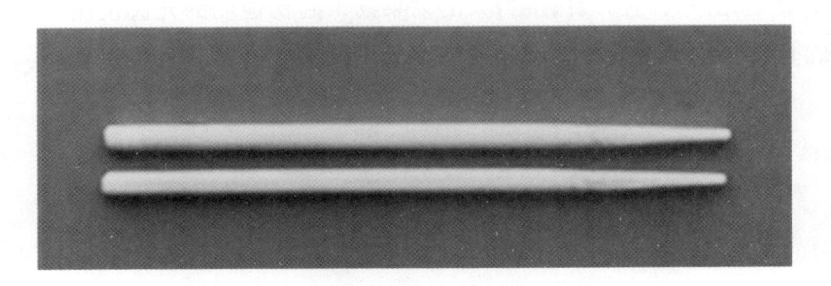

图 5-1　骨制筷子

可离手的重要工具。后来，放入刀鞘里随身带着走的筷子中又出现了用银制作的筷子（见图5-2）。

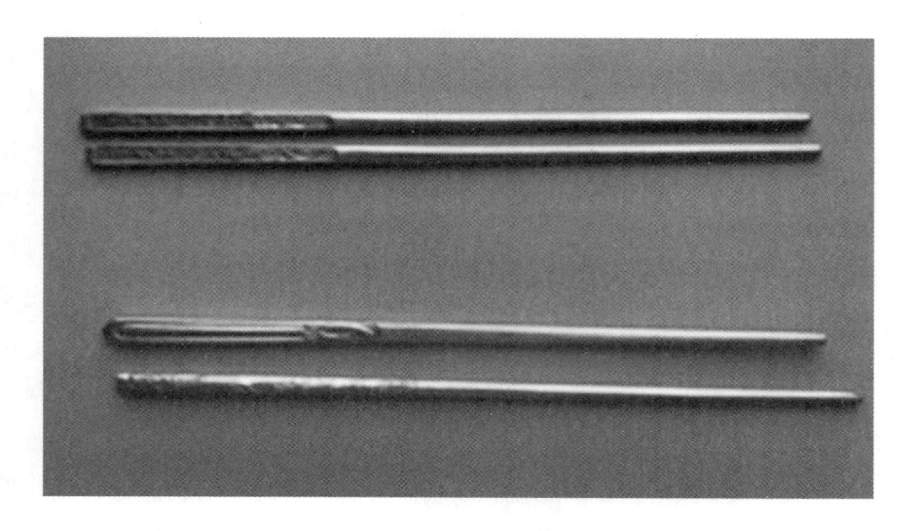

图5-2　早期用银做的筷子

二　库图

鄂温克族先民最早使用的"猎刀"，用他们的母语叫 kutu 或 kuto/koto（见图5-3）。后来，该名词在鄂温克语里使用得越来越少了，取而代之的是 usken "乌斯肯"或 ushen "乌斯恒"之说。不过，林区牧养驯鹿的鄂温克族牧民中的老人，至今将猎刀叫 kutu 或 kuto "库图"。在我们看来，早期鄂温克语里称"猎刀"为 kutu 或 kuto 的说法，同蒙古语的 kitugan "刀"的词根 kitu-有一定渊源关系。鄂温克人制作"猎刀"的工序复杂，对于刀型也没有什么太多的讲究，也没有什么复杂的花样。他们制作"猎刀"时：①将冶炼造刀的铁料放入炼铁的槽子里拿到炉火上，并用动物皮风箱吹旺炼铁炉火；②等铁料融化后，就将铁水立刻倒入制刀模型里；③等制刀模型冷却后，将刀型从中拿出来制作猎刀；④为了强化刀刃的钢性，达到理想的锐利程度，需要再把刀型铁料在炭火中边烧边锻打，除掉杂质的同时渗进碳素，从而使猎刀变得钢硬；⑤当其锋利度达不到要求时，为了提高

第五章　鄂温克族生活与生产用品文化　213

图 5-3　猎刀

钢本身应有的质量，还要继续反复烧热折叠锻打，使钢的组织不断致密，内在成分变得越来越均匀，杂质逐步减少，从而提高钢的质量。用他们的话说，经过千锤百炼制成的"猎刀"才是真正的刀，其钢的质量才能够达到理想程度。也就是说，"猎刀"的质量同用炭火烧热的次数有关，即淬了多少火；⑥最后，还要把已经打好的"猎刀"放在炉火上烧红，然后立刻放入冷水中适当蘸浸，让它骤然冷却。这样反复几次，钢刀就会变得坚韧而富有弹性了，但具体操作时一定掌握好"猎刀"烧热的火候、冷却的程度、水质的优劣。他们认为，所有这些，都和"猎刀"的钢性和质量有关，如果其中任何一个环节达不到要求，就会使"猎刀"的刀锋不够硬而使用时容易卷曲，或者刀刃发脆而容易出现折断现象。正因为如此，鄂温克族先民炼铁制作"猎刀"时十分讲究。他们起初制作的"猎刀"不是很美观，刀身也不长，只有20厘米左右，甚至比这还要短。那么，刀的有刃部分也只有8—10厘米长，刀的后背处的厚度达到2—3毫米，刀尖和刀刃既锋利又钢硬。刀把一般用樟子松木料或松树木料制作，也有用桦木做刀把的现象。也有的人在刀把上包一层桦树皮。为了"猎刀"的携带方便，他们的每一把"猎刀"都有刀鞘，刀鞘几乎同样都用樟子松木料或松树木料制作，有人也用桦木做刀鞘，讲究的人会在刀鞘外面还要包上桦树皮或动物皮甚至是薄铁片。另外，也有人用桦树皮制作刀鞘。还有的人在桦树皮等刀鞘上面雕刻各种艺术画、动植物画或太阳神及其山神等的偶像等（见图5-4）。毫无疑问，他们的"猎刀"用起来得心应手。

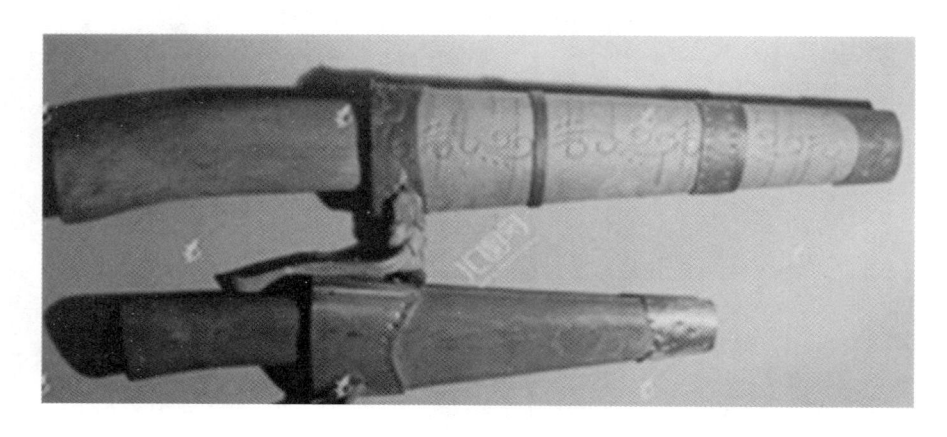

图5-4 桦树皮刀鞘的猎刀

鄂温克族先民，在俄罗斯西伯利亚生活的年代，或许比这个还要早的时候，就掌握了炼铁工序和制作铁具的技术。所以，他们在山林深处的牧场自然牧养驯鹿的漫长的生产生活时代，自然而然地养成了自己动手炼铁和制作生产工具的习惯，包括日常生活中使用的一些金属用具也都自己制作。其中，除了"猎刀"之外，还有各种功能作用、大小不一的刀具、箭头、斧子、铁锤、铁钉、炉钩子、铁夹子，以及鹿鞍铁具、猎用铁具、熟皮铁具等。有的能工巧匠，还可以自制烤面包箱、枪筒上使用的铁具等。那时，他们制作生产生活用的铁料短缺时，就到市场上购买废铁，或用他们的鹿茸、鹿血、鹿肉、鹿尾、鹿皮及各种名贵猎物，通过易货交易换得炼制各种铁具的废铁或原始铁块料，拿回家里制作各种铁具。有的鄂温克族能工巧匠，把自己精心炼制的生产生活铁具作为礼物送给亲朋好友，或者拿到市场上卖给俄罗斯人，再用那些钱购买枪支弹药、粮食、衣物等生活必需品。可想而知，他们自己炼制的这些生产生活铁具，在他们早期山林中经营的自然牧养驯鹿产业，乃至驯鹿产品的商业化进程发挥了极其重要的作用。在此基础上，他们把牧养驯鹿的产业一直经营到 21 世纪的今天，使这有着浓重的北极圈文化特色的产业，在我国温寒带地区兴安岭的山林扎下了深深的根基，为牧养驯鹿的鄂温克人提供无尽物质生活保障的同时，也给他们带来了以驯鹿产业文化为背景的精神生活享受。当然，更多的鄂温克人从山林来到了辽阔的草原，开始了经营牧养牛、马、羊的牧场生活。也有的人走向了肥沃的黑土地，从事农业生产。在这些历史性的变迁、传统产业的转型过程中，鄂温克族能工巧匠及炼铁技术精湛的铁匠们精心制作的各种铁具确实提供了诸多方便，对他们的历史进程作出了重要贡献。

三　塔拉库

这是鄂温克语最为古老的词语，主要表示用桦树皮制作的各种生活用具和生产工具。根据调研资料，"塔拉库" talaku 的 tala 是表示"桦树皮"之

图 5-5　桦树皮提篮

意的名词，而 -ku 是由名词派生名词的构词词缀。那么，talaku"塔拉库"也就是指"桦树皮用品"。就如前面有关章节里说的那样，早期的鄂温克人生活里，除了做饭用的铁锅、烧水用的铁壶之外，其他生活用品几乎都用桦树皮来制作。由于"桦树皮"是属于纯天然、纯绿色、纯环保的生活用具和生产用具的原材料，所以，桦树皮用品被誉为无污染、无害、无负面作用的"绿色用品"。这也是鄂温克族先民广泛使用桦树皮用品、桦树皮用具的重要原因。他们用桦树皮制作生活用具时，同样不使用一铆一钉，不需要任何的金属材料，完全用桦树皮、桦树木料、桦树树胶、桦树木钉、松树根须、兽筋线等制作而成。制作桦树皮生活用具的劳动，基本上是由妇女们承担并完成。因此，鄂温克族妇女们在制作桦树皮生活用品方面，有一套约定俗成而严谨的制作工序、制作技巧、制作原理。而且，对于每一道工序都十分认真细心，精益求精，必须做到滴水不漏的精密程度。具体讲：

图 5-6　桦树皮水桶

（1）到河边密林中选择要用的桦树皮。在她们看来，在潮湿有水的密林里生长的桦树树干笔直而高大、上下粗细相差不大，其树皮上长出的树节树枝又不多，还有结构性能很强、很结实、很滑润等优点。对于早期的鄂温克族妇女来说，这种桦树皮是制作生活用具的最为理想的材料。她们用刀刃很锋利的刀具，将选定好的桦树皮根据具体需要尺寸，从桦树上小心翼翼地剥下来。然后，为了进一步强化桦树皮本身具有的软性，也是为了制作桦树皮生活用具等的方便，将剥下来的桦树皮张开平整地放在河边湿润的土层里；

（2）制作桦树皮用具前还要准备用松树根须做的细线。她们制作这种细线时，为了让它变得更加柔软有韧性，增强其不易裂开或拉断的功效，将松树根须卷起来放入事先弄好的河边水坑里进行浸泡。浸泡变柔软结实的松树根须，可以加工为缝合桦树皮生活用品的细线。另外，她们也使用动物筋或皮制成的细皮线。毫无疑问，用这些细线缝合的桦树皮生活用具的各种接头十分结实、严密、不漏气漏水；

（3）用手工加工好的桦树、松树、樟子松等材料，制作桦树皮用具的盖子或底盘。他们尤其喜欢使用桦树木料和樟子松木料，由于桦树天生就是一种十分柔软耐用的木料，用它制作各种生活用具的盖子或底盘时不费劲。另外，它有贴合性能强、钉木钉时不易裂开且口咬力强等功效。另外，樟子松是属于常绿乔木，自身具有特殊的香气，且有很强的精密度，还有极强的防腐防虫功能，也是制作各种生活用具的盖子或底盘时的理想木料；

（4）根据需要，准备同样用桦树、松树、樟子松等材料削制而成的大小、长短、粗细不一的若干根木钉子或木楔子。主要用于制作桦树皮用具时，加固盖子或底盘的桦树皮与木材料的贴合力和紧密度；

（5）事先准备用桦树油脂或松树油脂熬制而成的粘贴剂。主要是制作桦树皮用具等时，用于粘接桦树皮的连接处、桦树皮同木料的连接处，以及用于粘贴桦树节洞缝合处，从而进一步增强桦树皮生活用具的防水功效。

图 5-7 桦树皮米桶

图 5-8 不同容量、形状、用途的桦树皮圆盒

以上是制作桦树皮生活用具前基本材料的选定、基本材料的加工等前期准备工作。所有这些准备工作完成以后，就会进入制作桦树皮生活用具的具体工作当中。有关制作桦树皮生活用具的工序，主要涉及以下三个方面的工作。

（1）将桦树皮从河边湿润的土层下取出来，根据要制作的生活用具的需要，严格按照事先计算好的尺寸，用刀子或剪子裁剪出大小不一的一张张备用的桦树皮材料。

（2）按照模型或图案制作桦树皮生活用具，并将桦树皮的对接处，或者说接头部分用事先准备好的粘贴剂无缝隙连接。不过，也有人先用松树根须制成的细线或用皮细线，将桦树皮对接处严密严实地缝合好，然后在无缝缝合的桦树皮对接处再涂抹上粘贴剂进一步加固。

（3）在用桦树皮制作的大小、高度、粗细不一的桶子、杯子、盆子等下面，安装或加工用桦树、松树、樟子松等材料做的盖子或底盘时，先用粘贴剂无缝隙连接桦树皮及木料，再将事先准备的木钉或木楔子从弄出的口子里蘸上粘贴剂钉进去，这样使桦树皮生活用具的盖子或底变得更结实、更严密，还不漏气不漏水。

鄂温克族妇女中的高手，制作一个方便实用、轻巧耐用、造型独特、别致美观、工艺精湛的桦树皮生活用品，花不了多长时间，特别是在将各种制作材料充分准备好的前提下，对于那些熟知制作工序和技巧、技工超然、手巧玲珑、动作麻利的鄂温克族妇女而言，很快就制作完成桦树皮生活用具。不过根据桦树皮生活用具的大小、高矮、样式、尺寸的不同，以及使用要求和质量的不同，制作时所用的时间也会有所不同。同样使人感到惊奇的是，从一个完美无缺的桦树皮生活用品上，竟然找不到一块金属材料，甚至连根小铁钉也都见不着。它完全是用纯自然的桦树皮、樟子松木或松木及桦树木料、木钉、松树根线、树油粘贴剂等制作而成。这是她们远古而神奇的创造能力和智慧，以及巧夺天工之手工技巧的充分表现。更为重要的是，这其中包含有从远古传承的，以崇拜和信仰大自然为核心的，保护人类生存的自然环境及生态环境的人生理念和态度。鄂温克族在生活实践中，与桦树朝夕相处的接触中，科学地、客观实在地充分认识到桦树的生长特点、自然属性、结

图 5-9 用桦树皮做的放东西的小箱子

构性能、主要用途等，进而通过具体的生产生活实践，不断开发利用、不断发挥桦树皮具有的特殊功能作用，并把桦树皮作为制作生产生活用具的重要原材料。换句话说，桦树独具风格和魅力的洁白、细嫩、柔和的皮，给人一种洁白纯情的美好享受。这种思想情感的享受，很快升华为一种精神生活的内涵，他们几乎用膜拜的目光凝视洁白无瑕的桦树皮，虔诚而小心翼翼地靠近和接触洁白无瑕的桦树皮，更是带着一种信仰的使用洁白无瑕的桦树皮。所以，他们用桦树皮制作生产生活用具时，对于每一个细节和工序，都会百分之百地倾注情感和智慧。对此他们解释说，桦树皮具有神圣的美丽和生命力，与他们的生活时刻不能分离，也是他们山林生活的重要依靠之一。

图 5-10　用桦树皮做的放粮食的盆子

早期的鄂温克族，基本上生活在江河湖泊密集、水源极其丰富的山林地带，也是桦树最多最丰富的山林地区，所有这些也在客观上给他们使用桦树皮，用桦树皮制作各种各样的生活用具提供了取之不尽、用之不竭的优越条件及优厚资源。如前所说，鄂温克族的先民，用桦树皮制作各种生活用具和用品的历史十分悠久，桦树皮本身具有的防潮、防腐、防水性能，以及原料丰富、加工简单、使用方便等特点，使他们无可怀疑地将其选择为生产生活用品所需的重要原材料。另外，用桦树皮制作的生活用品有不怕磕磕碰碰及摔摔打打，还有携带方便和使用方便，不怕烫嘴烫手耐热保温，也十分适合于山林中赶着牧养的驯鹿四处游牧生产生活等诸多优点。另外，还听他们讲，桦树皮生活用具和用品，一般可以使用3年左右，不过有的能够用上5年左右，如果保养得好像桦树皮装粮食的圆桶还可以用8年以上。不过对此，他们也进一步解释说，桦树皮生活用具与用品的使用年限，也和人们的制作技术和功底，以及采用的桦树皮原材料的质量等有关。如果制作技术不到位和原材料质量不好，就会自然而然地缩短桦树皮用具和用品的使用寿命。反过来讲，如果制作技术和原材料质量都很高，就会延长桦树皮用具和用品的使用年限。

通过以上分析和讨论，我们可以充分了解到鄂温克族人早期生活中，桦树皮所占有的重要地位，桦树皮生活用具和用品也自然成为他们桦树皮文化的重要组成内容。这些就像我们在前面所说的，没有桦树皮就没有桦树皮生活用具和用品，也谈不上真正意义上的鄂温克族桦树皮早期文化。鄂温克族的桦树皮文化是指以桦树皮为主题的物质生活与精神生活的内容，应该包括用桦树皮制作而成的所有生活用具与用品。同时，也应该涉及用桦树皮制作生活用具与用品的所有程序、技巧、花样、形状、功能、用处、用法等。其实，鄂温克人用桦树皮制作的生活用具与用品，有许许多多的花样和形状，桦树皮生活用具与用品上也有很多包含有各种意味的花纹、图像、图画及几何图形等。特别是，在早期的桦树皮生活用具与用品的身上刻画的各种图案和花纹非常丰富，甚至有他们崇拜的各种神灵图像。但绝大多数是属于太阳、月亮、星星、云彩、彩虹等自然现象，以及动植物图案或象征动植物的朦胧图像，也有不少他们信仰的各种神偶图像、神灵图像及极其复杂神秘的几何图形等。他们坚信，桦树及桦树皮也和其他所有动植物一样都有灵性，所以能够感悟或领悟人的心灵深处的真善美与假恶丑，因此他们必须善待所有桦树皮生活用具与用品，并祈祷桦树皮的神灵保佑他们的美好生活。他们也相信只要用自己的真善美对待桦树皮生活用具与用品，神灵就会给鄂温克

图 5-11　用桦树皮制作的各种制品

人的生活带来快乐和幸福。在这种思想意识和信仰的影响下，他们严禁对桦树或桦树皮及桦树皮用具说脏话，严禁用刀或斧子乱砍桦树或桦树皮及桦树皮用具，严禁将桦树皮用具或用品乱扔乱丢。同时也禁止用脚踢或踹桦树或桦树皮，也不允许用脚踩或踢桦树皮生活用具或用品。在他们看来，要是有这些不文明、不礼貌、不规矩的动作和行为，就会遭到报应。否则，走在桦树林里会被桦树的神灵弄死，或用桦树用具吃饭时被食物噎死。这也是鄂温克族早期精神生活中不可忽视的重要内容，由此他们十分膜拜和信仰桦树、桦树皮、桦树皮生活用具与用品。早期山林中生活的时代，鄂温克族先民深深地懂得离开了桦树皮用具或用品，就会给他们的生活带来许多麻烦和困难，他们的生活不能离开桦树皮用具或用品。在早期，他们还把精心制作的桦树皮生活用具和用品，作为十分珍贵的礼物送给亲朋好友，也作为年轻女士的信物赠送给自己的恋人。

总之，鄂温克族先民创造并使用的桦树皮生活用具或用品，本身所包含的

图 5-12　桦树皮艺术品

内容极其丰富。而且,在他们的日常生活中使用的桦树用具或用品非常多,有桦树皮碗、桦树皮盘子、桦树皮杯子、桦树皮勺子、桦树皮酒壶、桦树皮酒盅、桦树皮盐盒、桦树皮盆子、桦树皮篓子、桦树皮水桶、桦树粮食桶,以及有桦树皮箱子、桦树皮衣柜、桦树皮碗架子、桦树皮储物家具、桦树皮工具箱、桦树皮桌子、桦树皮凳子、桦树皮矮床、桦树皮背包、桦树皮针线包、桦树皮烟袋、桦树皮烟盒、桦树皮拖鞋、桦树皮玩具、桦树皮艺术品、桦树皮神偶等。再有,某一种生活用具和用品,都有不同尺寸、不同规格、不同样式、不同用处的品种及分类。特别是,高低不一、粗细不同、宽窄有别的系列桦树皮生活用具或用品有很多。这就像前面所说,鄂温克族在早期生活中,除了做饭用的是铁锅、烧水用的是铁壶之外,其他所有生活用具或用品,几乎都可以用桦树皮来制作。概言之,桦树皮生活用具或用品,作为鄂温克族人早期生活的重要内容，凝结了他们远古先民的集体智慧。同时，也充分展现出，鄂温克族先民赋予桦树皮文化的极其丰富而深刻的内涵。更为重要的是，桦树皮生活用具或用品，给他们的早期生活作出过重要贡献，产生过重要影响和作用，进而深深地植根于他们远古的物质生活和精神生活。从这个角度上讲，鄂温克族先民的桦树皮生活用具或用品，具有极强的远古文明与文化的代表性特征。所以，我们认为，在以先进的科学技术为代表的现代生活日益普及的今天，我们应该更加百倍地珍惜人类的一切早期文明与文化，更加努力地去保护和传承鄂温克族远古的桦树皮文化与文明。

四 莫库塔

这也是鄂温克语早期词语，主要表示用木料制作的各种生活用具或用品。该词的发音形式为 mookta/mokta。很显然，该名词应该是源自鄂温克语的 moo "木" "树" "树木"，在其后面接缀从名词派生名词的构词词缀 -kta 而构成，意思就是 "用木头制作的用具"，可以简称为 "木制品"。后来，名词 mookta 的发音出现 mokta 音变，也就是词首音节的长元音 oo 出现短音化现象。说实话，在鄂温克族早期生活中，用桦树、松树、樟子松制作而成的用具或用品确实有不少。可以说，除了铁制用品和桦树皮用具与用品外，用以上提到的木料加工的生活用具或用品也有不少。其木料的选择和加工及其加工程序，包括加工木料的工具同其他民族的没有什么区别性特征，基本上是大同小异。其中，具有代表性而传统性的有：

（1）方形或长方形矮桌子，不论方形桌子还是长方形桌子的高度只有25—30厘米，但方桌的面积一般为60厘米×60厘米，长方形桌子的面积为60厘米×40厘米（见图5-13）。由于，在过去他们生活的"仙人住"或"游牧包"里，人们来回活动的空间比较小，所以用餐时的方形结构的桌子或长方形桌子的使用面积都不会太大。桌子的四条腿，也都用粗加工的、直径为5—7厘米的圆木制作。当然，也有用细加工的方木做桌子四个腿的现象；

（2）矮木床，这里所说的矮木床是指没有床头而只有前后中6个一尺高的圆木或方木床腿，以及6个床腿上面横竖加上木杆子或木板，在其上面再

图 5 - 13 矮方桌

放宽有 1—1.2 米、长 1.8—2 米的木床板，木床板上面铺上毛皮褥子的传统意义上的木床（见图 5 - 14）。除了木床之外，鄂温克人早期生活中还使用过没有腿的、直接放在"仙人住"的地面上，晚上睡觉、白天坐在上面用餐或休息的木板。该木板的面积也就有单人床那么大，许多人家在木板上还要铺上半加工的动物毛皮褥子或毛皮垫子。他们说，这样做完全是为了合理使用屋里的空间。

图 5 - 14 矮木床

（3）木箱子的体积也不会太大，几乎都有60厘米长、40厘米宽、50厘米高，也有比这个尺寸大或小的木箱子，木箱子主要用于存放衣服和相关床上用品等。山林里牧养驯鹿的鄂温克族牧民，无论过去还是现在很少将木箱子放在"仙人住"里，而是几乎都放在屋外离地1米左右高的木架子上。生活在草原牧区的鄂温克人，喜欢将木箱子放在"游牧包"的东北角或西北角。住"木刻楞"的鄂温克人，一般把木箱子放在寝室里。农区鄂温克人，把木箱子基本上放在西侧的炕头。另外，农区鄂温克人使用的木箱子，比牧区和山区鄂温克人使用的木箱子要大；

（4）木制碗橱和碗架子，也是草原牧区或农区鄂温克人使用的屋内主要生活用具之一，一般放在"游牧包"门口的左侧，或放在"木刻楞"及"土房"的厨房里。林区鄂温克人早年不使用碗橱，而是用简易的碗架子。他们用木料制作的碗橱和碗架子，几乎都有1—1.2米高、厚30—35厘米。碗橱上面有两个抽屉，下面有两个木板隔间，上面的隔间里放锅碗瓢盆，下面的隔间里放粮食。碗橱的两个抽屉里，要放筷子、羹匙、勺子、菜刀和刀具等生活用具或用品（见图5-15）。另外，屋子里没有碗橱的人家就会使用木制碗架子；

（5）室外木架子，也就是用桦木制成的，高1米、长2米、宽1.2米的，长方形而有四条圆木腿的晒肉木架子。在木架子上面，每间隔20厘米就竖着放一根直径为7厘米的长条木杆，还把长条木杆同木架边的横木紧紧地捆绑到一起，放在阳光充足而透风好的地方，一般放在住房的南侧。到了炎热的夏天，或在春秋季节，宰杀的牛羊肉或驯鹿肉吃不完时，便切成细细的长条，撒上一些食盐挂在木杆上晒干。不到几天，这些新鲜的肉就会被晒成肉干。到这时，他们就把肉干收起来放入袋子里慢慢食用。过去，从事畜牧业生产的鄂温克族家庭，基本上有这一室外生活用具。在不用的时候，就会把架子的四条圆木腿卸下来，并同上面的木杆架子一起存放好，等着下一次再使用；

（6）鄂温克人早期生活中除了用桦树皮制作的各种餐具之外，还使用过用桦树、松树、樟子松等的木料精心加工的木筷子、木勺子、木碗、木盘、

图 5–15　木制碗橱

木桶、木盆、炒米用具，以及用柳树条的薄木片制成的锅刷子等。虽然，这些木质餐具同桦树皮餐具一样，具有不怕磕碰、不烫嘴烫手、携带方便等优点，但保管不好就容易裂缝而失去使用价值；

（7）鄂温克族早期使用的木制用具或用品，特别是像木箱子和碗橱的正面，一般涂抹上自己用植物染料调制而成的各种颜色，有的人家还在上面画上各种动植物或自然景观及自然物。甚至在像木筷子、木勺子、木碗、木盘、木桶、木盆的把手处或外面用刀雕刻各种花纹、图画及几何图案等。

总而言之，鄂温克人早期生活，同样离不开用各种木料加工而成的木制生活用具或用品。换句话说，这些木制生活用具或用品，对于鄂温克族早期

第五章 鄂温克族生活与生产用品文化　229

图 5-16　桦树木碗和筷子

生活同样发挥过应有的重要作用，同样也产生过应有的影响力。另外，鄂温克族中老年人中吸烟者较多，于是也就出现了不少吸烟烟具。

（1）用红松做烟杆，长约 40 厘米，一端镶有动物骨头的烟嘴，另一端同样有由兽骨雕成的烟锅之长杆烟袋。而且，在烟杆上雕有龙、虎、熊、蛇等动物图案；

（2）鄂温克族吸烟时，还使用由烟锅、烟嘴、烟杆等制成的，叫 mulduku "木罗斗克"的烟具。该烟具长有 20—25 厘米，便于使用和携带。制作比较精致，用材也很讲究。所以，烟锅用黄铜或青铜为原料，雕琢成烟斗形状，烟杆磨光并用熟油浸成暗红色，烟嘴多用动物骨雕成。另外，柄上还设有三道铜箍，起装饰和防裂作用；

（3）鄂温克族使用的烟具里，还有叫 hattuk "哈图苦"的长方形烟荷包。多用鹿皮或狍皮制作，开口处镶有黑色绒布，布面绣有彩色菱形花边和野花及卷云等图案。画面设计简练，色彩鲜明，是鄂温克族女性手工制作的精品。鄂温克人常常将其佩戴在袍子上，成为别具一格的装饰品。其实，鄂温克人早年使用的吸烟烟具还有一些。根据调研资料，鄂温克人中年之前基本上都不吸烟，老人们也不允许他们吸烟。到了中年以后，吸不吸烟由自己来决定，但在早期的鄂温克族中，有不少中老年者吸烟，到后来吸烟者越来越少了。

还有，鄂温克人特别喜欢画画、雕刻等艺术，很多人在此方面表现出极强的优势特点，经常利用各种木料、动物骨头、皮毛制作各种各样的艺术品，放在屋里或挂在墙上美化生活。其中，就有很有代表性的"木驯鹿"，主要以红松木为原料，用刻刀雕刻而成。一般高30厘米左右，头上有鹿的五叉角，看着很逼真很漂亮。也有许多种用动物骨头或皮毛制作的艺术品。尤其是，毛质优良、颜色亮丽、制作精美、内容丰富、大小不一的鄂温克族民间剪皮画，自然古朴而有极强的艺术欣赏力和感染力（见图5-17）。

图5-17 桦树皮艺术品

然而，人类文明迈入21世纪的今天，以上谈到的有其浓厚的远古特色、远古文明、远古风味的鄂温克族早期生活用具或用品，基本上退出了历史舞台，现在的生活中很少见到这些古朴、纯真、天然、实用的用品了。它们作为一种远古的历史，已经远离了鄂温克人现代化的生活，只是作为一种历史的产物，留在了他们早期生活的记忆中，取而代之的都是现代化或者说现代文化与文明的生活用具或用品。

第二节　传统生产用品用具文化

这里所说的生产工具就是指鄂温克族在日常劳动中使用的工具，也是鄂温克族在漫长的生产实践和生产过程中，对于各种生产对象根据生产生活的需要进行加工的物件。而且，经常性、日常性、长期性使用于鄂温克族生产活动和生产过程之中，进而对于劳动者的劳动发挥极其重要的辅助和传导作用。那么，毫无疑问，鄂温克族的所有劳动工具，都属于他们劳动资料基本的和主要的组成部分，也是他们不可或缺的手段和重要助手和帮手。鄂温克族在不同历史年代、不同自然环境、不同社会背景、不同地理位置、不同生活条件下使用的生产工具都有所不同。随着社会发展以及社会生产内容、生产形式、生产关系的不断变化和发展，他们的生产工具也无可怀疑地发生着与时俱进的变化和发展。鄂温克族劳动者依靠自身的体力、体能操作的生产工具，如今变得越来越需要脑力、技术、机器来运作。那么，鄂温克族早期生产工具确实有不少，早期鄂温克族先民生活在白令海峡、鄂霍茨克海、日本海等广袤的海岸线上，从事早期的渔业生产，后来，又在西伯利亚和远东地区的寒温带山林地带，从事自然牧养驯鹿的畜牧业生产，再后来，鄂温克族相当多的人走出山林，走向呼伦贝尔大草原从事畜牧业生产，另一部分人走向了江河流域的营养极其丰富的黑土地平原，开辟了温寒带地区的农田产业，从事农业生产活动。所有这些，都充分说明鄂温克族先民从事的生产活动的复杂性、多样性、变化性，伴随其后的就是生产工具的变化和发展。换言之，鄂温克族先民从事的生产内容不断变化和发展，鄂温克族先民使用的生产工具也会随之发生变化。再有，由于鄂温克族先民历史进程中，从事的产业的复杂性、多样性、变化性，自然就注定了他们生产工具的复杂性、多样性、变化性。其实，在前面的相关章节里，我们也不同程度地谈论过鄂温克族早期传统意义上的生产用具。我们在调研中还发现，鄂温克族早年不论是在寒温带海岸线上从事渔业生产，还是经营山林牧场中的游牧生产，以及后来在温寒带牧区搞草原畜牧业生产，乃至在黑土地平原上开荒种田等，劳动实践和过程中使用过的生产工具，同相邻的其他民族使用的生产工具基本上相同或相一致，没有太大的根本性区别特征。比如说，在渔业生产阶段使用的生产工具，同白令海峡、鄂霍茨克海、日本海等广袤海岸线上，经营渔业的其他民族的生产工具基本相同，且有很多方面的论述和介绍，有关山林牧场中自然牧养驯鹿产业时使用的生产工具，也有不少讨论和说明，鄂温克族先民在呼伦贝尔大草原上从事畜牧业生产时使用的所有工具，同蒙古族牧民使用的劳动工具也没有什么太大的区别，在黑土地平原上开垦种田的鄂温克族农民使用的农田生产工具，与东北汉族或达斡尔族农民的劳动工具大同小异。所以，在下面对于鄂温克族早期生产工具的讨论中，主要阐述在前面没有论及的，同样是属于该民族具有代表性、传统性、历史性、独特性、地域性的生产工具。当然，一些生产工具的探讨也许会论及以上提到的相关内容，以及其他相关民族的相同生产工具等。

根据我们现已掌握的调研资料，鄂温克族先民早期使用的生产工具中，确实有不少同渔业生产密切相关的劳动工具。下面谈几个他们在早年的渔业生产中使用的劳动工具。其中就包括：

（1）叫 kilanka/hilanka "吉兰克" 的渔具。在早期鄂温克语里，kilanka 的 kila- 是表示用鱼叉子叉鱼的 "叉" 字，在动词词根 kila- 后面，接缀由动词派生名词的构词词缀 -nka，派生出了表示 "鱼叉" 之意的名词 kilanka，而 hilanka 是属于该名词词首辅音的变音形式。"吉兰克" 是鄂温克族先民早期渔业生产中不可缺少的重要捕鱼工具之一（见图 5-18）。鄂温克族渔民使用的 "吉兰克" 这一 "鱼叉"，尖头由动物腿骨或肋骨制作而成，后来尖头或者整个 "鱼叉" 变成了铁制品。他们早期捕鱼时，使用的捕鱼工具 "鱼叉"，基本上有 3 个 20—30 厘米的长齿。不过，也有 4 个长齿的 "鱼叉"。再有，"鱼叉" 的尖头带倒刺，"鱼叉" 有 4 米左右长的圆木长把，木把的后端还系有一条 10 米长的皮绳。该长条皮绳，一是防备"鱼叉"掉进水里，二是以防叉到大鱼时"鱼叉"被大鱼拉跑。

图 5-18　鱼叉

（2）叫 kaadinka/haadinka/hadinka "卡迪纳卡"的渔具。很显然，该渔具的名称是，在动词词根 kaadi- "阻挡""挡住"后面，同样接缀由动词派生名词的构词词缀 -nka 派生出来的名词。而 haadinka 或 hadinka 是属于该名词词首音节语音的变音形式。在早期的鄂温克语里，名词 kaadinka "卡迪纳卡"表示"鱼篓"的意思。这也是鄂温克族最早期的捕鱼工具之一。鄂温克族传统意义上的"鱼篓"，几乎都用河边生长的又细又长又嫩的柳树条编制而成。其结构类型是小口大腹。意思是说，该"鱼篓"的口子比较小，肚子比较大（见图 5-19）。捕鱼时，在"鱼篓"的入口处及"鱼篓"里面放些诱饵，然后把"鱼篓"放在鱼类经常活动的流水口上，或者是在"鱼篓"底部系上石头，让其沉入挨着海边的浅海底或江水的浅水处。当鱼、虾、蟹为了吃到美味鱼饵游到"鱼篓"入口处时,一不小心就会自然跑到"鱼篓"里。人们也就是为了不让误入篓里的鱼、虾、蟹跑掉,将"鱼篓"加工成口小肚子大的结构类型。

图 5 - 19　柳树条鱼篓

(3) 叫 amgaktu "阿木嘎克图"的渔具。该词是在名词 amga "嘴""口"后面,接缀由名词派生名词的构词词缀 -ktu 派生出来的名词,主要表示"鱼饵盒"之意。该"鱼饵盒"由桦树皮制作而成,有大有小,上面一般有盖子。也是鄂温克族先民早期海上或江河上,乘坐桦树皮船钓鱼时使用的重要工具,里头放入钓鱼用的蝈蝈、蚂蚱、蚯蚓等。另外,他们在平静的小海湾或江河滞留处用网打鱼时,可以从"鱼饵盒"中取出鱼饵撒在水面上引诱鱼群,以此方法捕获大量鱼类。鄂温克族渔民,为了不使"鱼饵盒"里面的饵憋死或闷死,在圆筒形或三角形"鱼饵盒"里放入一些黑土或其喜食的一些草。同时，用细细的皮条绳将"鱼饵盒"拴在自己的腰部，这样主要是为了便于取鱼饵。

（4）被称为 emkektu 的早期渔具。也就是指，带有狍皮毛的特制大鱼钩，即鄂温克族先民在海面上或江河上面垂钓大鱼的鱼钩（见图5-20）。该鱼钩的特点，就在于鱼钩上拴上一小块带毛的，处理成昆虫模样的狍皮，放入水里像个昆虫，诱惑那些大鱼前来上钩。甚至，他们钓鱼时在一条长长的细细的绳子上弄上一连串的带有狍皮鱼饵的大鱼钩，放在海面或大江大河水面上顺流浮动，由此引诱大量大鱼游到水面抢食狍皮鱼饵而上钩，从而被钓上来。

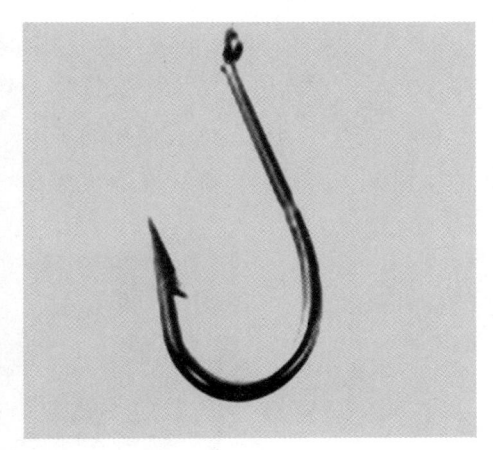

图5-20 大鱼钩

以上讨论的这些都是早期鄂温克族渔民在大海、大江、大河里从事渔业产业时，捕鱼的一些传统方式和方法，也是他们在那时日常生产活动中经常性使用的劳动工具，也是属于最早最古老的捕鱼生产工具。后来，就开始使用各种各样的渔网，使他们渔业生产获得快速发展。那时，鄂温克族渔民，还把打捞上来的冷水鱼类产品，拿到日本岛屿开展各种商贸活动或易货交易，购买或换取各种渔网、生产工具和生活急需用品等。

鄂温克族先民中的很大一部分人，从山林来到了呼伦贝尔大草原，开始畜牧业生产活动，主要是在这辽阔富饶的草原牧场上，随着一年四季的牧草变化，赶着牧养的牛、马、羊、骆驼过着自然、悠闲、安逸、舒适、快乐的游牧生活。那么，还有一部分人，从俄罗斯的西伯利亚和远东地区赶着驯鹿，来到兴安岭美丽富饶的山林牧场，同样遵循自然界一年四季的更替，赶着牧养的驯鹿过着自然、安详、宁静、舒然、快活的四处迁徙的游牧生活。随着历史的变迁，社会的发展，生产生活环境和地域的变换，他们的生产用具也产生了不同程度的变化和发展。其中就包括：

（1）叫 hugga"虎库嘎"的劳动工具是鄂温克族草原牧场上不可或缺的畜牧业生产的重要助手。鄂温克语里说的 hugga"虎库嘎"一词，主要表示"套马竿"之意。也是鄂温克族先民早期来到呼伦贝尔大草原，开辟畜牧业生产之后，在其生产活动中发挥重要作用的劳动工具（见图 5-21）。他们起初制作"套马杆"时，使用的基本上是直径为 5 厘米左右、长度约有 5 米的柳树条。而且，在柳树杆的头部拴有长 2—2.4 米的粗皮条，皮条的上头

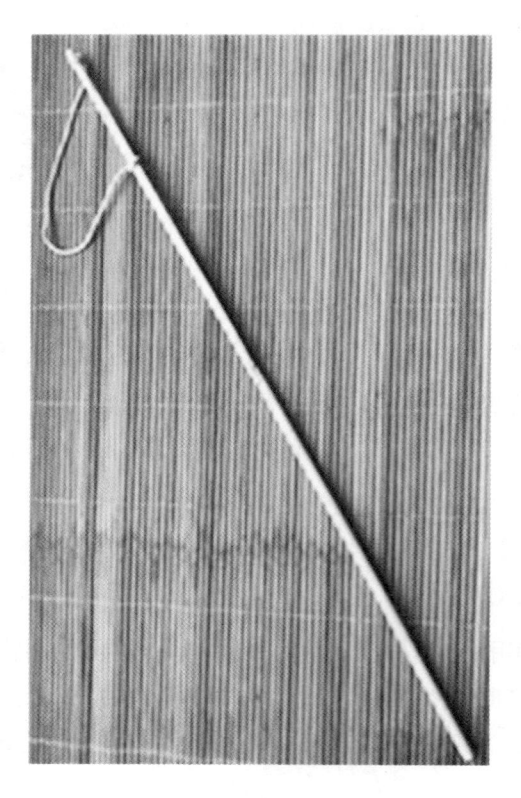

图 5-21 套马杆

拴在柳树杆的顶头，下头则拴在离柳树杆顶头约 80 厘米处的位置。也就是说，由约 5 米长的柳树杆、2 米长的粗皮条制作而成的套马用具，他们就叫"套马杆"。说实话，对于辽阔无边的牧场上放牧的鄂温克族牧民来说，"套马杆"是时刻不离身的生产工具。因为，不只抓马套马时使用它，甚至是抓牛、

抓小牛犊、抓羊、抓山羊、抓骆驼的时候也都要使用"套马杆"。与此同时，鄂温克族牧民赶走接近畜群的狼或狼群时，也需要用"套马杆"来吓跑它们。尤为重要的是，每天来回赶畜群时，更加需要"套马杆"，没有"套马杆"，畜群就会随意到处乱跑，根本拢不到一起，结果给放牧生产带来许多麻烦。要是赶上暴风雨或暴风雪的天气，放牧的牲畜更是顺风而去，不听从放牧人的指挥。如果此时，没有"套马杆"的强有力协助，可能会出现牲畜四处逃散的极其困难的局面。每当遇到类似的自然灾害，以及突如其来的非常时机，鄂温克族牧民就会立马将"套马杆"皮绳下部拴扣解开，把"套马杆"变成长杆皮鞭，强有力地挥动皮鞭强行将牲畜拢到一起，尽量赶到避风处或相对安全地带，躲避眼前的暴风雨或暴风雪，等面临的自然灾害过去后才将牲畜安全赶回牧场。所以，鄂温克族牧民常说"手里有了'套马杆'，天塌下来也不怕，手里没了'套马杆'，有天大本事也白搭"。由此可见，"套马杆"这一劳动工具，在鄂温克族草原牧区的牧民生产活动中占有的重要地位，以及在他们的生产活动中发挥的重要作用。在这里，还应该提出的是，随着鄂温克族牧民牧养的牲畜头数的不断增多，他们在畜牧业生产中使用的"套马杆"的木料，也从单一的柳树条，发展成为桦木"套马杆"、松木"套马杆"、臭李子树"套马杆"等，"套马杆"的长度也从原来的5米发展为7—8米。对此，有经验的鄂温克族老牧人解释说，"套马杆"越长越结实，它的使用功能就越好，对于牲畜的控制能力越强，发挥的作用就越理想。不过，在山林中自然牧养驯鹿的鄂温克族牧民，不使用"套马杆"，而是使用"套绳"。他们牧养驯鹿的山林牧场，不适合于使用长杆"套马杆"，更适应于使用"套绳"，制作"套绳"的方法很简单，就是用8米左右的皮绳子或其他绳索，在套驯鹿的一头弄出一个活口，把绳索的另一头从这个活口放进去，拿在手里等抓驯鹿时就将"套绳"投向要抓的驯鹿头上，套住驯鹿头或驯鹿的鹿角。不过，在实际生活中，牧养驯鹿的鄂温克族牧民很少使用"套绳"这一生产用具。因为，驯鹿的性格都比较温顺，同牧养者之间的感情也比较深。所以，牧养人靠近它们，去抓驯鹿时，很少出现跑开等现象。

（2）叫 emgeel "俄莫格勒"的劳动工具，也是鄂温克族在牧养牲畜时，不可缺少的生产工具之一。在鄂温克语里，该名词的早期说法应该是 nemegel，是在动词词根 neme-"披上""盖上""罩上""搭上"后面，接缀由动词派生名词的构词词缀 -gel 而成为名词。不过，nemegel 一词在具体的使用过程中，却出现 nemegel/nemigel/nemgel/emgel/emgeel 等变化。该名词的原始词义，应为"搭上去的东西"，也就是指"牲畜背上搭上去的东西"。后来，用汉语译写成"鞍子"。鄂温克族牧民有关"鞍子"的制作手段，同蒙古族等草原民族做"鞍子"的方法基本一致，没有太大的区别性特点。再说，对此方面有很多相当细致而全面的说明和解释，所以在此就不展开更多讨论了。不过，对于这种畜牧业生产中经常使用的用具，草原牧区的鄂温克族牧民叫"马鞍子"，牧养驯鹿的鄂温克族牧民则叫"驯鹿鞍子"（见图 5-22）。

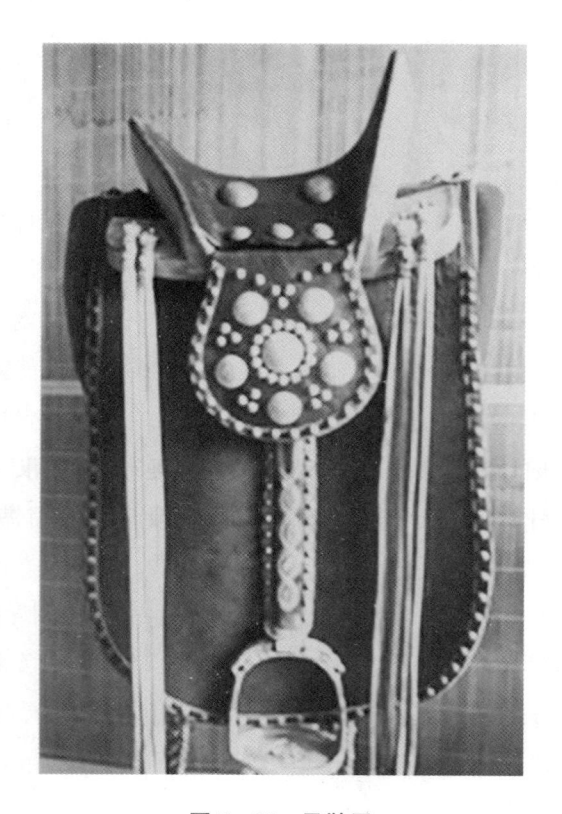

图 5-22　马鞍子

（3）叫 tebuki"特布吉"的生产用具，指的是鄂温克族传统意义上的"杀羊架子"。主要是屠宰羊的时候使用。该劳动工具基本上用桦树杆或柳树杆制作而成。首先在住处附近的空地上立起间隔1米、直径约12厘米、高2米的两根桦树木桩。然后，在两根桦树木桩的上端用皮绳紧紧捆绑一根横梁，同时在横梁中段竖着捆绑一根长约0.5米的带钩的木棍。这些工作结束后，还要搭建一个三角形木架，并将其放在两根桦树木桩子的中央。到了屠宰羊的时候，先把已经断气了的羊的头挂在上端棍子的木钩上，再把整个羊搭在三角木架上进行分割。这种屠宰羊的用具，主要使用于草原牧区牧养羊群的牧民。不过，现在基本上不使用了。

（4）叫 tabkur/takkur"塔库尔"的生产用具，说的就是鄂温克族牧民熟皮时普遍使用的"钝齿木铡刀"（见图5-23）。用松木制作而成，上下均有又厚又钝的木齿，远看近看都形似铡刀。用其熟皮子的时候，需要两名妇女来具体操作，一人要把准备熟的皮子卷成卷，放在"钝齿木铡刀"里，另一人要用力向下压铡卷起来的皮子。然而，每当把卷起来的皮子用"钝齿木铡刀"压铡一次，就要将卷着的皮子挪动或翻动一次，就这样两个人默契地配合劳动一个多小时，然后看看皮子被铡熟的软度。如果软度不够，休息一会儿还要继续，且弄到皮子完全变软为止。与此相关，鄂温克族牧民在畜牧业生产活动中，还使用一种叫 kedur"克都尔"的熟皮工具。用汉语叫"木制刮刀"或称"木制钝齿刮刀"等。该熟皮工具几乎也都用桦木或松木制作，但更多的时候使用松木木料，因为松木比桦木要硬实耐用，桦木显得比较软，使用年限要比松木短。不过，鄂温克族妇女认为，用桦木木料制成的"克都尔"熟皮，熟出的皮子质量要好，这或许可能同桦树本身具有的柔软度有关。鄂温克族妇女使用的"克都尔"约长40厘米、宽8厘米、厚1.5厘米，同时将刮皮子的一侧加工成钝齿状，两端还有用手紧握的把手。熟皮时，她们会有耐心、有节奏、有规律、有力度地一步步、一次次，从里向外，又从外到里反反复复地刮蹭，直到刮掉皮层内的油脂和脏污，刮蹭到强化皮层的软度柔性为止。

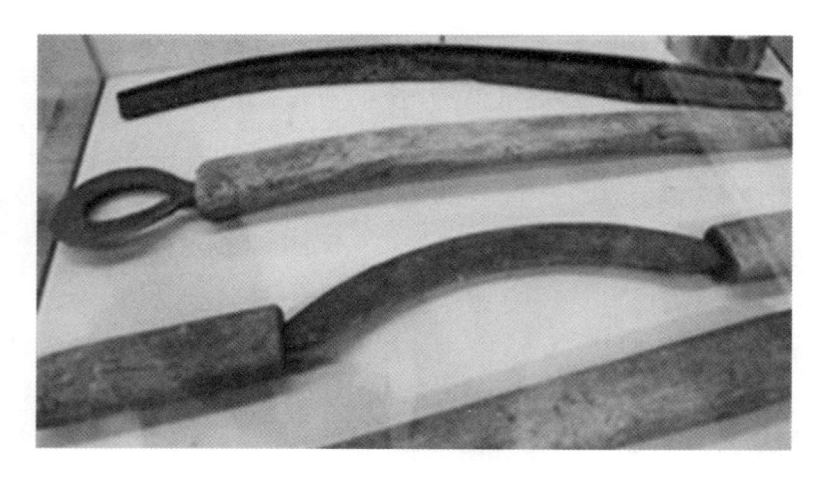

图 5－23　早期熟皮工具

（5）叫 korigan"库日干"的生产用具，表示"畜圈"之意，是指用柳树条或木板等做的圈牛、马、羊及驯鹿的牧业基础设施。其中，就包括用柳树条搭建的"牛圈"和"羊圈"（见图 5－24）。该名词是在动词词根 kori-"圈起来"后面接缀由动词派生名词的构词词缀 -gan 而构成。Korigan 的实际意思是"圈东西的地方"，指的也就是人们所说的"圈子""院子"，在这里主要表示"畜圈"之意。制作该"畜圈"的时候，首先根据已设计好的圈子的大小规模，约留一尺间隔就在地上埋一根直径为 8 厘米左右、高约 2 米的柳树木桩子，然后在木桩子上用刚刚砍下来的柳树条编制"牛圈"和"羊圈"。编制出来的圈子有圆形结构的，也有方形结构的，但绝大多数是属于圆形结构，圈子的大小规模，取决于牲畜头数多少，牲畜头数少圈子就会小，牲畜头数多圈子就会大。这种用柳树条编制而成的"畜圈"，都有 2—4 米的同样用柳树条编制的门，圈牲畜少的小圈使用单开式 2 米宽的门，圈牲畜多的大圈则使用 4 米宽的双开式向两面开的门。用柳树条编制的"牛圈"或"羊圈"，不论是草原牧区的鄂温克族牧民，还是农区的鄂温克族农民等，在生产活动中均会使用。而且无一例外地用于固定性住地，在游牧点一般不使用。另外，还有圈十几只羊或几头小牛犊的，用八根柳树木桩子和柳树条编制的，直径为 3—4 米的很小的"畜圈"，用于圈养近期将宰杀的头数很少

第五章　鄂温克族生活与生产用品文化　241

图 5-24　柳树木杆"牛圈"

的羊或圈奶牛的小牛犊。事实上，在牧区或农区鄂温克人常住地的生产活动中，有相当高的使用率。所以，几乎家家户户都有这种小巧玲珑的柳树条小圈子。那么，鄂温克族牧民的常住地，也有一种用直径为 8 厘米的柳树木棍搭建的、高 2 米的"牛圈"。搭建这种"牛圈"，先将直径为 16—18 厘米、高 2 米的桦树木桩子每间隔 3 米埋入地里固定住，桦树木桩子使用的多少也是根据"牛圈"的大小来定。等将桦树木桩子都立好后，在桦树木桩子的上下留一尺左右的空间，然后每隔 2 尺的间隔横着放一根直径有 12 厘米的桦树或柳树杆，且要横着放 3 根桦树或柳树杆。这些工序结束后，就可以在 3 根横杆上，用直径为 8 厘米的柳树木棍，编制 2 米高的"牛圈"。这种用柳树木棍编制而成的"牛圈"，基本上属于长方形结构，其长度有 50 米、宽度为 30 米。不过，也有 80 米长、50 米宽的此类结构的大"牛圈"，但比较少。再说了，用柳树木棍编制的"牛圈"，要用于牧区鄂温克族牧民的冬营地。然而，与这些"牛圈"和"羊圈"不同的是，一年四季在辽阔的牧场上游牧的鄂温克族牧民，在游牧点使用的是一种具有活动性、灵活性、临时性，由木板制作而成的"羊圈"。制作这种木板"羊圈"比较费工，先将处理好的直径 18—20 厘米、长度为 3 米的桦树，用大斧子劈成厚度为 3—4 厘米的木板状的木料，再用木工小斧子粗线条地修一修厚薄后，就可以一个挨一个地用木钉死死地钉在作为立柱用的木板上，为了保证其使用质量和不散架子，在钉木钉的同时还要使用桦树油脂或松树油脂熬制的粘贴剂。桦树木板"羊圈"的木板立柱的上下12—15厘米的空间，主要用于搭建羊圈时用皮绳紧紧拴住两个木板的相接处，起到结实有效的固定作用。桦树木板"羊圈"几乎都呈圆形，高度也只有1米左右，向阳处有一个没有捆绑死的桦树木板，它的上部露出来的立柱头和下部接触地面的立柱腿被皮绳临时性捆绑上，把羊群圈入其中时将拴着的皮绳解开并向外拉开桦树木板让羊群进去，羊群都进入圈里后把作为桦树木板"羊圈"的门关好再次用皮绳拴上。圈址要选在游牧点附近的西侧或西南侧。鄂温克族牧民告诉我们，桦树木板"羊圈"主要用于游牧生产，是属于临时性的"羊圈"，每当游牧点搬迁时就会将桦树木板"羊圈"全部拆开，放在牛车上带走，到了新的一个牧场搭建完游牧包就会抓紧时间弄桦树木板"羊圈"。这种情况下，桦树木板"羊圈"几乎是一周或半个月的时间里要搭建一次，并可使用于冬夏春秋一年四季的不同牧场。也就是说，桦树木板"羊圈"，作为牧区鄂温克族牧民的室外生产用具之一，为他们的畜牧业生产活动发挥着应有的作用。很有意思的是，鄂温克族春夏秋使用的"畜圈"外面，都还放置一个驱赶蚊虫的约有40厘米高的木架子。用他们的话说，这也是属于一种生产用具。它是用4根直径约有7厘米的桦树木杆或松树木杆的交叉形式搭建而成。在木架子的木杆交叉处，要用皮绳紧紧地捆绑好，使其能够保持很强的稳固性和稳定性。该木架子上，要放一个直径约有60厘米、高度为20厘米左右的敞口木盆。以防被火烧坏，木盆内侧还抹一层泥巴和放入一些土或沙子。把装有土或沙子的木盆放在交叉形成的木架子上，每当牧养的牲畜回来进圈后，牧人就会在木盆里放好各种熏蚊虫的草并点燃，这使熏蚊虫的草冒出浓烟来驱赶牲畜身上或身边的蚊虫，使牲畜得到充分的休息和养膘。

（6）叫chooran"绰冉"的生产用具，在山林深处的牧场上，经营自然牧养驯鹿产业的鄂温克族牧民，在驯鹿脖子上挂的一种用金属制作而成的铃铛，当驯鹿在深山老林的牧场上觅食时，挂在其脖子上的铃铛就会不断发出响声，牧养驯鹿的鄂温克族牧民就会知道每一头驯鹿所在的位置。如果驯鹿脖子上不挂铃铛，一些驯鹿在山林里觅食走来走去就会走丢，在深山老林里也不知驯鹿的去向，根本没有办法找回走失的驯鹿。甚至，有的时候，几头驯鹿或是一群驯鹿，就那么消失在茂密的树林里。结果，有的驯鹿被狼、熊或老虎吃掉，有的自然回归野生鹿群而变成野鹿。毫无疑问，所有这些给牧养驯鹿的鄂温克族牧民带来不同程度的经济损失。也就是为了防范驯鹿丢失或跑掉，牧养驯鹿的鄂温克族牧民，专门用金属材料制作许多铃铛，分别挂在驯鹿的脖子上。但是，不可能给每一头驯鹿的脖子上都挂上铃铛，他们是选择性地给驯鹿挂铃铛。一般情况下，给那些带头走的雄性驯鹿、经常走驯鹿群末尾的驯鹿、容易跑掉的驯鹿、调皮捣蛋到处乱跑乱窜的驯鹿、怀孕的驯鹿、哺乳期的驯鹿、有病身体欠佳的驯鹿、不愿意同驯鹿群走而喜欢单独活动的驯鹿等的脖子上挂上铃铛。这样无论它们跑到哪里都会被找回来。从铃铛的这一使用价值上来讲，对于山林间自然牧养驯鹿的鄂温克族牧民的游牧生活发挥着相当重要的作用。另外，在草原牧区从事畜牧业生产的鄂温克族牧民，在小牛犊、小骆驼的脖子上也会挂上金属铃铛，也是为了防范它们到处乱跑而跑丢。而且，他们都用铜或铁制作成高5厘米、下面直径为4—5厘米、内有铃舌的铃铛。挂在牲畜脖子上的铃铛，不论牲畜走到哪里或跑到哪里，都会发出"叮当叮当……"的清脆铃声，进而给寂寞的山林草原游牧生活，无意间增添了几分来自他们生产活动本身的美妙乐音，以及美好的生活感受。

众所周知，对于鄂温克族来讲，一直到中华人民共和国成立初期，甚至我国实施改革开放之前，不论从事畜牧业生产，还是经营农业生产，他们都将狩猎这一附属性生产活动看得相当重要。这种心理因素，或许和他们先民从事的狩猎生产有必然联系。后来，他们虽然把产业活动的中心，从狩猎和渔业生产转为山林中自然牧养驯鹿的产业，以及草原牧区牧养五畜的畜牧业产业，乃至将产业的重心转为东北黑土地上的农业生产，但始终没有能够完全脱离狩猎这一生产活动，一直将狩猎业作为附属性产业来运作。自从改革开放之后，作为附属性产业的狩猎业才逐渐被淡化，鄂温克族把更多的精力和时间用在有稳定性、可靠性、持续性、可观性和现实性经济效益的畜牧业生产，以及农业生产方面。特别是，我国颁布禁猎令，以及出台一系列的野生动物保护政策法规之后，鄂温克族基本上放弃了狩猎这一附属性产业。尽管如此，在他们的日常生活中，还是保留有不少与狩猎生产密切相关的生产用具和用品。由于在前面的相关章节里，也讲过与鄂温克族早期狩猎生产相关的一些劳动工具，像狩猎用的滑雪板、桦树皮船等都做过十分详细的介绍。所以，在下面我们侧重于前面的讨论中没有涉及的、属于该民族早期的狩猎生产活动中代表性的一些生产用具。其中就有：

（1）叫 pichanku"皮呛库"的生产用具是鄂温克族先民在经营狩猎生产的远古时代普遍使用的劳动手段。显而易见，该名词是在动词词根 picha-"尖叫""喊叫"后面，接缀由动词派生名词的构词词缀 -nku 而构成。鄂温克族先民可以用 pichanku"皮呛库"模仿鹿叫声，发出活灵活现而十分逼真的各种鹿叫声。正因为如此，鄂温克族先民把 pichanku"皮呛库"说成"鹿哨"（见图 5-25）。从鄂温克族先民使用的"鹿哨"结构特征来看，该狩猎用具的制作方法也不是很简单。他们制作"鹿哨"时，一般用松树或桦树木料，其形体结构特别像牛角，发出声音的一端要粗而圆，用嘴吹的一端要细又扁，长度约有 70 厘米。不过，也有头部形状属于圆形、尾部形状是椭圆形或三角形结构的"鹿哨"。他们为了制作方便，往往去找结构形状有所弯曲、上下端粗细较为分明的松树或桦树木料。然后，将弯曲的木料在用刀子削皮加工的基础上，在其中间弄出一道通气孔，并用事先准备的鱼皮胶黏合好，进而制成一个头部粗、尾部细的"鹿哨"。另外，他们怕"鹿哨"走样或出现裂缝、裂口，在其两端和中间部位用皮条紧紧拴住。同时，为了携带方便，给"鹿哨"安上皮背带，平时不用的时候，就把皮背带挂在屋里，或出门狩猎时背在身上。很有意思的是，也有人制作头部细、尾部粗、呈喇叭状的"鹿哨"。对此他们解释说，"鹿哨"没有太明确的头尾之分，因为它的两头都可以吹出不同动物的叫声。用嘴吹细头时，会吹出公鹿的声音；用嘴吹粗头时，就会出现母鹿叫声。他们说，每年的 9 月是山林野生动物的发情期，到了这个季节公鹿会变得焦躁不安，公鹿和母鹿互相发出"嗷嗷"的

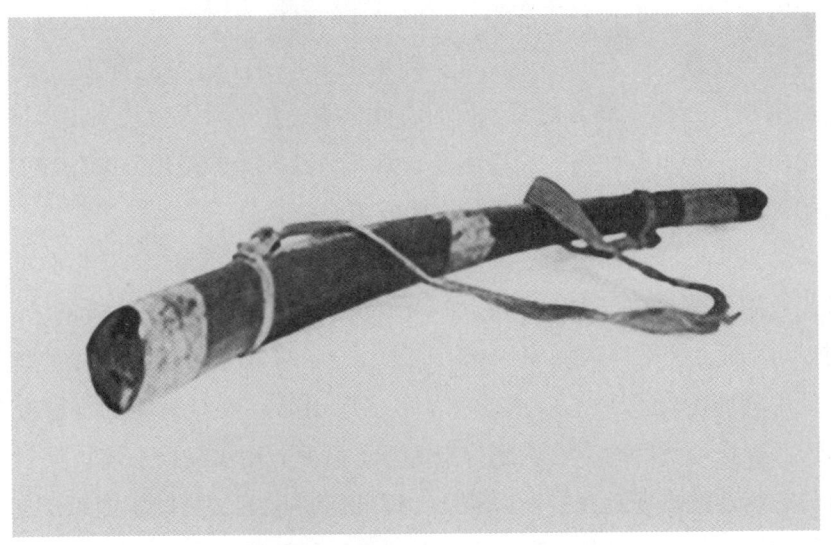

图 5-25 驼鹿哨和鹿哨

鸣叫声来寻找配偶，还会不顾一切地相互追逐奔跑。就在此时，隐蔽于林间逆风处的鄂温克族猎民，用"鹿哨"模拟公鹿的叫声，十分逼真地发出鹿鸣的"嗷嗷"的叫声，由此吸引野生鹿向吹"鹿哨"的猎人接近，此时埋伏着的猎人就会用箭或猎枪猎获它们。这就是说，"鹿哨"很大程度上提高了狩猎生产的效率。换言之，"鹿哨"作为鄂温克人早期狩猎生产中广泛使用的一种狩猎工具，在他们的狩猎生产中发挥过很大作用。另外，鄂温克人使用的质朴无华而经济实用的"鹿哨"是他们的先民在早期狩猎生产实践中，用共同的智慧创造的弥足珍贵的劳动用具。"鹿哨"不仅能够模拟鹿和驼鹿的各种叫声，还可以通过口形的变化和气流的有效控制，模拟出像狍子、黄羊等许多野生动物的声音，乃至它们在不同季节的各种叫声等。我们认为，"鹿哨"不只是鄂温克族先民早期狩猎生产中使用的重要工具，同时也是一个重要的文化符号及文化现象，具有特定而特殊的远古文化意味。也就是说，"鹿哨"充分体现出，鄂温克族先民对于狩猎对象的生活习性、活动场所、发情季节、情感交流、声音内涵的深刻认识和准确把握，以及他们对于狩猎经验、狩猎知识、狩猎技能、狩猎用具的高度有效的组合能力及综合运用的素养与智慧。现在的鄂温克族，似乎完全离开了远古的狩猎生产活动，这使"鹿哨"逐渐发展为他们远古的一种乐器，在舞台上用其模拟不同野生动物的声音，发出各种各样形象逼真、活灵活现、美妙绝伦的动物声音，给人们的生活不断奉献着远古文化与文明的美好享受。

（2）叫 kalabtin "给勒波亭"的生产用具是鄂温克族早期自然牧养驯鹿的时代使用的驯鹿鞍子的一种附件。该词显然是由动词词根 kala- "防备""防护"后面，接缀构词词缀 -btin 而派生的名词，应该表示"防护物"之意。是用马鹿的腿骨加工而成的"V"字形用品。牧养驯鹿的鄂温克族牧民，用驯鹿搬运货物时，在驯鹿背上的鞍子后面，用皮绳拴上该"防护物"，并将与它相连的皮绳垂在驯鹿后腿上，以此防护搬运货物的驯鹿鞍子向前移动。他们还喜欢在其"V"字形用品上雕刻云彩等花纹。

（3）叫 lungu "龙古"的生产用具，也是鄂温克族先民捕狼的一种极其简单的早期狩猎工具。用汉语可以译成"夹狼腿木夹子"，简称为"狼腿木夹"（见图 5-26）。那么，他们制作"狼腿木夹"的时候：一是，用斧子加工一根长 2—2.2 米、直径 20—25 厘米的松树木料；二是，同样用斧子从木料的底端开始往上慢慢砍出一根长条圆锥形；三是，在尖端部位用斧子弄出"V"形结构的，一高一低的两个彼此分开的尖端，而且，该分开的岔口越往下越窄，最窄处的两边还要用斧子削出刀刃般的三角，主要是为了夹住狼腿后狼不敢使劲动，越动被夹着的腿越疼；四是，选择狼经常来回走动的通道，并在相对有坡度的地方，将制作完成的"狼腿木夹"的底部十分牢靠地埋入土里，至少达到狼不论怎么折腾，埋入土里的"狼腿木夹"绝不会松动的程度；五是，从"狼腿木夹"上端的高底两个尖头中选择高出一点的尖头，在其上面插上新鲜驯鹿肉或其他动物肉。有的人还会在上面插上烧烤好的驯鹿肉等，这样发出的肉味会更香、更美、更远，由此更会引诱或吸引狼。弄到这种地步，就算把一根立柱似的"狼腿木夹"加工完成了。到时候，嗅觉系统极度灵敏的狼，从很远处就会嗅到肉的香味，它会拼命地跑过来迫不及待地想用前腿拿下"狼腿木夹"顶端的肉，结果一不小心前腿就会被夹入岔口，成为猎人的猎获物。根据我们的调研，这种极为早期的捕狼工具，早已消失得无影无踪了，只留在了老年人的记忆中。

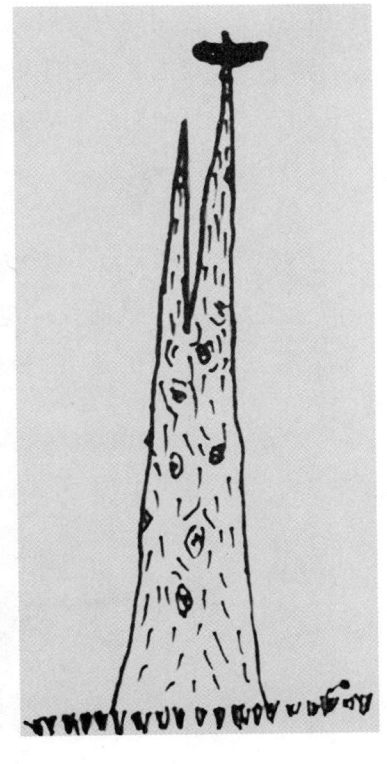

图 5-26 狼腿木夹

（4）叫 garpa"嘎热帕"的生产用具是鄂温克族先民在早期狩猎生产活动中，使用率最高、发挥作用最大的一种狩猎用具。用汉语翻译为"筋弓"，更准确地讲应该是"驼鹿筋弓"或"犴筋弓"。这样说的原因是，叫 garpa"嘎热帕"的弓，不只是要用黑桦树、柳树或榆树木料做弓身，更为重要的是用驼鹿的筋制作弓弦。他们说，用驼鹿的筋制作的弓弦，不只是结实耐用及不易松动，主要在于弹性强和有力度。所以，用"驼鹿筋弓"发出去的箭，速度快、风的阻力小、命中率高。不过，也有人用鹿筋做弓弦。但是，在他们看来，鹿筋弓的实际效益没有"驼鹿筋弓"好。毋庸置疑，"驼鹿筋弓"在鄂温克族早期狩猎生产活动中，属于最受欢迎的狩猎用具之一。据说，那时的狩猎生产者，几乎人人都有一副"驼鹿筋弓"。由此可以看出，该弓在他们的早期狩猎活动中广泛使用的程度，以及在他们的狩猎生产中占有不可忽视的重要地位。在当时，"驼鹿筋弓"

使用的技巧、使用能力的强弱、发挥作用的好坏，都成为衡量和评价一位男士、猎手、英雄的主要条件和标准，进而成为鄂温克族早期英雄的一种象征物和标志，也是他们送给亲朋好友的重要礼物之一，当然也属女士们送给恋人的最好礼物之一。

（5）叫 alanga"阿琅嘎"的生产用具，同样是鄂温克先民在早期狩猎生产活动中，常用的狩猎用具之一。用汉语，一般叫"地箭"，也有说"地上暗箭"或"暗箭"的时候（见图 5-27）。鄂温克族早期使用的狩猎用具"地箭"，基本上由弓身、弓弦、箭头、箭身、箭尾及木架子等组合而成。其

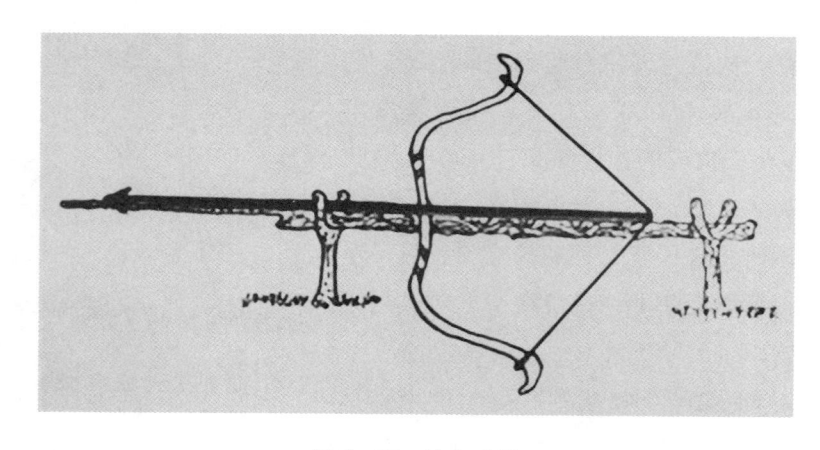

图 5-27　地上暗箭

中，弓身也是用黑桦树、柳树或榆树等加工而成的木料制作。不过，使用较多的是黑桦树木料。在他们看来，黑桦树木料的弹性、耐力、拉力都比柳树和榆树木料要强，由此发挥的作用也比较理想；弓弦几乎都用驼鹿筋、鹿筋以及鹿皮等加工而成。然而，比较而言，还是由驼鹿筋做的弓弦，比鹿筋或鹿皮制成的弓弦受欢迎；箭头要由野生动物或驯鹿、牛马等的骨头制成。但是，后来也出现了由金属制成的箭头；箭身要用松木制作，特别是像樟子松或红松等是他们加工箭身的首选木料；箭尾是指，在箭的尾端，要加工两排对称而十分整齐的，保持和发挥平衡作用的短小羽毛；"地箭"还有一个附属性使用工具，那就是我们刚才说的"木架子"，它是由上有分叉，高25—

30厘米的两根木料，以及将两根带叉的木料紧紧地用皮绳连接起来的横木杆等构成。不过，需要说明的是，在横木杆上面的尾端还有一个能够上下活动的一个小木卡。从事狩猎生产的时候，首先将木架子结结实实地埋在野生动物经常活动的场所，再把"地箭"用皮绳稳稳当当地拴在木架子上，然后拉开"地箭"将弓弦卡在横木木卡上。与此同时，把木卡往下拉来的拉绳拴在"地箭"对面的树木上，当野生动物从前面走过去时触碰拉线，拉线又将横木上的木卡往下拉下来，使木架上的弓弦被放开，"地箭"瞬间射出箭，从而猎获各种猎物。鄂温克族老人还对我们说，早年在某一个特定的猎场上，把猎物来回走的一些路用木栏杆堵住，就留一条猎物走的通道，在通道口旁边安放很多"地箭"。由此，他们会一次性获取相当丰厚的猎物。根据调研资料，"地箭"的射程，一般在30—40米，但似乎也有射程达到50米左右的"地箭"。据他们讲，在遥远的过去，以狩猎生产为主的年代，"地箭"也是一个比较受欢迎的狩猎用具。不过，在使用过程中，也会出现误伤猎人的事件。所以，他们使用该狩猎用具时十分小心，尽量避开人们来回走的路，以及经常活动的场所等。现在，他们的先民在历史上使用的"地箭"，很难见到了。也就是说，这种古老的狩猎生产工具已经完全消失，没有人使用了。

（6）叫 arkin "阿尔金" 或 arkiyen "阿尔克英" 的生产用具，似乎是属于鄂温克人从事狩猎生产的早期劳动中，最早使用的最为简单、最为基本的生产手段之一。也就是人们常说的"扎枪"、"长矛"或"矛枪"（见图5－28）。该名词是在鄂温克语动词词根 arki- "扎""刺"后面，接缀由动词派生名词的构词词缀 -n 或 -yen 而构成。其实，鄂温克人早期制作"扎枪"的方法也很简单。首先挑选直径为6厘米左右、长1.5米的，几乎没有什么枝杈而笔直的桦树杆或柳树干，去掉所有外皮并用温火烤干。然后，在其头部，用皮绳紧紧地捆绑好用野生动物腿骨或肋骨制成的锋利尖头。不过，用动物骨头加工出来的锋利尖头，在结构类型上有长条圆锥形结构，也有长条扁形结构，还有长条三角形结构等类型的骨制锋利尖头。这些骨制锋利尖头基本上有12—14厘米长，包括被捆绑在"扎枪"木杆的部分，骨制锋利尖头的整个长度可达到 20 厘米左右。在当时,"扎枪"这一狩猎用具,主要用于动作或反应比较慢的,大型野生动物的捕猎生产活动中。比如说,狩猎驼鹿、黑熊等大型野生动物时,他们就会使用自制"扎枪"。后来,也有了用铁制作的"扎枪"尖头。毫无疑问,在那远古时期,对于鄂温克族先民经营的狩猎生产活动中"扎枪"也发挥过一定的积极作用。然而,随着鄂温克人使用猎枪等先进的狩猎用具,"扎枪"也完成它的历史使命,退出了鄂温克人的狩猎生产生活。

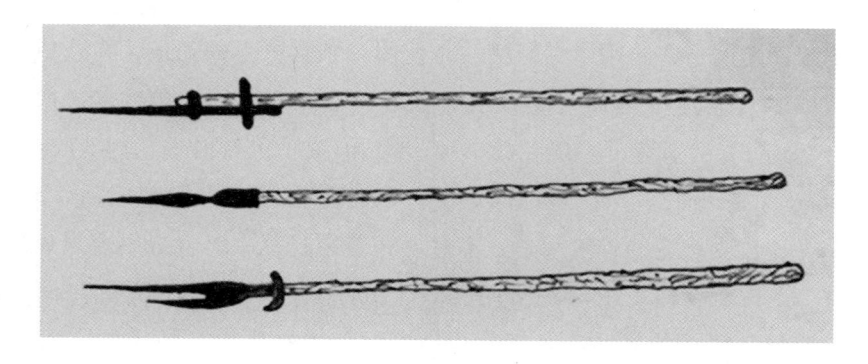

图 5-28 鄂温克族早期使用的骨制、铁制"扎枪"

(7)叫 tugan"图甘"的生产用具是鄂温克族先民开始使用火药和枪支弹药以后出现的铸造铅弹的模型。伴随社会的进步,以及鄂温克族生产生活环境和条件的不断改善,他们的生产形式、生产内容、生产方式、生产手段、生产关系的不断变化和发展,使他们的先民在狩猎生产活动中广泛使用的"弓箭""扎枪"等用具逐渐被淘汰,取而代之的是"猎枪"等先进的狩猎用具。而且,鄂温克族先民很快就掌握了炼铁、打铁,以及制作枪筒和枪的其他部件等的技术和手段。那么,在这里说的"图甘"也是属于其中的一个内容。我们认为,这里所说的 tugan 似乎跟鄂温克语里表示"火"之意的 tuga/tog 有同源关系。因为,tugan"图甘"一词也是指制作铅弹的用具,同"火药"有其必然的内在联系。根据我们掌握的资料,鄂温克族先民是用加工好的驼鹿腿骨制作铸造铅弹的弹模。其弹模的基本结构为梯形,长 5 厘米,上宽为 3—5 厘米,下宽是 7—5 厘米，厚度 1.3 厘米。而且，上部有 5 个铸造铅弹的不同规格的圆柱。用他们的话说，铸造铅弹的技术和程序并不复杂，先是用木火将铅熔化，然后注入造铅弹的驼鹿骨弹模里。最后，还要进行冷却处理。与此相关，鄂温克人在早期还使用过叫 tuluk "图鲁克"的生产用具，主要是用于狩猎生产活动。同时，也用于保护在山林中牧养的驯鹿，以及在草原牧场上牧养的牛马羊的安全，使它们不受狼、老虎、黑熊等的侵害。叫"图鲁克"的枪用的子弹弹头是用铅铸造的，使用时把铅弹头连同火药放入枪筒内，开枪时装置在枪膛后部右侧的燧石机打火点燃火药，使铅弹头从枪筒射出。早期的鄂温克人使用 tugan "图甘"及 tuluk "图鲁克"等生产用具之后，对于他们的狩猎生产，以及保护牧养的驯鹿和牛马羊带来了一定好处，产生了一定积极效益和影响。不过，后来又逐渐被俄式 bieladanka "别拉弹克步枪""连珠枪"以及"九九式步枪"和"三八式步枪"等取而代之。

在农区生活的鄂温克族农民，在漫长的农业生产实践中，制作出了不少适合温寒带黑土地农业生产的劳动用具。不过，他们早期使用的农业用具之材料来源、结构特征、加工技巧、制作工程、使用原理、作用和功能等，与同样在温寒带黑土地从事农业生产的汉族或达斡尔族等民族使用的生产用

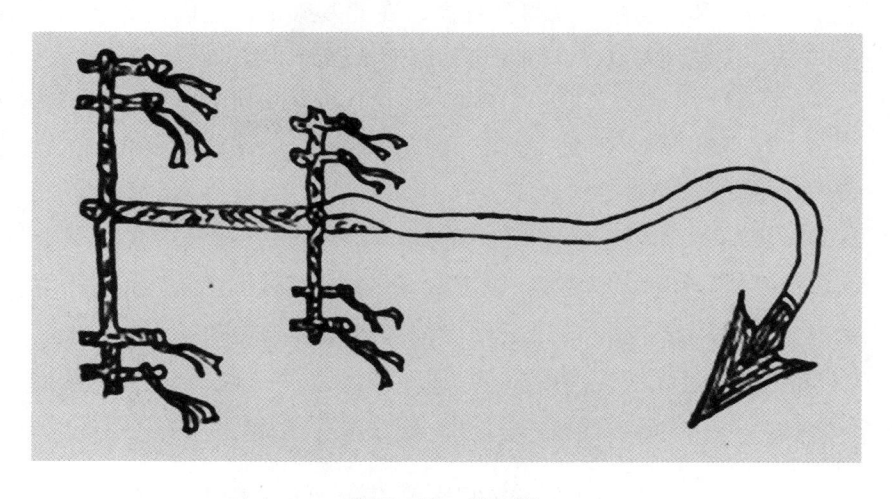

图 5-29　铁木犁

具基本相同，几乎没有更多的区别性特征。比如说，鄂温克族农民使用的耕作农具"铁木犁"同样由犁辕木耙子、挡土、木铣、木叉子、连枷等结构组成，割收粮食的"钐刀"也是由铁制刀头和木制刀把制成，加工谷物的器具"木杵臼"也是由桦木杵和臼组成。此类的农业生产用具有很多，且大同小异，没有太大的区别或者说几乎没有什么区别特征，所以在这里就不进行更多的讨论了。然而，应该提出的是，鄂温克族农民早期在农业生产中使用的那些古朴、简单、笨重、传统的用具，几乎全部被现代化、机械化、自动化的农业生产用具替代，甚至用上了科学化和电子化的高科技农业生产用具，使他们不断从繁重而传统的农业生产中把自己解放出来，使他们的社会生产力发展水平不断得到提升。

总而言之，鄂温克人在早期生产生活中使用的那些古朴、简单、笨重、传统的用具，几乎全部被现代化、机械化、自动化的生产生活用具取代。甚至是，在他们的日常生产生活中，用上了科学化和电子化的高科技用具，使他们不断从繁重而传统的劳动中一步步解放出来。毫无疑问，所有这些使他们的社会生产力发展水平不断得到提升。尤其是，他们对于生活的幸福感、美好感、获得感和满意感不断得到提高。在此基础上，他们用智慧的头脑、辛勤的劳动、无私的奉献，共同建设着更加美好的未来。

附录一

鄂温克族传统风俗习惯

一　草原鄂温克饮食习俗

我在鄂温克自治旗南屯镇住了两天，第三天，根据旗政府的安排乘北京吉普车开始了对鄂温克草原的长途旅行。所到之处，受到了好客而热情的鄂温克牧民们的富有草原风格的款待和尊贵又独到的礼遇。

鄂温克族是一个具有悠久历史而文明素质很高的民族。他们在漫长的游牧生活以及跟大自然共命运同存在的历史中，自然而然地创造了适合于他们的自然环境和生存条件以及精神世界的特殊文化。这些文化的外壳和内核中均渗透着来自人善之本性的内涵，以及在此基础上发出的一道道足以让世人倾慕而赞叹的五颜六色的光彩。使你感到亲切、新奇、醉心和难以忘怀。

就说他们对远方来客的热情和豪爽吧，只要你跟他们谈上两句，鄂温克人就一定让你到家里喝上一碗洁白而喷香的奶茶。就这样我被邀请到在伊敏河畔扎营放牧的老阿米康（大爷）的游牧包里。托娅向我介绍说，游牧包是半圆形包顶，游牧包支架的骨干是用一寸粗细的柳条制作而成的。包顶是用七尺多长的棍子顺列编成的扇形椽子，中间有四根横撑子的圆形天窗，接合处用皮条紧缚，成为伞形架。包的周围交叉编成五尺高、七尺左右的柳条网为内壁，牧民们称它为哈那。游牧包的大小，主要根据人口的多少来定。一般的只有四扇哈那，这样适于游牧，通称四合包。有的大游牧包可达八扇哈那。夏天包顶用四五层的芦苇帘子覆盖，侧壁则用三到四层细柳树条编成的帘子围包,到冬天包顶和侧壁都覆以羊毛毡。游牧包的门基本上都偏向东南,包内一般有三张床。而且每张床的前面还要铺上没有加工过的生硬的牛皮或其他兽皮。平时大家就坐在各自床前的毛皮垫子上吃饭喝茶。包内左侧为家中主要成员的座位和宿处;右侧一般为其他成员的座位和宿处。游牧包的中央设有供炊饮和取暖的铁炉子,烟筒从包顶的天窗伸出去。一个游牧包一般只供一夫一妻及其子女居住,其他人则另住一个包。新婚夫妇要建新包,有的新婚者的包由新娘子的父母陪嫁。家庭经济条件好的或眷属多的,一家有几个游牧包。游牧包构造简便易搬迁,更利于游牧生活,在鄂温克人漫长的游牧生活中,均作为最主要的居室。谈论间,我们迈入了清静、整洁、结构合理的游牧包里。进入包时,我们看见在包内左侧床前的牛皮垫子上盘腿坐着一位白发阿米康,可想而知这是男主人。男主人看见我们进来,马上站起来,向我们一一问好,并十分热情地让我们坐下。我们刚刚坐定,女主人马上给我们每人端上一碗芳香四溢的奶茶,只闻那奶茶的香味就足以让人陶醉。说实话,我还从未喝过这么香的奶茶,奶茶里放入一些奶皮等奶制品,更加美味无比。阿米康望着我们,兴奋地说:"昨天晚上我儿子巴图骑马来告诉我,明天要来一位北京的客人,自古以来,我们鄂温克人就流传这样一句话:'烧旺炉火迎贵客,献上奶茶表心意',在我们鄂温克人看来,有客人来到家里是一件喜事,客人来得越多越是说明我们生活富裕、美好和幸福。我们常说,外来的人不会背走你的房子,只能带走你的心,你热情、真诚款待客人和朋友,就会得到人们的尊敬和安乐的生活环境。所以,不管是远方来的客人,还是近邻朋友,即使一位普普通通而素不相识的过往路人,我们也都要热情地接待他,让他吃好、喝好。人活在世上不能没有朋友,也不能没有善心。"多么宽广、博大的胸怀,多么温暖而又文明的礼节!听着老人的话,我更加理解了一望天际的绿色草原的情感。

我们交谈之间,主妇在长方形的矮桌上摆满了牛奶面包、奶皮子、奶油、牛奶白油(西米坦)、奶酪、自制奶糖等奶制品。不知是我长途旅行渴的缘故,还是由于第一次喝到这么香的奶茶,我不知不觉中一连喝了好几碗。阿米康看我一个北京来的女孩子喝奶茶喝得这么香,还使他感到新鲜、好奇和兴奋呢，便问我："姑娘，你过去喝过奶茶吗？"我说："我喝过，但没有喝过这么香的奶茶。"老阿米康深情地对我说："奶茶是我们鄂温克人生活中不可缺少的主要饮食内容。奶茶在我们这里有草原咖啡的美称。尤其对从事畜牧业生产的鄂温克老人来说。奶茶有着神奇般的作用。若是我们患了一般小病，根本不用吃药，好好喝上一顿奶茶，出一身汗就会好了。要是一天不喝奶茶，我们就会感到浑身无力、神智麻木。所以，我们鄂温克老人常说'一天不吃饭可以，可是不能没有奶茶'。"老阿米康还告诉我奶茶的制作方法。他说，熬茶时首先将白水放入锅内，水稍有温度时把捣碎好的红砖茶叶放入水里，然后加火把水煮开，等到有较浓的茶色，放入适量的食盐，再将茶水全部舀进白色奶茶桶里。同时，用纱布袋将所有的茶叶都滤净。把茶水全部舀出来之后，用锅刷子将锅里剩余的茶叶杂物刷干净，而后往锅里倒入一碗稷子米，把稷子米炒熟后，就把刚才从锅里舀出来过滤好的茶水的1/3倒入锅内，再倒上鲜牛奶，并加火煮开两三分钟。最后将所有剩下的2/3的茶水倒入锅内第二次煮开，这样就可以舀出饮用。由此可见，奶茶的制作方法是非常独到的，而且每一道工序都特别讲究。鄂温克人盛奶茶的用具也是十分别致，一般用白色的圆桶。望着鄂温克人精心熬成的盛在白色奶桶里的奶茶，我真想一饮而尽。

我与阿米康谈论奶茶的时候，女主人把煮好的羊肉端了进来。夏天，草原上的人一般在游牧包的东南侧用柳树条或木板做一个简易的四处通风的厨房，所以，做起饭来又凉快又不影响包内人的谈话。手扒肉是鄂温克人款待客人的佳肴。鄂温克人经常把新鲜羊肉用白开水煮，在煮肉的水中不加任何作料，只加一点盐。当肉煮到七八成熟时就捞出来食用，鄂温克人认为带点血丝的肉不仅有丰富的营养，而且味道鲜美，当一盆手扒肉端到桌上时，屋里飘满诱人的肉香。这时阿米康让刚刚走进包内的儿子巴图给我敬酒。酒是用牛奶酿成的奶酒，酒杯是用白银精制而成的约盛半两酒的杯子。巴图在敬酒前从长袍怀里拿出帽子戴在头上。当我还没弄清为什么戴帽子时，坐在我身边的托娅不知从哪拿来一顶帽子立马也戴在我的头上，并告诉我："主人戴帽子敬酒是对客人的尊敬，客人戴上帽子是对主人的尊敬。如果不戴帽子或头巾的话，人家会认为你不懂礼貌。"我想，城市里有城市里的文明，草原有草原的礼节，但大家都是为了平等相处和相互尊敬。我看着巴图用双手敬在我面前的酒，不知是因为兴奋还是紧张，我的心扑通扑通地跳个没完，脸也一下烧得通红。说实话，这是我平生第一次这么正儿八经地接受一位草原骑士的敬意。当我接下白银酒杯时双手开始颤抖起来，幸亏我把那杯酒不管三七二十一地整个喝进了肚子，否则我那双颤抖的双手非把人家敬上的奶酒全部溅出酒杯不可。奶酒就像一团火似的在我肚子里滚动着、燃烧着。不过，托娅告诉我牛奶酒属于低度酒，酒精度还不到五度，并且有舒筋活血、强身壮骨、解除疲劳等特殊功效。所以，我也鼓起勇气按照鄂温克人的礼节连喝了三杯酒。其实，鄂温克人的酒文化不太长，算起来还不到五十年。过去鄂温克人只是把奶酒作为老年人身体不舒服时专用的饮用品，除此之外，别说35岁以下的青年人，就连50岁左右的中老年人也是不沾嘴的。只是近些年来受到内地文化的冲击以及随着经济的发展和人们对精神生活内涵的不断更新、丰富、提高，酒文化也和许多新的文化一样熏陶了整个草原，以及这个古老民族生活区的所有角落。根据现已约定俗成的习惯，不论你能否喝酒，都要将第一杯喝尽，第二杯稍微喝一点即可，第三杯可原封不动地放在桌子上，但最好是三杯酒全喝。喝完酒主人还献给我一条洁白的哈达。哈达是草原鄂温克人献给客人的尊贵礼物，那条洁白的哈达似乎凝聚着他们的胜似乳汁的洁白心灵，草原骑士给我俩敬完酒后，我们就开始动手吃手扒肉了。

　　吃肉前，老阿米康首先用刀割下一块肉扔到炉火里。我奇怪地问阿米康这是为什么？老阿米康告诉我这是在祭火神。鄂温克人吃手扒肉还有很多讲究。吃肉时主人会给每一位客人和家庭成员分发一块胸脯肉。他们认为，胸脯肉最好吃，同时，胸脯肉也是对客人尊敬的表示。还有肩胛骨肉也必须大家分着吃，屋内所有的人都要吃上一块。老阿米康向我介绍，关于肩胛骨在鄂温克人中有许多说道。鄂温克人常常从刚吃干净的肩胛骨中猜测牛羊繁殖、草场的丰美，以及家庭经济发展、子孙后代的幸福等。

　　主人今天显得格外高兴，话语像奔腾的小溪欢畅地流淌。我望着老人那布满皱纹的脸，心中充满了敬仰。我想那是岁月留给老人的皱痕。它像一本厚厚的历史书，诉说着老人走过的漫长人生。老阿米康还告诉我说："我们鄂温克人崇拜自然界中的天、地、山、火、水等，所以，我们进餐时都要敬火神食物，过江河时敬水神食物，喝酒时也要敬天、敬地、敬祖先，敬酒时把左手的第四指稍微伸进盛酒杯中，再把手指头举起向上弹，把沾在手指上的酒全部弹在空中，这是在祭天神。然后第二次这样做的时候，要向地上弹洒手指头上的酒，这是在祭地神。祭完天神、地神后，还要敬祖先，才能喝杯中的酒。"说完，老阿米康十分认真地给我演示了一番。他是那样的虔诚，似乎在祈祷天地赐予我们更多的幸福与快乐。这时人们兴奋地唱起了祝酒歌："金杯、金杯、斟满酒，双手举过头，炒米奶茶手扒肉，今天喝个够！"这优美的歌声飘荡在那辽阔无边的美丽牧榻上。

　　我也很快地进入了角色，跟他们一起吃手扒肉、奶食品，一起喝酒、喝奶茶，还跟他们一起唱起了草原的歌，跳起了草原舞。

　　鄂温克草原的短暂旅行，使我对鄂温克人的生活有了大概了解。草原上的鄂温克族人经济生活发展很快，生活水平也相当高。牧业是他们主要的生产活动，也是他们的主要经济来源。美丽的草原以及肥壮的牛、羊、马是他们生存的第一需要。千百年来，这种独特的生活环境、生产方式使他们形成风格鲜明的饮食文化，而且一直按照他们自然形成的习惯和规律，向着更加成熟而文明的方向不断地发展和完善。

　　鄂温克族的饮食大致可以分为乳食、肉食、面食三大类，乳食类中包括牛奶茶、牛奶面片、牛奶酪、牛奶豆腐、牛奶黄油、牛奶白油（西米坦）、牛奶面包、酸牛奶、新鲜牛奶、马奶酒等；肉食类主要有手扒肉、烤肉、葱花肉汤、各种灌肠食品、肉粥、炒肉等；面食类主要包括面条、面片、面疙瘩、面包、饼子等。这三种饮食各具特色，各放异彩，堪称草原上的饮食奇葩。

　　奶皮子。乳类中的奶皮子，鄂温克语叫"侬鲁图拉"，是乳制品中最好的一种。在鄂温克草原期间，我亲眼看见了它的制作方法。首先把鲜牛奶放入小锅，以火烧开，然后用勺反复扬，而且要连续扬二三分钟，弄到奶上层呈现细密的泡沫状为止。再把锅放在微火上微开三个小时左右，原来呈现泡沫状的奶皮就凝固成一片，这时将锅移放到阴凉的地方，再过三小时就成为较硬的奶皮子。最后，用刀子沿锅周围把奶皮子与锅切离，取出奶皮子重叠成半圆形晒干。就这样，营养丰富的奶皮子就制成了。喝茶时，若把奶皮子泡到茶里，奶香味更是芳香四溢。

奶油。是乳制品中最宝贵的部分。鄂温克人每天的早餐，均在自制的面包上涂抹上奶油吃。奶油是以鲜牛奶炼制而成的。把鲜牛奶盛到盆内每隔一段时间搅拌一次，就这样约搅拌七个小时，这时约一指厚的奶子精华部分凝结在上层，下层也会有凝成的固体。这时可以用勺子将上面的奶油捞出来食用。他们都说，奶油对于人体能和智慧有着特殊的补充作用。由此我想，每天吃着奶油长大的鄂温克牧人一定具有超人的精力和智慧！

酸奶。是鄂温克人夏季常饮的奶类，具有消暑、解热、助消化等作用。酸奶的做法非常简单。将鲜牛奶盛到专制的木桶内，再加些酸奶菌存放七个小时左右，即自然成为酸奶。吃的时候，往酸奶中加一些白糖，不仅酸甜可口，还有消除内火之功能。

奶干。鄂温克语叫阿尔奇。制作时将酸奶倒进锅里烧开，酸奶分解出液体，把液体取出，锅留下的凝结体，放凉后再用手挤出所含奶水，然后拿到外面用阳光和风晒干就成奶干了。奶干易于存放，一年四季都可吃，尤其是泡到奶茶里，特别好吃。并被他们誉为草原乳酸菌素或胃得乐。

鄂温克族的奶制品非常多，除上述介绍的几种外，还有奶酒、奶酪、奶豆腐等。若不是来到鄂温克草原，我还真难以了解鄂温克族如此丰富的奶食文化，更不会品尝到令人陶醉的奶茶、奶皮子、奶油……

面食。鄂温克族的面食更是让人难以忘怀。面包，鄂温克语叫克力特尔。其味道又酸又香，形状各异。有圆形的，也有长方形的。面包的制作方法是把面粉、酸牛奶和到一起，待发酵后放在烤炉里烘烤。面包烤出后四周焦黄干脆，里面松软可口。每次喝茶时，把面包切成长方形的小块就着吃，其味香美迷人。

馃子。鄂温克语叫卡拉其。做法非常讲究，要用奶油、带糖鲜奶、鸡蛋和面，待发酵后做成各种花样，放在烤炉里烤或者放在油锅里炸。馃子的花样有的像小鸟，有的像草原上的鲜花。它们不仅外观好看，味道也无与伦比。尤其逢年过节时，家家户户都制作成袋装的馃子，每当客人来时就拿出自己精心制成的馃子让客人品尝。在鄂温克草原期间，热情的额尼肯（大娘）曾专门给我做过很拿手的馃子，那味道美极了。我永生难忘草原人的情怀、草原人的馃子。

肉汤面。鄂温克语叫拉布河。这是鄂温克人的家常便饭，他们几乎每天都吃一顿。我不仅喜欢吃鄂温克的肉汤面，而且也学会了制作方法。做肉汤面时，先把牛肉或羊肉切成小块放进水里煮，煮熟后放入手擀面条或挂面。有的时候，放入一些土豆或葱。肉汤的做法简单、省时，而且味道独具特色。

面疙瘩。鄂温克语叫布日都克。制作时，把面用水搅拌成一个个小疙瘩放入煮好的肉汤里，煮那么几分钟就可以食用。既省时，又省力。面疙瘩是牧马人在繁忙季节食用的理想快餐。

油面茶。鄂温克语叫扎特让。做法是，先往锅里倒少许油，待油烧开后，往里撒面粉，然后加入茶，再煮一两分钟即成。如果你想喝咸的就可以根据口味放入一些盐，想喝甜的就往里加一些糖。

油饼。鄂温克人制作的油饼油香四溢、松软可口。制作时，先往锅里倒入油烧开，再把和好的面擀成小圆形，放入锅里，待饼鼓起两面呈焦黄的颜色时，即成。他们还常常在饼中间放入白糖、红糖以及山丁子、臭李子等野果。

丰富、鲜美、制作讲究的鄂温克面食，丰富了鄂温克族饮食文化、并给来到草原的朋友、客人留下了许多美好回忆。

手扒肉。鄂温克族肉食类中最具代表性的民族佳肴。对初次来到鄂温克草原的客人，主人一定要亲自给你宰一只羊，让你吃上新鲜的手扒肉。我第一次吃手扒肉时的芳香感觉，至今回味无穷，不知道是为什么，草原上的手扒肉是那样的鲜嫩、醇香！大概是草原上的水草丰美、清纯、自然、无任何污染的缘故吧！

烤肉。手扒肉好吃，但是烤肉更胜一筹。烤肉，是鄂温克人比较古老的一种食肉方法。现在，每当鄂温克人在野外聚餐时仍然喜欢吃烤肉。有一天傍晚，我们在老阿米康家做客时，阿米康在游牧包外面点燃一堆篝火，举行了一次别有情调的野外篝火晚会。我们围坐在篝火旁，一边唱歌，一边跳舞，同时，还把新鲜羊肉一块一块地穿在干净的柳树枝上，放在篝火上烤。烤熟的羊肉具有一种独特的香味，这馨香的烤肉为那天的晚会增添了许多色彩。那天晚上老阿米康告诉我：各种兽肉均可烤着吃，尤其是各种动物内脏经过烤制后，鲜嫩无比，而且具有滋补身体、明目健肝的功能。

肉干。在老阿米康家的那一天，我还对鄂温克人的肉干有所了解。夏季，鄂温克人要把准备储存的肉切成长条晾晒在外面，晒成肉干储存起来就方便多了。制肉干是鄂温克妇女的拿手活儿。肉干还分有熟肉干和生肉干两种。熟肉干，是把切成细条的肉煮熟后晒制而成的肉干；生肉干，是把生肉切成细条稍加食盐晒成的肉干。鄂温克人每家都有专门晒肉干的架子，架子是用桦木或松木片编制成的。肉干存放期较长，而且还能保持原有的鲜美味道与丰富的营养。用肉干煮面条吃，其味道格外鲜美、诱人。若是把肉干放在火里烤着吃，则松脆可口，又香味四溢。肉干的制作，是鄂温克人千百年来在与大自然的接触和游牧生活中创造出的独特饮食文化之一。

有一天，额尼肯看我对肉干那么感兴趣，她指着正在晒的肉干对我说："我们这里的人要是长途旅行或上山打猎的话，都要带上晒干的肉。要是走的时间很长的话，那么带的肉就很多。有人打猎时要走好几个月，所以他们整只羊甚至将整只牛的肉全部晒成肉干放入皮袋子里带走。这样，他们走多长时间也不会饿肚子。"

额尼肯边跟我聊，边从酸奶桶内给我舀出酸奶，并说："你昨天吃了不少肉吧，你们城里人一下吃了那么多肉，胃口肯定很难受。这碗酸奶可以帮助你的胃把昨天的肉消化掉。"我被额尼肯这一热情、亲切的关怀以及博大超然的母爱深深地感动。草原酸奶除了酸以外没有任何甜味。然而，喝了一碗酸奶后，我由于吃肉过多而上下难受的胃口马上感觉舒服多了。这时，站在我身边的托娅开玩笑地说："还是城里人感觉上来的快，我已喝了两碗酸奶还没有你打嗝打得痛快。怎么样，回北京时带上几瓶我们的草原酸奶，让你的姐妹们也尝一尝，然后搞一次打嗝比赛。依我看，有些城里人别说喝草原的酸奶了，就是用鼻子闻一下也得打上几个嗝的。"托娅的话把我和额尼肯逗得哈哈大笑。我真想回北京时，带回一些草原肉干和酸奶。

我和阿尼肯交谈间，一位手里牵着三匹马，前面还赶着一头乳牛和一头牛犊的骑士出现在我的视线内。阿尼肯听到马蹄声，连头都没抬，一边干手里的活一边跟我说："今天是老头的小侄女结婚的日子，可把他忙坏了。这不，刚挑选完马匹和乳牛回来，因为参加婚礼的人必须骑上最好的马。前面赶着的那头带牛犊的大乳牛和牛犊是给小侄女的结婚礼物。我们这里孩子们结婚时都要送牲畜作礼物。也就是说，按照我们这里的婚俗，男孩结婚的话，要送一匹好马，希望他将来成为一名出色的草原骑士；女孩子结婚的话，要送乳牛，希望她以后勤劳治家、忠诚于生活。有的人家除了送牛、马外，还送许多羊。"说话间，阿米康骑着马来到包前，邀请我们与他同去参加婚礼，我愉快地接受了邀请。

二　草原鄂温克婚礼习俗

能够参加鄂温克人在草原上举行的婚礼，对我来讲是一件难以忘怀的事情。

早晨七点多钟，我们和阿米康一起出发，大约行走了一个小时，到达了婚礼场地。四个游牧包并排，其中一个崭新的游牧包前面早已有人在等候我们。阿米康带着我们与主人一一问候后，走向那座崭新的游牧包。我想，在这么辽阔无边而又人烟稀少的草原上举行婚礼肯定来客很少吧，可是当我们走进游牧包时客人已经坐满。我一打听才知道，新娘家的亲戚在婚礼前两天就陆陆续续地来了。女方家事先已在这搭好的游牧包迎接来客，亲戚们来时除了带来游牧包外还给姑娘带来各种礼物，其中主要有毛皮衣服、长袍、毛毡、皮箱、皮靴子、长围巾等，有的还送一些精制的奶食品、肉食品等。

我们刚进包内不久，几位身着鲜艳服装的姑娘开始忙碌起来。她们在长方形矮桌上摆满了各种奶食品和肉食品，招待参加婚礼的客人。

这时，新娘正由姐妹们化妆打扮，新娘那年轻而充满活力的脸上洋溢着对将要开始的新生活的无限憧憬和幸福。尤其在那得体而漂亮的粉红色鄂温克服装的衬托下，新娘显得非常妩媚动人。

上午十点多钟，男方接亲的队伍来到女方家。一行由十几人组成，新郎身穿崭新的鄂温克服装，由一名能言善辩的男青年陪伴。男方的陪伴者主动向女方家的长辈问好，并敬烟敬酒。女方家里的人却故意不理睬，这时早已安排好的女方陪伴者说道："你们是什么人？是赶路的还是串门的？"只见男方陪伴者巧妙地答道："我们既不是赶路的也不是串门的，我们是有急事来求你们帮忙的。"这时女方又问："有什么事这么急非今天帮忙不可？"男方又说道："我们英俊、潇洒的小伙子爱上了你们漂亮、聪明又温柔的姑娘，他们是天生的一对，而今天又是一个阳光明媚、鸟语花香、吉祥如意的日子，希望你们高抬贵手发发善心让这一对相互深深眷恋的爱心，结成永恒的伴侣。让我们的草原变得更加美好、幸福。"女方听到这些打动人心的真诚话语，就心照不宣地把男方接亲人让进包内。在一旁认真领略、倾听的我，此时被鄂温克人这古老而富有民族情调的婚礼说词所感动。鄂温克人不愧为草原的骑士，他们的语言是那样的生动、丰富，就像那无尽的草原蕴含着的丰富的宝藏。

男方一行人进入包内，彬彬有礼地向新娘的父母、长辈、亲戚、朋友敬烟敬酒，同时还献上随身带来的糖果、烟酒、衣物等礼品。女方也同样回敬烟茶，然后端上酒和肉。双方在和谐、愉快的气氛下互相祝福。使我感到疑惑不解的是，男女双方的陪伴者进行了这么长时间的对白，而新娘却始终不露面，直到男方的来宾喝完酒、吃完饭后，新娘才在女伴的陪伴下进入包内，与新郎见面。新郎与新娘见面后立即与女方的家人告别，同新郎一起骑上马驶向男方家，一匹匹骏马消失在草原深处。这时，老阿米康对我说："一会儿，我们还得骑马赶到男方家！"身着粉红色鄂温克长袍的新娘和新郎的马队刚出发，新娘的父母、亲戚朋友把嫁妆及新娘当姑娘时用的东西全部装上一辆四轮马车，然后跟大家一起兴高采烈地骑着马前往男方家参加婚礼。到达男方家后，男方的父母、亲戚、朋友全部出来迎接，亲切地问候我们，并把我们请进游牧包内就座。而一部分年轻人则把马车上的东西全部抬到崭新的游牧包内。这时的新娘换上了结婚礼服、梳好了结婚标志的发辫，坐在包内敬候家人。当我在游牧包内坐稳后，发现四周都是年轻人。与我同行的托娅告诉我："我们鄂温克人非常注重礼节，参加婚礼时，长者们坐在一起，年轻人坐在一起。"听了托娅的话后，我顿时明白，怪不得在包内没有见到阿米康和新娘的父母呢！当我们坐在包内喝茶、聊天时，男方的一位长者宣布婚礼正式开始，话音落下，大家举起酒杯共饮新喜祝福之酒。不一会儿，新郎新娘端着酒杯、酒瓶走进包内给我们敬酒敬烟，当我们喝完第一杯后，专为婚礼邀来的男女方歌手同唱祝酒歌。歌唱完后，大家又喝第二杯，喝完第二杯后，在座的宾客纷纷祝福这对新婚夫妇。祝福他们生活幸福、互敬互爱、爱心永恒、白头偕老。就这样，在整个婚礼中歌声此起彼伏、欢乐酒宴一步步走向高潮。整个婚礼变成了一个幸福、美好、充满欢歌笑语的世界。

不知不觉夜幕已经降临，可是欢乐的人们仍在欢歌、跳舞，直至繁星满天、夜色深沉，我们才恋恋不舍地告别新郎、新娘以及参加婚礼的宾客，回到了驻地。

三　草原鄂温克女士服饰习俗

行走在鄂温克草原这片神奇、辽阔的土地上，我常常陷入梦幻之中。我梦想着有一天，自己穿上那鄂温克粉红色的长袍，骑上白色的骏马，行驶在蓝天、绿地间，该是多么幸福、美好呀！我喜欢草原生活，草原上的每一根绿草、每一朵鲜花都令我激动、兴奋。我所到之处，景色秀丽怡人，草原人更加秀美。

虽说在鄂温克草原行程匆匆，可我永远忘不了鄂温克女子那美丽的倩影。尤其是她们那风格独特的装束。她们身着色彩纷异的裙式长袍，头戴红缨帽，脚穿黑色长筒靴，或骑马或步行在蓝天、白云、月亮、星空之下。在微风中，那飘逸的长袍、鲜美的颜色、红缨尖帽以及别致的腰带显得美观、大方、楚楚动人。

　　托娅向我介绍，鄂温克人十分讲究穿戴，不同性别、不同年龄、不同季节，甚至不同场合所穿的服装均各有特点和区别。服装的颜色、款式也均十分讲究。女装的上身和下身连在一起，上身是十分得体、紧身的短衣式结构，下身是宽大的裙式结构，妇女穿上这种样式的衣服不但在草原上走路方便，更重要的是适于骑马放牧，同时又显示出鄂温克族妇女们丰满的体态。已婚妇女和未婚女子的服装是有所区别的。已婚妇女上衣袖子中间用醒目的颜色绸缎缝一条道，这条道鄂温克语叫陶海。在上衣之外，还常穿一件带镶边、缝两扣的坎肩。衣服的镶边多为蓝、绿等颜色布料，腰带多为鲜亮的黄色。妇女穿上这种雅致的服装，格外美观、大方，尤其是长袍上的那一道绿色缝道，十分引人注目。不过已婚女子服装上的那道缝前宽后窄，而且肩部还有重叠式的起肩。而未婚女子服装上的缝道较宽，且前后相同。这些独特而鲜明的区别不仅是年龄、婚否的标志，也体现了鄂温克族丰富多彩的服饰文化。

　　鄂温克妇女头戴的红缨尖帽，样式极具特色。帽子呈倒圆锥形，帽顶尖端有红色的穗子，帽面多用蓝色、天蓝或青色的布料缝制，帽面上还绣着美丽的图案、花纹。托娅告诉我，冬季的帽子是用白毛羊羔皮、猞猁皮和水獭皮制作的，这种皮毛料的帽子能抵御严酷的冬寒与风雪。

　　鄂温克的圆锥帽与其独特的服装形成和谐而优美的整体。尤其是夏季，鄂温克妇女身着绿色或粉红色的长袍、头戴红缨尖帽、脚穿长筒皮靴，行走在绿色草原上，宛如一幅油画，引起人的无限遐想。

　　托娅还曾向我介绍，鄂温克妇女在家里的日常生活当中都喜欢扎头巾。头巾的颜色也是多种多样的，但主要的颜色为粉红或花色。到了冬天，她们一般围系约两米长的白羊毛围巾。在寒冷的冬天，把它戴在头上围在脖子上，再把那白围巾的两头以三角形式别在腰带里。这不仅保暖，还给人一种潇洒、高雅的感受。

然而，使我感到奇怪的是，在炎热的夏季里，为什么鄂温克妇女喜欢穿长筒皮靴呢？还是托娅给了我解释，她对我说："穿长筒皮靴便于在草高地软的草原上行走和骑马，而且能够防御棘草对腿部的伤害。"鄂温克妇女一年四季喜欢穿长筒皮靴子，鄂温克人称长筒皮靴子为"马靴子"。夏季的长筒皮靴是由单层皮做成的，冬季的长筒皮靴是由带毛的皮子或棉花做成的。一般靴长为50厘米，鞋跟高6—7厘米。

托娅还告诉我，鄂温克服装的花纹大多是模仿大自然中的某一具体事物制成。她们的衣袖也特别独特，是模仿半月的形状做成的。例如，老年妇女服装的半圆形衣领就是月牙形状，大襟上的花纹则象征着天上的星座，已婚女子衣服的起肩标志着草地上的树木花草等。鄂温克人热爱大自然、崇拜大自然，他们把大自然奉为人类的母亲。所以，在他们的衣、食、住、行等方面，均充分地表现了这一发自灵魂深处的、合乎他们生存规律及生活选择的审美意识结构。

四　鄂温克草原敖包节庆习俗

根据旗政府的安排，在草原的第七天一清早，吃过早饭后，告别跟我共同生活了两天两宿的可亲可敬的阿米康和阿尼肯，驱车前往举办敖包会的地点白彦浩曙。经过一个来小时的飞驰，在我们的视线里隐隐约约地呈现了那一望无际的草原上微微凸起的白彦浩曙山。托娅迫不及待地指着前方对我说："那就是白彦浩曙山，今年的敖包会就在那里举办。那一排排像白蘑菇似的小白点就是为参加敖包会而临时搭建的游牧包，其中大多数是各个苏木（乡）和游牧点，是为那些来参加赛马、射箭、摔跤的运动员以及观赛的人准备的。来参加敖包会的人一年比一年多，敖包会的内容也一年比一年丰富，所以规模也一年比一年大。现在，在这里举办敖包会，这里马上就要变成草原最热闹的场所，人山人海、热闹非凡，使人感到晕头转向。"这时专门为我们开小车的司机接着说："嗨，就你们女孩子事多，敖包会上人越多越热闹。牧民们一年四季在各自的牧场上放牧，一年四季难得见面，举办一次敖包会谁还不来呀。再说。我们白彦浩曙这么大的一片土地，来多少人都可以。所以，旗一年一度的敖包会基本上都在白彦浩曙举办。而且，白彦浩曙本身也是个吉祥如意的地名。"

司机是一位三十来岁的小伙子，在上车前托娅还专门对我介绍过。这位司机是一位心直口快、性格爽朗的人。所以，对于他说的一些话不能往心里去。因此，我对他刚才说的对我们女性有偏见的话没有进行辩解。反而，我倒觉得他的话很实在。鄂温克人说话就是这样直来直去，不像城里人绕来绕去。托娅看我一本正经地琢磨事儿，就问我在想什么，我慌忙中撒了谎说："我在想白彦浩曙是什么意思？"托娅虽然没有察觉我内心深处的感觉，但她对我提出的问题进行了耐心、细致的讲述："白彦浩曙是指这平原上的一个小包。过去，这里叫'白彦浩曙敖包'，因为小山顶上有一个草原上的人祭祀的敖包。白彦浩曙的白彦一词是指富贵之意，浩曙则表示'顶峰'的意思，在这里可能是指山包，敖包是指人们在山包上面用大、小石头堆起来的专为祭祀用的石堆。白彦浩曙敖包就表示富裕的敖包之意。"我又问托娅："鄂温克人为什么祭祀时非把石头堆起来呢？"这时司机哈哈笑着说："有关这方面还有许多讲究呢！"接着托娅对我说："祭祀这个概念总是给人一种十分神秘的感觉，草原人们祭祀敖包的活动，是在他们漫长的生活中自然而然形成的一种宗教信仰。有关敖包祭祀的由来，在鄂温克人中流传着这么一个传说：在一个凉爽的夏夜，有一位披头散发的少女，乘坐一辆装饰十分美丽的两套马篷车，来到了一个鄂温克人的村庄。马车停在村子中心，那位少女哭哭啼啼地跳下车，在村子里大闹起来。不一会儿，刮起了大风，本来是个星光闪闪的夜空，立时黑云滚滚、电闪雷鸣，接着下起倾盆大雨，弄得全村人心惶惶，不得安宁。当第二天天晴时，风雨中哭喊着的那位少女不见了。到了冬天，有一位年轻的小伙子到河边的水洞里去打水，他取水时冰洞内出现了一个披头散发的少女脑袋。他吓得丢下水桶往回跑。不一会儿，晴天又变成了阴天，鹅毛大雪铺天盖地下了起来。北风卷起雪花呼啸着，就像挨了枪而发狂的黑熊张牙舞爪地扑向猎人一样，风雪发疯似的呼叫着，似乎要把这小小的村庄埋葬在雪海下。人们和风雪苦苦奋战了三天三夜，到了第四天才见到了阳光。后来那女人的头又出现了几次,每次的出现都给全村带来大灾难,人们的生活也变得越来越贫困。在一个风雨交加的深夜,有位老人对几个年轻力壮的小伙子说:那年夏天的夜晚,赶着两套马篷车来的少女是个妖精。后来她长年徘徊在这里,我们的一切灾难都是她给带来的。灭了她,我们才会得到安宁。小伙子们根据老人的吩咐,连夜冒雨出发,并从山脚下抓到了正在作恶的女妖精。第二天,他们杀了许多牛羊,到傍晚又点燃了一团火,请来跳神赶鬼的萨满。萨满告诉大家:你们村里有个人死得很冤枉,死后变成了妖精回到自己的村庄。她是不会离开你们的,你们必须好好地接待她。把她用草包好放进火里,火熄灭后把她的骨灰一点不剩地捡好,要用一块高大的岩石压放在村子西边的高地上。人们就按照萨满的话,把女妖用草包好,放入熊熊的烈火中。接着大家跪在火堆前面说道:我们已经杀了牛羊,把你当成伯母接待。我们的萨满已经穿上了法衣,戴上了铜面,他看到了您已吃饱。现在我们把您放进火里,祈求您和火一起燃烧,让您的灵魂升上夜空,变成闪烁的星斗。我们要把您的骨灰压放在西边的岩石底下。希望您从此以后不要给我们带来灾难,使我们像树木一样茂盛,像松树一样长青,子孙像花朵一样兴旺,牲畜像草木一样增长。这时穿着法衣、戴着铜面的萨满,手拿着鼓一边打一边念经。天将亮时萨满走了。人们从火堆里捡完女妖的骨灰,压放在村子西边的岩石底下。人们生怕日后女妖再抬头捉弄百姓,每天都有人去给那块压着女妖骨灰的岩石上增添一两块石头。村外的人从这经过时,也都放上一块石头。时间久了,堆积的石头就变成了一座小山包。山顶上又长了一棵美丽的松树,人们把这小山包称作'敖包'。不过人们还是安心不下,唯恐女妖复活。所以定于每年的四、五月份,选择吉日进行祭祀活动,祈求她让这一年风调雨顺、平安如意。祭祀活动后,大家坐在敖包的前面观看传统的赛马、射箭、摔跤等活动。接着全村的人和外来的人都坐在一起,一边吃肉、喝酒,一边唱歌跳舞。从此,把这种活动叫敖包会,并成为一种群众性的娱乐活动。正因为这样,每年来这里的人很多,有时海外的游客或专家学者也到白彦浩曙敖包来。"

听到这里,我若有所悟地说:"这样一来,敖包会的敖包跟白彦浩曙小山顶上祭祀的敖包基本上是一回事了!"托娅说:"敖包会的敖包就是从祭祀用的敖包引申过来的。敖包会的敖包是祭祀用的敖包的发展结果,祭祀用的敖包是敖包会敖包的前身。"

说话间,小车不知不觉地来到了沿着5000米的赛马场而围拢的游牧包世界里。这里到处洋溢着浓郁的草原节日的气氛。这里就是草原盛会——鄂温克旗白彦浩曙敖包会的举办之地。我急不可待地跳下车,站在白彦浩曙山顶上,举目眺望那浩如烟海的、张开它那博大而富有的胸怀紧紧拥抱着我和其他所有人的绿色草原。这里给人一种"天苍苍、野茫茫、风吹草低见牛羊"的感觉。再把视线从远处移到那彩旗满天、充满欢乐和歌声的敖包会场时,你会身不由己地同草原人共同沉醉于这一幸福美好的世界里。

微微晨风挟带着花草的馨香,还带几分清晨的凉意轻轻地吹拂着草原所有的生灵。而那洁白、透明的云彩在高高的蔚蓝色的天空中悠闲地飘游。有几只象征勇敢和自由的雄鹰在高空中盘旋,不同种类的鸟儿在草地上成群地嬉戏,还有那大小各异而色彩绚丽多姿的彩蝶成群地飞舞。尤其是在那绿色草场和万紫千红中自由奔腾的骏马,数不胜数的牛羊群确实让人目色舒展。啊,这是一个多么辽阔、富饶的草原,是多么让人陶醉而兴奋的八月啊!是啊,在这迷人的季节和丰富的自然环境以及走向富裕的年代里,鄂温克人根据他们千百年来的传统和用他们的智慧及聪明创造出特殊的牧业文化内容和形式,隆重举行一年一度的敖包会,这有着多么深刻的意义和内涵啊!这时托娅又跟我说:"来到草原,要是不参加敖包会,就像去了北京没去看长城一样,那将是最大的遗憾。"托娅望着为眼前的情景所沉迷和感化的我,非常激动地对我说:"今年的敖包会也跟往年一样举行五天,这五天里全旗各族同胞都吃喝在一起、玩在一起、睡在一起、生活在一起。所以这里从早到晚,从晚到早都十分热闹。白天人们观看各种具有民族风格的比赛。晚上这里就变成灯火通明的世界,人们品尝各种民族风味食品的同时,还可以根据自己的兴趣参加各种各样的娱乐活动。例如,看露天电影、露天文艺演出等。当然这里的任何一个娱乐活动都是免费服务的。只要你愿意,参加多少个娱乐活动都可以。你说我们这里痛快不痛快?"我马上答道:"痛快!"然后我们俩就哈哈大笑起来，惹得旁边的人们也都十分奇怪地看我们。敖包会的东侧有清澈、透明的伊敏河，西侧和南、北侧均是一望无际的大草原。赛马场的北面，设有会议主席台和观礼台。主席台和观礼台的四周不仅挂有彩旗还悬挂着各种颜色的大气球。乳白色的游牧包一个挨一个地有组织、有秩序地围着约有5千米长的圆形赛马场搭成好几圈。在主席台和观礼台以及由游牧包围成的赛马场外，还一排又一排地整齐地排着各种型号的小汽车、小面包车、大客车、旅游车、货车、摩托车和其他机动车、牛车和骑士们骑来的马等。身着鲜艳民族服装的鄂温克姑娘们不知给这个草原盛会增添了多少风采。她们个个穿得那样得体、那样美丽，真让人羡慕和嫉妒，我在心里默默地祈祷她们变得更加美丽、生活更加幸福。会场东侧挂有各种商品广告的大气球在微风中飘舞，从远处看去给人一种欢乐的感觉和意境。托娅告诉我，那里是在敖包会期间专门开设的购物中心。在我的建议下，托娅领我走入了使我感到好奇又觉得新鲜的敖包会市场。真是一个庞大的草原商业城，在一排排临时商店内各种商品琳琅满目、应有尽有，就连电视机、电冰箱、洗衣机、自行车以及其他电器也都搬到这里来卖了。其中还有从南方来的小商贩和从俄罗斯来的商人等。在这些商品中最受草原人欢迎的是那些专售的牧业产品，如马鞭、马靴、马鞍等，还有奶干、奶酪、奶油、砖茶、奶粉等牧业饮食品以及皮革、毛毡等制品。另外，俄罗斯人的商店前也有很多人。我感到十分奇怪的是，鄂温克的中老年人均懂俄文，他们用较熟练的俄语跟俄罗斯人公平合理地进行着买卖。有的俄罗斯人背着装满各种物品的旅行包在敖包会商城内与牧民们进行着易货贸易。牧民们主要是用羽绒服、阿迪达斯运动服等衣物换取俄罗斯商人的呢子大衣、水貂皮帽和一些艺术品等。

每一桩买卖的达成，看上去双方都很满意。有的鄂温克人做成买卖后还请俄罗斯商人吃肉、喝酒。我望着这一古老而又互利的易货贸易，心里油然升起一种从未有过的感觉，我深深地感受到鄂温克人那纯朴、坦荡、超然的胸怀和自然、豪爽而豁达的性格。不论怎么说，在敖包会期间进行的各种经商活动给鄂温克人的生活注入了新的血液。

托娅告诉我，过去举办敖包会时，只单纯地追求娱乐。可现在不同了，自从邓小平的南方谈话发表以后，我们这里的经济也活起来了。现在每年举办敖包会的时候，除了进行各种娱乐活动满足人们的精神生活之外，还要搞各种内容和形式的商品洽谈会、订货会、展销会等商业活动。另外，还专门设置了中俄民间易货贸易市场，这些不仅给从事牧业的鄂温克人的生活创造了方便，更重要的是增强了他们的商品意识。我们边看边谈地走出了商城，来到了人们不断呐喊助威的赛马场。托娅激动地说：敖包会上最精彩的就是骑马比赛！赛马是鄂温克草原上有悠久传统的体育项目，每年的敖包会上都举行骑马比赛。比赛时的场面十分壮观，观看者的兴趣不亚于看国际足球比赛。四面八方拥来的人们常常把场地围得水泄不通。骑马比赛一般分为老年组、青年组、少年组等。参赛的马匹是牧马人从各自的马群中精心挑选出来的好马。他们还常常用红色或黄色绸子紧紧地系上赛马的马鬃和尾巴上，据说这是为了减少赛马时风的阻力，也是为了壮观场面。有些骑手们的头上也要系上红色或黄色的绸缎。赛马场上，勇敢的骑手们挥动着鞭子争分夺秒、你追我赶地飞驰，清脆有力的马蹄声使节日的草原变得更加欢腾。骑手们的马身上系有的红色和黄色的绸缎在赛马场上迎风飘扬，十分潇洒、绚丽，给人一种美好的憧憬和童话般的感觉。赛场外，围观的人们越来越多，不一会儿，会集成一堵厚厚的人墙。人们注视着胜利者的凯旋。经过激烈角逐，获胜者终于驶入终点。望着获胜的骑手，人们欢呼着、沸腾着，为了让每一个人感受到获胜的喜悦和为满足观众的需要，骑手骑在骏马上在赛场绕行一圈。人们不仅向获胜者鼓掌叫好，有的还跑到身边握手、拥抱，整个赛场洋溢着欢乐、友好、团结、和谐的气氛。

赛马比赛真是一场惊心动魄的鏖战。那拼搏、勇敢的角逐场面确实扣人心弦，让人激动、振奋。赛马比赛结束后，我的心久久不能平静，我想赛马不只是为了较量马的速度和骑士的勇敢、智慧，更重要的是通过这项活动激发了大家、振奋了民心，从而使草原上的人们更加热爱幸福安乐的生活，更加发奋图强、团结合作、共创未来。

敖包会上除了精彩的赛马比赛外，还举行富有民族风格的摔跤和射箭比赛。牧民们对摔跤比赛也是非常感兴趣的，并有很高的评价。

鄂温克人进行摔跤比赛时一般讲究自由式摔跤。托娅又领着我来到了摔跤比赛场。参加比赛的选手们来到赛场上先向观众们行礼致意。比赛正式开始前，运动员们手拉着手、跳着雄健的鹰舞，迈着坚实的步伐，进入场地。接着两个人一组．分成若干组进行比赛。托娅跟我说："谁的膝盖落地，谁就是败者。所以，看赛的人们主要注意摔跤者的膝盖是否落地。"摔跤手们全力地使尽各种招数，尽量使对方的膝盖落地或将他摔倒。有的摔跤组进行两三个回合就会决出胜负，有的则要经过几十个回合才见分晓。无论谁胜谁负，比赛结束时，双方都十分热情地握手而别。摔跤手若把对方摔倒了，就立刻把摔倒的对手扶起来，而后共同再跳着鹰舞退出赛场。

　　草原上的摔跤手是草原的英雄与骄傲。在他们的身上聚集了力量、勇气与胆略。鄂温克草原是摔跤手的摇篮。托娅自豪地对我说："鄂温克草原孕育了许多优秀的摔跤手，其中有些运动员多次参加国际和国内重大比赛，并多次荣获过大奖，从而赢得了国内外体育界的高度评价和赞扬。"说到这里，托娅不好意思地悄悄地对我说："优秀的摔跤手还是草原姑娘们争抢的对象呢！"我听着托娅的介绍，环顾摔跤场，确实有不少穿着十分漂亮的姑娘们，那么认真而多情地注视着摔跤手们。看完摔跤比赛，我们还去观看了射箭比赛。当各种比赛结束后，人们一群又一群地围坐成一圈又一圈。老年人们在高高兴兴地攀谈着过去的传说和故事，过去的历史和现在的变化；青年们坐在河边喝着啤酒、吃着草原小吃谈论着今天的故事和更加美好的明天，并欢唱着草原的歌。这悠闲、惬意的场面，在平坦无际的草原和落日余晖的映衬下，到处充满了欢歌笑语和诗情画意。我想，草原一年一度的敖包会不仅仅是进行各种草原风格的比赛和购买各种称心如意的货物之地，它同时还是亲朋好友相聚的美好日子，青年男女谈情说爱的幸福时光。托娅带着我在鄂温克草原上尽情地领略着鄂温克民族和这片草原独有的风光。

　　夜色朦胧，月光皎洁，绿色草原上的一座座白色游牧包宛若晶莹的繁星。一群群年轻的小伙子和姑娘们在方圆的赛马场中心点燃了一堆又一堆篝火。燃烧的火焰恰似一只只友爱的手，召唤着大家来参加欢乐的篝火晚会。晚上八点三十分，为庆祝敖包会而举办的隆重的篝火晚会正式开始了。看到篝火，人们从四面八方围拢了过来，围坐在篝火旁喝酒、吃肉、唱歌、跳舞。篝火晚会达到高潮时，几乎所有的人都站起来手拉着手，随着鄂温克优美的彩虹曲围着越燃越旺的篝火跳起了鄂温克欢乐而豪放的集体舞。啊，这是一个多么让人投入而陶醉的夜晚啊！这是歌的海洋、舞的海洋，是幸福的海洋，也是美的海洋。欢乐的歌声、幸福的笑声、悠扬的乐声，还有那马群的嘶叫声和牛羊的叫唤声以及汽车喇叭声汇集在一起，变成贯穿历史、今天和未来的无限美好的交响乐。这草原独有的永恒的乐章，久久地、久久地回荡在苍茫原野上，回荡在人们的心中。它像最崇高而真诚的宣言向所有追求和平、安乐、幸福生活的人宣告着鄂温克人向往更加美好生活的心灵。是啊，鄂温克这一古老而文明的民族，在时代的感召下，跟其他兄弟民族一起开始了新的历程，走向更加科学、文明而富裕的明天。

　　由于从明天起我要开始新的旅程，所以，只好依依不舍地离开鄂温克旗敖包会隆重而欢腾的场面，离开这里的鄂温克老乡和帮了我大忙的善良的鄂温克姑娘托娅，离开这里的花草和牛马羊以及游牧包。我流着激动而感佩的泪水，和他们一一握别再握别，拥抱再拥抱，我一次又一次地对他们说："我还会来的。明年的敖包会我还会来。"

　　当我背对着留下我足迹和一段生活岁月的鄂温克草原，面对着将要开始的新的旅程的时候，我总觉得忘不了什么。也许我忘不了的是对这片土地特殊的爱和永远无法带走的植根于这广阔无垠的绿色草原上的蓬勃生命……

五　草原鄂温克族采集习俗

　　兴安岭中花香鸟语、风和日丽的夏日，恰巧是鄂温克妇女采集昆毕尔的最快乐的时光。在那阳光明媚、百花争艳的季节里，鄂温克妇女抛却琐碎的家务，一个个打扮得漂亮、潇洒，并且带上自己精心制作的树皮筐或篮，七八成群、说说笑笑地走向绿荫覆盖的山间以及清澈的小河边去采集昆毕尔。昆毕尔是生长在绿色林海中的一种自生自长的野菜，学名叫柳蒿芽。鄂温克人自古以来特别喜欢吃昆毕尔菜，昆毕尔也自然成了鄂温克人餐桌上的不可缺少的佳肴之一。当然，采集昆毕尔也成了鄂温克妇女们生活中的一件不可忽视的、比较重要的事情。

在鄂温克牧民点的妇女们劝诱和动员下，我有幸与她们在林海深处的小溪边参加过一次非常快乐而难忘的采集昆毕尔的活动。

那天清晨，晨曦微露，我从睡梦中醒来后，根据鄂温克妇女的嘱托，穿上漂亮的衣服，手里拿着前一天准备好的采集野菜时用的桦树皮筐等物，跟已经约好的几位鄂温克妇女，迎着宁静而柔和的晨风，踏上了采集昆毕尔的林间小路。一路上，我和大家唱着欢快的山林之歌，谈笑着各自的人生收获，兴高采烈地走向目的地。我们就这样不知不觉地来到了一条蜿蜒、清澈的小河边。小河上一群又一群很少见过的野鸭子看到我们后，惊恐万状地飞驰而去。那充满花草树木，并毫无污染的新鲜空气，呼吸起来是那样的舒服，似乎呼吸一口就能活上上百年似的。那与蓝天连成一体的一望无际的绿色森林，足以使人为此而陶醉和骄傲。这时的我有一种被大自然紧紧拥抱着的感觉，此时我才真正体验到了人类是大自然的宠儿之概念。

大家顺着小河边的绿地开始轻松、愉快的采集昆毕尔的活动。她们边采集昆毕尔边告诉我，每年夏季是昆毕尔生长期，这时的昆毕尔鲜嫩、味美、营养丰富。妇女们都抓紧时间在这一时期采集昆毕尔。昆毕尔的采集是妇女的专利，男人们从不沾手。沿着小河和山间满地都是昆毕尔，所以，不一会儿工夫，我们就完成了在上午的采集任务。那浓绿、剔透而水淋淋的昆毕尔散发着独有的香味，我们把所有采集到的一筐筐昆毕尔一起放在小河边平坦的草地上，然后不约而同地脱掉外衣，跳进那清澈而充满激情的小河里游来游去。啊，河水是那样的透明、那样的凉爽、那样的舒服。这些鄂温克妇女就像孩童般地在水里嬉戏着、互相追打着，那发自内心深处的朗朗欢笑声回荡在浩如烟海的森林里。森林失去了往日的平静，似乎也和我们一起沉醉于童年的欢乐中。啊，这里的蓝天是多么高、云彩是多么白，这里的绿色是那样的真切，这里的土地是那样的肥沃。鄂温克妇女告诉我，山林中的花草树木是从未受过任何污染的，是纯天然的。因此，我们最爱吃长在山林中的昆毕尔等野菜。

热烈而赤诚的阳光照射在河面，河水显得那样的奔放和欢腾。有几位鄂温克妇女走到花丛中采摘各自最喜欢的花朵，还有几位走到小河岸边拾起形状各异、颜色纷呈的河石。到了中午根据事先的安排，有人忙着搭起简单的烧火架把带来的铝锅用一根粗棍挂在烧火架上准备做饭，有人忙着在河边钓鱼，有人到河里洗昆毕尔菜。就在洗菜、点火这么一会儿工夫，钓鱼的人拎着一桶鱼回来了。她们把鱼开膛洗干净，把鱼头、鱼尾和鱼翅全部切掉以后，将鱼放在锅里跟昆毕尔一起煮。那新鲜的鱼香味与浓郁的野菜味混合在一起真是让人垂涎三尺。不等菜完全煮熟，大家已经迫不及待地开始动碗筷了。由于我是第一次吃昆毕尔跟鱼一起煮的菜，吃第一口时觉得有点苦涩，当我看到她们一碗接一碗地吃得那么有滋有味的时候，我也强迫自己试着吃了几口，感觉比吃第一口时香多了。就这样，我也不知不觉地吃了好几碗。虽然我第一次吃昆毕尔鱼肉汤，但我却莫名其妙地被它深深地吸引住了。而且已经吃饱了还想再吃几口。这时我才认识到，鄂温克人为什么那样爱吃昆毕尔菜！这主要是昆毕尔菜不仅一点也不油腻，还给人一种苦香、涩柔的感觉。它能使人的食欲大开，就连一点也不想吃饭的人也会吃得肚子鼓鼓的。

  鄂温克妇女还骄傲地告诉我，昆毕尔不仅有很高的食用价值和营养价值，而且还具有奇特的医疗作用。鄂温克人谁若是发烧感冒或胃肠不舒服，只要喝上几碗昆毕尔汤，就会马上见效。除此之外，据说对高血压、糖尿病等疑难病也有一定程度的疗效。我想这也许是鄂温克人喜欢吃昆毕尔菜的原因吧！

  鄂温克人吃昆毕尔的方法多种多样。例如，昆毕尔和各种较肥的肉炖在一起吃，其味诱人无比，还有把昆毕尔跟排骨和大豆炖在一起吃，另外，还可以炒着吃。过去，鄂温克人不种什么蔬菜时，昆毕尔几乎是他们唯一的、占有重要位置的菜肴。现在，鄂温克人虽然家家户户都有自己的小菜地，并种各种蔬菜，但昆毕尔仍然是他们最喜欢的佳肴之一。每年夏季鄂温克妇女都要采集很多的昆毕尔菜，把它晒干储存起来，留做冬春秋季食用。看来在鄂温克人的生活当中不能缺少昆毕尔菜。

  我们吃完野餐后重新回到激流的小河里，痛痛快快地又畅游了一番。鄂温克妇女们水上功夫真好,她们游泳的动作是那样优美、娴熟。我想是大自然给她们培养、造就的独特的美的内涵和形体,赋予了她们极强的生存本领和智慧。那清澈的河水不断地浸洗着我们身上的污浊、冲走了往日的疲劳。

巍峨美丽的大兴安岭是那样厚爱它所养育的子女们。它把所有的一切无私地奉献给了它的子女们,包括蓝蓝的天空、碧绿的山峦、茂密的森林、奔腾的江河。还有那说不尽的宝藏。这一切中的任何一个产物和概念都是那样的神圣和珍贵、和谐而永恒。

经第二次的河水洗礼,她们个个变得那么美丽、那么年轻。我和她们就穿着湿湿淋淋的衣服挎着桦树皮筐又说又笑地带着河水的清爽走向河岸绿草地,又采集起了昆毕尔。大家你追我赶地展开了一场采集昆毕尔的比赛,看究竟谁能采得快、采得多。鄂温克妇女的确勤劳、敏捷,她们那一双双猎人们特有的锐利眼睛以及灵巧的双手在成千上万的绿色生命中准确无误地采集昆毕尔,没多久我就被她们远远地落在后面。就这样,大家没用多长时间完成了采集昆毕尔的全部任务。

夕阳西下,余晖洒满林间,我们把采集的昆毕尔和各种用具收拾好,迈上了返回的山间小路。一路上,同样充满着悠扬的歌声和欢乐的笑语,到了牧民点以后,她们还从各自在山上采集到的美丽的花朵和在小河边拾到的漂亮的河石中挑出几个送给我,留作永恒的纪念。

这一次的采集,使我和昆毕尔结下了很深的情感。我永远忘不了那一条小河,忘不了河水里的嬉戏和河水边采集昆毕尔的欢乐场面。更忘不了河边炖煮昆毕尔鱼汤的美味和鄂温克妇女们的深情厚谊。为了永远怀念这一次采集,我把她们赠送的那些美丽可爱的河石一直保存到今天。

我总想,鄂温克妇女们采集昆毕尔的活动可不是一个单纯的采集野菜的劳动,更重要的是,通过这次劳动她们变得更加亲近,使她们变得更加热爱生活、热爱自己、热爱美丽的大自然和这个养育人类的物种星球。她们在这个特殊的时刻及特别的环境里,还互相诉说各自在生活中遇到的种种困惑,同时从姐妹们那里得到安慰、鼓励,从而忘掉昨天的不快,微笑着走入她们明天的生活。她们还在这个特殊的时刻和特有的环境里,谈起她们往日的岁月里所得到的一切快乐,让姐妹们共同享有过去的幸福、共同追求更加美好的明天。

  她们还共同回忆那如痴如醉的童年、少年和青年时代,一起幻想她们已经开始的成年和壮年或要开始的老年和晚年的岁月。啊,这可不是一个简单的采集昆毕尔的活动,她们是在采集童年的神话、少年的传说、青年的故事,还有那希望的梦幻。正因为如此,她们每次采集昆毕尔时都要穿上漂亮的衣服、打扮得美丽、动人。我多么希望每年的夏季都能到她们中间,跟她们一起采集昆毕尔呀。

附录二

民族地区现代化进程中
要充分保护传统文化

少数民族语言文化是我国博大而丰富的语言文化世界的重要组成部分，也是我国多民族、多语言文字、多种文明文化构成的国家之优势和鲜明特征。而且，绝大多数民族语言、古老文明、优秀传统文化都较完整地保留在广大农村牧区。因此，在我国具体实施科学发展观，建设全新意义的现代化新型农村牧区时，一定要保护好、传承好千百年来人们用共同的劳动和智慧，以及共同的用生命和信仰创造的弥足珍贵的民族语言文字和优秀而传统的文化与文明。该文中，从弘扬和发扬光大民族语言文化的理论视角，结合在民族地区深入实地考察的第一手资料，论述了民族语言文字及少数民族古老文明和优秀传统文化，在农村牧区的现代化进程中需要加倍保护和抢救，以及不断发掘和弘扬其内在的生命力，使其为我国蓬勃发展和不断崛起的农村牧区的现代化革命发挥应有的作用之学术问题。

一

我国是一个多民族相互交融、多文化相互辉映，拥有世人所感叹而倾慕的丰富又博大的民族文化、民族风格、民族精神的国家。人类走入21世纪的今天，人们用全新的思想理念和科学技术的手段建设着当今全新的生活，同时不同地区和国家间的交流和沟通变得日益频繁。所有这些，给我国广大农村牧区带来了新的活力和新的发展机遇。为进一步深入贯彻落实党中央提出的科学发展观和新农村牧区建设的宏伟蓝图，为建设一个个充满生机和现代化气息的文明、进步、繁荣发展的新型农村牧区，我们正在有计划、有步骤地实施着一场以科学发展观为主导的农村牧区的现代化建设。因为，在农村牧区的现代化建设中，我们提倡的是科学发展之基本观念，所以在农村牧区的建设中必须要从实际出发，要实事求是，要因地制宜，要扎实而牢固地融入长期而可持续稳步发展的科学发展思想理念，这样才能把农村牧区建设成为广大农牧民安居乐业，尽情享受物质文明和精神文明的理想天地和精神家园。我们知道，在我国的广大农村牧区，特别是在那些少数民族生活的边远地区，保存着他们的祖先用千百代的努力、用他们千万年的共同劳动和共同智慧创造的独具风格而极其丰富的文化和文明，所有这些用他们的生命和信仰传承的远古文明和优秀的传统文化，一直为广大农村牧区的家庭和睦、民族和谐、生活安宁、社会进步发挥着极其重要的作用。

随着我国广大农村牧区经济状况的不断改变，生活环境和质量的不断改善，以及政治地位的不断提高，作为他们精神生活的重要组成部分的乡村文化，尤其是那些位于边远地区而还未完全受到当今主流文化的冲击和影响的独具风采的民族文化，越来越多地引起世界的和兴趣和关注。众所周知，我国有56个民族，除此之外还有一些未识别民族成分的特殊族群。无论是汉族生活的广大农村，还是少数民族生活的偏远山村牧区，不管人口有多少，都有其用他们的生命一代又一代传承下来，并成为他们精神生活的主要依靠，成为他们传承真善美之道德素养，憎恶假恶丑之罪恶世界的心灵启迪，乃至成为同历史和未来沟通与交流的精神桥梁。因为，其中隐含着他们走过的每一段历史，承载着他们不同时期的不同的思考和不同的生活，甚至包含着他们从远古至今传承的信仰和追求。但人们融入他们生存的特定社会环境和生活氛围，进入属于他们的本土文化的文明世界深处，用心灵去和他们进行深层次的交流时，就会发现许多被现代人遗忘又弥足珍贵的远古文化和文明，或许这正是人类从古走到今天的精神世界之内核。我们感到万分庆幸的是，他们竟然在铺天盖地的现代文化和文明的思潮的冲击下，用鲜活的生命和坚定不移的信念把人类的这些早期精神活动和生活，以及与此密切相关的物质文化和文明带入了 21 世纪的今天。假设没有他们或他们的这种执着，也许我们早已失去许多历史的记忆，以及与我们血脉相承的早期的文明与文化。特别是那些濒危民族语言文化，在当今人类文明与文化走向一体化的世界大背景下，显得更加珍贵。从这个意义上来讲，我们应该为它们而感到骄傲和自豪，这是中华人民共和国成立以来，具体实施先进而科学的少数民族语言和传统文化保护政策，严格执行民族平等、相互尊重、互敬互爱、共同繁荣发展的民族政策带来的好处。

二

我们必须理性地看到，在我国城镇化进程以及农村现代化建设工程具体而理想地实施的今天，使农村和城镇在诸多方面逐步走向一体化，一些经济发达地区同经济欠发达的少数民族地区进行多层面、多角度、多种形式和内容的经济合作的同时，把他们的文化和思想理念也逐渐传播到民族地区的广大农村，结果少数民族早期创造的十分宝贵而优秀的农村文明和文化，却在经济为核心的强大的现代化建设面前显得十分脆弱，进而面临不同程度的危机，甚至人口较少民族的语言文化已经进入了濒危状态。例如，在我国东北少数民族生活的许多古老而文明的乡村土地上，少数民族用他们共同的生命、生活和信仰传承而给予过他们真善美的享受，给他们带来过极大精神快乐，并寄托他们的精神生活和人生美好追求的古老文明和传承文化，开始逐渐远离他们，逐渐走向危机和消亡。

在国家和各级政府的大力宣传，以及一系列行之有效的民族语言文化抢救和保护工作的影响下，现在各少数民族已自觉地、强烈而十分紧迫地感受到，对于逐渐消亡的本民族弥足珍贵的文化和文明进行抢救和保护的紧迫性，尤其是对广大农村牧区少数民族同胞用生命和信仰保存和传承的古老文明和优秀文化进行保护的重要性。是的，正因为有了多样性的文化和文明，我们才拥有了今天丰富多彩的世界和丰富多彩的思维空间。众所周知，东北地区风景秀丽而自然环境丰美的广大农村牧区生活着蒙古、满、朝鲜、回、锡伯、达斡尔、鄂温克、鄂伦春、赫哲、柯尔克孜、俄罗斯等20多个少数民族。他们千百年来一直生活在广阔的黑土地上、富饶的大兴安岭和小兴安岭里、巍巍的长白山脚下、美丽的大赉湖和呼伦湖畔、辽阔的呼伦贝尔草原上、奔腾的三江流域，以及生活在地下森林奇观旁、樟子松林白桦林里、松花江柳树岛上、镜泊湖景区和北极漠河不夜景区、风光秀丽的尼尔基水库边。他们生活的土地上，有世界著名的倭肯哈达新石器时期洞穴、十八站旧石器文化遗址、早期村屯土墙遗址、辽金泰州塔子城、金代蒲峪路古城遗址、契丹遗址、亚沟女真人摩崖石刻、清代宁古塔城址、阿城旧址、瓦里霍吞古城遗址、完颜阿骨打墓、墨日根古城遗址等久远的文明历史。同时，在漫长的生命和岁月的历史中，他们用共同的劳动和智慧创造并奉献给人类温寒带地区农业文明、朝鲜族长白山水稻文化、布里亚特蒙古族人的牧骆驼文化、巴尔虎蒙古人的牧羊文化、厄鲁特蒙古人的牧牛文化、呼伦贝尔草原的牧马文化、赫哲族的三江渔猎鱼皮文化、东北民族森林文化和兴安岭文化、驯鹿文化、满族海猎文化、满族三家子屯村文化等。另外，在衣食住行等方面独具风格的内容还有满族旗袍与骨饰、蒙古族风格各异的长袍长靴子、锡伯族刺绣、朝鲜族船形鞋和五彩上衣及则高利长裙、鄂伦春兽皮衣饰、达斡尔族蓝衣袍和狍腿靴、鄂温克族四季分明的皮衣类、赫哲族鱼皮衣等；饮食方面有满族喝酸茶吃渍菜白肉火锅、朝鲜族狗肉汤与辣白菜、蒙古族乳食宴和手抓肉、布里亚特蒙古人酸面包、厄鲁特蒙古人烤牛排、巴尔虎蒙古人全羊席、锡伯族烤大饼和油茶饮食、达斡尔族柳蒿芽菜炖猪排、鄂温克族奶面片和鹿肉宴、、鄂伦春猴头炖野鸡、赫哲族拌菜生鱼片与"苏日卡"；住房方面有满族章茅屋顶有炕粮而烟筒独竖屋外的土房、朝鲜族高丽营子和大炕屋、蒙古族蒙古包、锡伯族草木房、达斡尔族的草房、鄂温克族和鄂伦春族桦树皮仙人住和游牧包、通古斯鄂温克的木克楞木屋、鄂伦春雪原林海的雪屋、赫哲族"撮兰库"房等；婚礼方面有蒙古族草原马背婚礼、满族乡土婚俗、赫哲族渔乡"萨日力尼"婚俗、朝鲜族娶亲奠雁礼、锡伯族换酒盅和抢猪肘子婚俗、达斡尔族烟荷包装钱认婿习俗、鄂伦春族赛马婚俗、鄂温克族篝火婚俗；礼仪习俗方面还有蒙古族鼻烟壶、满族占卦文化、满族擦肩礼与社交礼俗、锡伯族莫昆文化、鄂温克和鄂伦春的乌力楞习俗、达斡族装烟礼与大叶烟文化等。

　　北方民族在节庆方面表现得更加丰富和独特，例如有蒙古族四月的敖包节和羊羔节、蒙古族八月的那达慕节、蒙古族十月的伊德喜节；朝鲜族月亮屋节、朝鲜族流头节、朝鲜嘉俳节、朝鲜族四月初八灯夕节；满族赶庙会节；锡伯族正月十五的抹黑节、锡伯族正月二十五填仓节、锡伯族二月二喜利妈妈节、锡伯族四月十八的西迁节、锡伯族七月十五鬼节；柯尔克孜开斋节、柯尔克孜古尔邦节、柯尔克孜诺劳孜节；鄂温克族六月十八的瑟宾节、鄂温克族的十二月雪原节；鄂伦春篝火节；赫哲族四月渔业节、赫哲族秋季大麻哈鱼丰收节、赫哲族三月三路神节、赫哲族九月九鹿神节、赫哲族八月的乌日贡节等。在游戏方面很有代表性的有朝鲜族板舞戏跳板游戏、朝鲜族半仙之戏秋千游戏、锡伯族抓嘎拉哈游戏和皮影戏、赫哲族狗爬犁比赛叉草球游戏、达斡尔族曲棍球、鄂温克族抢苏游戏、鄂伦春骑驯鹿等。在精神生活方面，北方民族同样创造了极其丰厚而灿烂的文化和文明，其中歌舞方面有蒙古族好来宝说唱、蒙古族长调、蒙古族马头琴拉唱、朝鲜族伽倻琴弹唱、朝鲜族长白山民歌、达斡尔族的长唱"乌钦"、鄂伦春摩苏昆长篇讲唱、鄂温克族萨满歌、赫哲族渔歌与伊玛堪长篇讲唱、满族阿那忽乐曲和奏墨克纳曲及吹锣板曲、锡伯族送粮曲、满族悠悠调、锡伯族秧歌调、蒙古族挤奶舞和鹰舞、满族笊篱姑娘舞和秧歌舞、满族猎舞与萨满舞、满族莽式舞及庆隆舞、锡伯族打谷舞、朝鲜族长鼓舞与象帽舞、鄂温克和鄂伦春斗熊舞和哲辉楞舞、鄂温克和鄂伦春及达斡尔族的阿罕拜舞。与此相关，还有蒙古族马头琴传说、满族两世罕王传、满族说部、满族神话、赫哲族伊玛堪长篇故事、锡伯族傻姑爷儿的传说、锡伯族说"古艺儿"等。再有，北方绝大多数民族早期有万物有灵的萨满信仰，他们有着熊图腾、山神崇拜、多神信仰、供奉蛇神、喜利妈妈崇拜、檀君教信仰、柳祭、渔祭、东正教等。北方民族使用的语言文字主要有蒙古语蒙古文、朝鲜语朝鲜文、满语、达斡尔语、鄂温克语、鄂伦春语、赫哲语、柯尔克孜语和俄罗斯语等。

所有这些风光如画的山河、森林、草原以及名扬四海的远古洞穴、早期土墙、古城遗址，还有独有风格、独具匠心而色彩斑斓的民族语言文字、宅院、房屋、崖壁画、木雕器具、骨雕制品、皮毛衣食、刺绣、节庆、歌舞、神话故事、娱乐、兽皮艺术、桦树皮艺术品、族谱、婚俗、礼仪、宗教信仰均有浓郁而各具特色的民族风情和韵味。对于北方少数民族生活的广大农村牧区，至今他们用活生生的生命以及虔诚的信仰保存的这些古老文明和传统文化，我们必须要理性而科学的认识并好好保护，保护好我们人类自己的文化生态的多样性和丰富性，我们应该像保护长城和黄河一样，保护好推动人类进步的一切古老而优秀的文明和文化。特别是，对于那些少数民族生活的农村牧区进行现代建设和革命时，一定要保护好他们独特而弥足珍贵的文明和文化，包括他们的物质生活和精神生活的一切精髓。否则，我们将给后人留下单调而大一统的未来世界和思维时空，那将是人类的悲剧。所以，人类的理性清楚地告诉我们，不能再丢失那些祖先的记忆、那些用千百代人的辛勤劳动和智慧创造的宝贵而优秀的文明和文化。毫无疑问，我们一旦丢失了在广大农村依然保存完好的一切古老文明和传统文化，再找回来或者说去复制那些失去的文明和文化就是难以办到的事情，甚至可以说根本就不可能实现，那么我们将会愧对历史和未来。因此，许多发达地区或城镇，包括那些经济实力极强的乡村，开始追求文化的多样性，强调古老文明和传统文化的重要性，力求用最大的努力和代价保护古老文明和优秀的传统文化。这也是我国社会主义农村科学发展观和社会主义核心价值体系建设中，不可忽略或不可缺少的重要内容。

然而，我们也不得不冷静地审视和思考，当今的农村牧区的现代化建设和革命，对于北方少数民族古老文明和传统文化所造成的一定负面影响和消极因素。特别是，那些人口少、经济又不太发达、且处于强势文化的背景之下、自身正经历着跨越式发展阶段的少数民族农村牧区，他们的古老而优秀的文化传承逐渐走向困惑、艰难和濒危。这些现象，已引起党和政府以及各有关部门的空前关注、重视和强烈呼吁。进而中央明确提出"在新农村建设中一定要保护好民族特色和地方特色",并将民族民间传统文化的抢救和保护列入全国人大常委会的立法计划《中华人民共和国民族民间传统保护法（草案）》，从而为做好民族民间传统文化保护工作奠定了法律、政策和理论方面的坚实基础。

　　文化部门的领导及专家学者更加清楚地认识到，少数民族濒危的语言、古老文明、传统文化的抢救、保护工程的紧迫性和重要性，以及历史性、现实性和未来性。严格地说，如果我们在农村现代化建设中，不主动、自觉地保护已面临濒危的古老而传统的文化，那么我们就会不断地失去更多更珍贵、更优秀、更加丰富多彩而独具风格的少数民族文化遗产。我国广大农村牧区保存完好的民族民间文化的历史性、多样性、丰富性和独特性，一直为世界所瞩目，向往世界更加变得美丽的人们，站在人类的角度渴望我们对人类和世界负责的态度，保护好农村牧区保存得灿烂辉煌的古老文明和文化。从另一个角度讲，这也是我国社会主义农村牧区建设和现代化进程，以及社会主义核心价值体系建设中的重要组成部分。

三

　　我国历来重视保护、弘扬少数民族语言和他们古老文明及传统文化，在20世纪50年代至60年代期间，党和政府就向民族地区的村落派去数量可观的民族语言、民族文化科学调查组以及科学考察工作组，同地方的民族语言文化科研人员和工作人员一起进行过较为全面的田野调查，甚至对个别民族地区开展过拉网式的民族语言文化普查工作，收集整理了数量十分庞大的民族语言和传统文化资料，提出过保护广大农村牧区民族语言文化的基本方案，并为民族语言和传统文化的抢救和保护做出了相当可贵而突出的成绩，进而为保护和弘扬少数民族语言文化发挥过十分积极的作用。另外，于20世纪70年代末至80年代末的十年时间里，对少数民族乡村的语言文化保存现状再次进行了补充调查。在此基础上，中国社会科学院和地方社会科学院以及各有关部门的民族语言和传统文化专家学者通力合作，撰写出版了关于中国民族语言、民族古老文明、民族传承文化等方面的大量书籍。这使我国广大农村牧区的民族语言和传统文化的保护、整理、研究工作，无论在实际调查，还是在理论研究等方面都上了一个新台阶，并取得了十分辉煌的业绩。同时，也培养了一批理论性强，有丰富的田野调查实践经验和实际问题分析能力的民族语言和传统文化研究专家学者，从而建立了中国特色的民族语言和民族传统文化研究理论体系和田野调查方法等。从 20 世纪 90 年代以后，国家又拨专项资金，组织一批民族语言和民族传统文化等方面的专家学者，对于偏远山村和边疆农村牧区的少数民族语言和传统文化开展了全面、系统的调查、整理和抢救，撰写出版一整套资料性和研究性相结合的民族语言、文化、宗教等方面的书籍。该项工程一直延续到现在，已取得了鼓舞人心的学术成果。例如，近些年，东北地区成功举办民族冬运会、民族冰雪节、民族篝火节、草原民族国际那达慕、草原民族敖包盛会，兴建了各具特色的蒙古族草原风情园、满族乡村风情园、朝鲜族民族风情园、达斡尔族民俗风情园、鄂温克族民俗风情园、鄂伦春族民俗风情园、赫哲族民俗风情园、俄罗斯族民俗风情园、萨满文化民族博物馆、鄂温克族民俗博物馆、鄂温克族驯鹿文化博物馆、达斡尔族民俗博物馆、鄂伦春族民俗风情园、赫哲族民俗博物馆；北极漠河不夜城旅游景区、兴安岭森林旅游景区、红花尔基樟子松旅游景区、赫哲族三江旅游风景区、俄罗斯族风情旅游村等。另外，东北民族地区每年还举行以民族文化为中心的各种规模和形式的文化复兴活动，从而不断提高东北地区少数民族古老文明和优秀传统文化的知名度以及历史的、现实的社会地位。东北地区诸多民族居住地一些乡村甚至还进行具有浓厚民族特色文化广场、民族特色文化公园、民族特色文化体育馆、民族文化成果陈列馆、民族文艺队、民族特色文化夜校、民族乡村陈列馆、民族特色五好家庭、民族特色文明户等文化活动。所有这些，为东北地区面临危机甚至逐渐进入濒危的民族语言文字、古老文明、优秀传统文化的保护和抢救发挥着极其重要的作用。由此，一些乡村被上级部门评为民俗风情旅游示范点或农村牧区旅游示范点等。从而很大程度上推动了少数民族农村的语言文化的抢救和保护工作之进程。

但由于民族语言和传统文化的抢救和整理工作涉及面非常广，许多民族又居住在偏远山林地带和农村牧区，因此需要不断强化工作力度，需要一定时间和相当数量的人力、相当数额的财力投入，才能逐步完成民族语言文化保护和抢救这一伟大工程。不论怎么说，经过半个多世纪的努力，我国广大农村牧区的民族语言、古老文明和优秀传统文化的保护、抢救和整理、分析研究工作已有了巨大成就。同时，也给正在具体实施的农村现代化建设和革命中，更好地保护民间民族传统文化积累了丰厚的实践经验和理论基础。我国在过去的岁月里，一些条件较好的少数民族集聚的农村具体实施的经济建设和现代化建设中，在民族语言和传统文化的保护和抢救方面所获得的成绩，也给东北广大农村牧区更好地保护民族语言、民族古老文明、民族传统文化等方面起到了表率作用，从而给农村牧区的现代化进程注入了新的活力和生命力。

这些年我国以"传统文化与现代化""民族语言文化的抢救和保护"为题材，召开过一系列国际国内会议。而且，2020年7月在昆明召开了"人类学与民族学世界大会"。所有这些充分说明，21世纪的世界全面走向现代化、面向现代化的今天，我国在保护和弘扬民族优秀传统文化方面所作出的巨大贡献。尤其是，在人类追求和强调文化和思维多样性的今天，我国少数民族各具特色的交流手段、思维方式、精神文化和物质文化，越来越强烈地引起世人的目光和兴趣。因此，千说万说，归根到底也就是说，我们在农村牧区的现代化建设和革命中，一定要千方百计地保护好民族语言和传统文化。特别是，一定要下大力气做好濒危民族语言、民间口传文学、民族独特物质文化等的抢救和保护工作。

少数民族集中生活的广大农村牧区是我国民族语言和传统文化保护最好的地区，尤其是生活在偏远山林、农村、牧区的少数民族，对于本民族语言和古老文明及传统文化保存得较完整。所以，在农村牧区的现代化建设中，一定要把他们的语言和传统文化的保护放在重要位置，因为这是民族民间文化保护和抢救工程的重中之重。党的十六大指出："要立足于改革开放和现代化实践，着眼于世界文化发展前沿，发扬民族文化的优越传统。"我国广大农村面对今天、面对未来、面对世界,追求现代化发展和先进文化的同时,还必须理性地面对自己的历史,面对本民族语言文字、优秀古老的文明、优秀传统的文化,使一切古老文明和当今文明科学结合、和谐共存,使我们祖先创造的远古声音、古老文明、传统文化与当今世界的科学技术融为一体,相互映照,共同繁荣发展、共创灿烂辉煌,为共和国的社会主义农村牧区的建设共同发挥作用。

四

我们应该科学地认识到,不同民族语言及不同民族的优秀文明和文化传承,在不同民族的不同历史进程中,发挥过或继续发挥着凝聚民族整体、振奋民族精神、鼓舞民族进步和发展的巨大推动作用。我国不同民族的不同语言文字、口头传承文学以及所有精神文化和物质文化等共同构筑了中华博大而辉煌的文明和文化世界。在这一灿烂辉煌的文明与文化世界里,你中有我、我中有你,你离不开我、我离不开你,共同繁荣发展。每一个民族的语言文字、宗教信仰、文学艺术等精神文化以及衣食住行等方面展示的物质文化,都是中华万古文明的重要组成部分,是维系中华整体民族精神与情感的纽带,是传承中华悠久历史文明的重要载体。就像大家所共识的那样,保护和弘扬不同民族优秀的传统文化是国家的需要、人民的需要、时代的需要和社会的需要,是具体体现党的优秀而先进的民族政策的需要,是当今建设现代化、科学化、文明化的先进文化的重要基础,是构建和谐社会和具体实施科学发展观及农村牧区现代化建设的有利条件。同时,为中华博大而灿烂辉煌的文明源远流长、繁荣昌盛必将发挥强盛的生命力。正因为如此,我们在农村牧区的现代化建设中一定要想出一切行之有效的具体措施和方法,保护和抢救广大农村牧区被保存下来的,富有独特文化价值的民族语言、古老文明、优秀文化传承。进而将这些文明和文化科学、合理、理想、艺术地融入我们农村牧区的建设事业中,同时作为社会主义核心价值体系建设的重要组成内容,使它们为现代文明和文化增添新的内容和活力,从而构建一个个又有传统文明又有现代化色彩的大方、美观、坚固、朴实无华而古老又现代的美丽的农村牧区。

  我们深深地懂得，我国不同民族的古老文明和传统文化间有着错综复杂的深层次内在联系，包括那些人口较少民族的精神文化和物质文化也是如此。当我们从历史唯物主义的理论视角透过现代文明进行理性思考时，就会清醒地认识到它们之间存在的诸多历史渊源关系，甚至是血脉相成、骨肉相连的亲缘关系。由此，我们有责任、有义务去珍惜、保护和抢救我们这个多民族家庭的每一个成员的古老文明和优秀的传统文化。而且，就像爱护我们生存的星球、爱护我们人类一样，爱护历史和祖先留给我们的一切往日的劳动、智慧、创造、文明和记忆，让它们为我国的农村牧区的科学发展更好地服务。这就需要我们不断弘扬贴近民族发展实际需求、贴近民族进步思想和精神需求的优秀传统文化，从而为我国构建全新意义的，包容一切优秀而先进文明和文化的，和谐而科学发展的社会主义作出积极贡献。我国广大农村牧区保存的各民族古老文明和优秀传统文化，与当今发达社会的主流文化科学而紧密结合，才能够获得新的生命力，发挥其独有的文化价值和无可忽视的重要经济价值，进而给我国日新月异的生活带来强健的生命基因，才会更加增强优秀而先进文化的生命力与感召力。在这一点上，民族地区农村牧区的古老文明与文化，包括那些人口较少民族的语言文字、口头传承文学艺术、宗教信仰以及衣食住行等均有其特殊而重要的使用价值和现实意义。

  不论民族大小，任何一个民族的精神文化和物质文化都有其特定内涵和特殊价值。例如，从不同民族的语言表现形式以及语言结构、语言文化和口头传承文学等中，往往能够了解到不同民族的不同历史背景、不同生存环境和不同社会结构、不同发展过程、不同思维模式。而且，对于农村牧区的科学发展理念，对于在农村牧区构建和谐社会，有其不可替代的重要意义。我们知道，在广大农村牧区保存的民族古老文明和传统文化，往往代表着他们同自然界的接触、交流中产生的思维规则和表述方式，其中包含着他们勤劳勇敢、团结友爱、热爱生活、热爱大自然、与自然界万物和谐共存的美好品德和情操，代表着他们对于真善美的追求和钟爱。也就是说，这些民族的古老文明和优秀传统文化，来源于自然，回归于自然，来自生活，服务于生活，是代表着广大人民群众的高尚的思想品德和不断追求美好生活的坚定信念，是净化广大人民群众的精神世界和物质世界，给他们带来精神享受和物质享受、精神教育和物质教育、精神力量和物质力量的精神生活内涵以及物质生活产物。也是教育现代人，提高民族自信、自尊、自爱、自强、自觉，促进各民族间的文化交流，增强民族团结，以及在对外宣传我国优秀传统文化等诸多方面将发挥重要作用。特别是，那些没有文字而人口较少民族的古老文明和优秀传统文化，在该民族的历史进程中，一直支撑着他们的生命和精神，凝聚着他们的力量和信仰，使他们从远古平静而自然地走入了现代文明社会。

然而，就像在上面所提到的那样，科学技术和现代文明飞速发展的今天，尤其是具体实施和加快农村牧区现代化建设的关键时刻，我国广大农村牧区保存完好的民族语言和传统文化，尤其是那些人口较少民族的精神文明和物质文化，是否能继续保存下去是摆在我们面前的严肃命题。现代文明和现代文化就像决口的洪流，无情地冲入中华大地，包括那些偏远民族地区的农村牧区也感受到这一点，这使他们用生命和信仰保存并带入 21 世纪的一切古老文明和优秀传承文化显得不堪一击，同时显得那样的珍贵、熟悉、亲切和迷恋，真是不忍心就让它们从我们的眼前消失得无影无踪。所以，我们深切地感受到，不惜代价地抢救和保护农村牧区弥足珍贵的文化和文明的紧迫性和重要性。

如上所说，无论民族大小、人口多少，他们的语言和传承文化都承载着他们的历史，同他们生存的特定自然条件和社会环境以及政治经济制度有着不可分割的必然联系，是经过千百代的不断努力共同创造的产物，其中包含他们的祖先走过的每一段历史，每一次变革、每一个的进步和发展。我们都是从历史走来，并都有着悠久而文明的历史，而历史的一切和一切的历史都活在我们的精神世界和物质世界之中。这也是我们力求要抢救和保护，当今在广大农村牧区保存的民族语言及传承文化的重要内容。我们一定要依托不同民族共创的丰富多彩的历史，要懂得尊重不同民族的不同的历史以及不同的古老文明和优秀的传承文化,才能坚实地立足于现实,用强盛的精神面貌走向未来,才能更好地建设中国独具特色的社会主义现代化农村牧区以及和谐社会,才能更理想地建立社会主义核心价值体系,从而创建有丰厚历史底蕴,又有鲜明时代特征和贯穿科学发展观的全新而文明的农村牧区。由此,我们说,保护和抢救少数民族生活的广大农村牧区的语言文字、古老文明以及优秀传承文化,是我们今天语言文化抢救和保护工程中不可缺少的组成部分。

五

我国广大农村牧区保存的民族民间传统文化,包括那些严重濒危的人口较少民族的语言和口头传承文学,都是中华民族世代相传的文化财富,是我们建设现代化强国的精神资源与民族根基,是民族团结、国家强盛和走向辉煌的内在合力。我们这一由56个民族组成的文明古国,之所以能耀眼夺目地屹立于世界的东方,同各民族的共同努力和拼搏、共同的劳动和智慧是分不开的,也和各民族古老文明和优秀传统文化所发挥的特殊精神作用无法分开。也就是说,抢救和保护广大农村牧区的民族语言、民族民间口头传承文学、民族民间艺术、民族歌舞等精神文化以及衣食住行等物质文化无法分离。如果我们遗忘或丢失任何一个民族的语言和传统文化,那么我们对于历史和文明的记忆就会变得残缺不全,我们就会愧对一个完整的历史和文明,同样愧对我们的子孙后代。抢救和保护广大农村牧区的古老文明和优秀传统文化,是历史和祖先交给我们的使命,也是对未来和子孙后代负责任的做法。我们必须本着对历史和未来负责的态度,从保护中国各民族优秀传统文化和维护中国各民族文化主权的高度,从构建社会主义核心价值体系的思路,去开展广大农村牧区的古老文明和优秀传统文化的抢救、保护、整理工作,同时把该项工程提高到一个全新的认识高度和理论水平。

中央现已明确强调,在农村牧区的现代化建设中,必须尊重人与自然的和谐发展，要构建和谐社会，要以科学发展观为准绳审视农村牧区的历史性变革和发展。在当今，以人为本、尊重人的个性和尊严的文明进程中，人的文化因素关系着社会的文明程度，而文化和文明又关系着人的思想道德和生活理念。也就是说，有什么样的文化，就会有什么样的文明和什么样的社会，有优秀的文化就会有先进文明的社会。优秀的文化一旦被愚昧落后的文化取而代之，社会就会倒退，走向黑暗和毁灭。因此，建设现代化的新型农村牧区、构建和谐社会、建立社会主义核心价值体系、讲求科学发展观，就是要科学地看待人的生命、人的价值、人的作用，要提倡人的正确的生命观、价值观和思想道德观。然而，所有这些几乎都和我国各民族千百年积累的古老文明和优秀传统文化密切相关，我们知道文化来自人的生活和思想，反过来又服务于人的思想和生活，人的进步和文化的发展是相辅相成的关系。然而，在文化领域，像民族语言文字、民族文学艺术、民族宗教信仰以及不同民族的衣食住行等，均占有不可忽视的重要地位。不同民族的优秀的精神文明和物质文化是由不同民族的不同自然环境、不同历史条件、不同社会背景、不同思维方式、不同表现手段、不同情感世界下形成的特定产物。这就是人们常说的"一方山水养一方人"的道理所在。正因为如此，人们都对本民族语言和文化传承有着特殊感情，使人们发自内心地感到亲切和仰慕，它是人们树立正确的人生观和世界观不可忽视的重要组成要素。

总而言之，建设现代化高度文明的农村牧区，离不开各民族古老文明和优秀传统文化，这是我们现代化建设的根基。尤其是广大农村牧区日新月异地快速发展的今天，更应该懂得抢救和保护古老文明以及优秀文化传承的必要性。同时，也应该清醒地认识到，抢救和保护广大农村牧区的古老文明与文化，是贯彻落实党在新时期的方针政策，实现科学发展观重要思想的具体体现，也是实现广大农村的经济、社会、文化协调可持续长期发展，全面建设现代化农村牧区的关键举措，是构建和谐社会和具体落实社会主义核心价值体系建设的重要步骤。特别是，对于那些人口较少民族的濒危语言文化来讲，在农村牧区现代化建设中更应该不失时机地去进行抢救和保护，使他们独具风格的语言思维以及古老文明和文化，在我们的社会里保存得更好、更长，从而更好、更理想地发挥它们的作用，推动我们社会更加健康、科学、理性而文明地繁荣发展。

附录三

关于本土文化与经济社会的发展

一

我们在这里提出的本土文化是指某一特定地域环境、社会环境、生存环境、人文环境下，人们用千百年的共同劳动和智慧创造的特定意义上的物质文化和精神文化。那么，为什么说有特定意义呢，因为它具有特定地域性、地方性、社会性、民族性、特殊性和代表性。另外，在我们今天谈到的本土文化中，也应该包括外来的一些文化成分。不过，这些外来文化，经过多年的变化发展，以及受本土文化强有力影响而完全融入其中，进而成为本土文化里不可分割和不可或缺的组成部分。特别是经济社会的快速发展及一体化进程，科学技术与信息网络革命洪流般地冲击世界各地，以及四通八达的交通和无处不在的电脑、电视、手机等更加促进了本土文化与外来文化的深度融合。尽管如此，本土文化还是用强盛的生命力、特有的穿透力和传承性，保持着自身富有的地域性、地方性、民族性与特殊性，同时不断接受吸纳新的外来文化和文明，这使本土文化具有了新的生命、新的色彩、新的内涵、新的发展，使其能够与时俱进，不断繁荣发展。由此，我们深刻地认识到，本土文化里应该涵盖原有的和后来有的两种内涵。其中，原有的是本地人民创造的本土文化的基本要素，后来的是指融入本土文化中的新要素。

当今经济社会的快速发展，无论是原有的本土文化，还是后来本土文化里融入的外来文化，几乎都表现出各自具有的强盛的生命力和同等的重要性。那么，我们必须兼顾本土文化的基本要素和外来文化的新要素的基础上，打造出具有代表性、未来性、发展性、进步性和创新性的全新意义的本土文化，进而进一步强化本土文化的生命力和文化自信。习近平总书记在 2016 年庆祝中国共产党成立 95 周年大会上发表的重要讲话中强调指出，要坚持中国特色社会主义的文化自信。这是对我们文化价值的充分肯定，是对自身文化表现出的坚定不移的信念。文化自信来自我们源远流长而生生不息的文化历史，源于热爱生活、善于探索、勇于创新的劳动人民的智慧，是代表各族人民美好心愿与梦想的物质生活和精神生活的产物。文化自信会更加坚定我们对中国特色社会主义道路的自信，也会让人们在这条道路上走得更加坚定、坚实、坚强。这就是说，我们在不断强化文化自信的同时，一定要不断强化道路自信、理论自信和制度自信。这其中，就包含我们对优秀而先进的本土文化的高度重视，以及无法割舍的伟大情怀及念念不忘的眷恋。

二

我们的本土文化或本土化文化的自信，应该同中华民族具有的共同性、凝聚性、代表性、历史性、坚定性和未来性文化自信紧密相连。本土文化的自信，充分说明我们对自身文化的内容与形式、先进与文明、意义与价值的更高境界的认识和把握，以及这种认识和把握所代表的全新的文化认知与认同。同时，也无可怀疑地表现出我们对自身文化发展的迫切需求，表现出让我们的本土文化走出本土、走向世界的美好愿望，表现出我们对本土文化的坚定信念及其对本土文化的自豪感，进而成为本地区人民永远追求未来幸福生活的不可忽视的强大精神力量。那么，文化自信，应该包括我国各民族的优秀而先进的传统文化，还有现代社会的一切优秀而先进的文化。文化是我们命运相连、无法割舍而彰显民族生命力、民族精神、民族追求、民族希望、民族梦想的重要组成要素和基因，是内化于心、外化于行，渗透到我们生活的方方面面，也渗透到我们的思想理念与道德信仰之中，从而最直接、最广泛、最深刻、最有力地影响着我们整体民族的社会风气、生活质量、人生态度、理想追求。文化自信，包括对于本土文化的自信，是我国经济社会繁荣发展的重要精神依靠，是实现中华民族伟大复兴所需的文化自主和文化自觉的充分彰显。我们的进步、我们的发展、我们美好家园的建设都离不开文化自信、文化生命、文化内涵、文化符号和文化科学。也就是说，建立繁荣、富裕、强大的中国，不仅要靠强有力的经济实力，同时还离不开强有力的文化自信、文化实力、文化实践。

文化自信的内涵，不仅关系到人们对本土文化价值的强烈认同与自豪，同时跟本土文化发展前景的科学把握，以及融会贯通一切优秀而先进文化的思想理念等密切相关。除此之外，文化自信还直接关系到人们的价值取向，对本土文化发自内心产生的亲和力、亲切感及其强烈的文化自觉、文化自信与文化自强意识，进而更加坚定不移地表现出人们对精神文化生活的迷恋与崇尚。当今，多元文化共存，不同文化不断相互渗透，优势文化或强势文化不断扩大生存空间，甚至文化一体化进程不断加快步伐的特殊时代，加上不同文化间的相互矛盾、相互排斥、相互冲击的现象层出不穷，在这一现实面前，正确认识和把握优秀本土文化发展总方向，把握好人们对优秀本土文化的渴望与强烈需求，进而对优秀本土文化不断注入新的血液、新的营养、新的活力、新的生命力，用理性而科学的态度对待本土文化与现代文化、本土文化与外来文化间出现的诸多矛盾与冲突，不断给优秀本土文化的传承和发扬光大注入强盛活力。这对不断强化人们对优秀本土文化的自觉与自信有重要的现实意义。

文化自信是传承与弘扬优秀本土文化的内在核心力。改革开放以后，人们几乎每天都在不可回避地面对无孔不入、无处不在、无可躲避的西方强势文化的不同程度影响和不同角度的冲击。我们应理性地懂得，优秀本土文化是我们的先民用共同的劳动、共同的智慧，用生命、用信念和信仰创造并传承的弥足珍贵的物质文化、精神文化产物。然而，今天却受到史无前例的无情挑战，尤其遗憾的是受到个别西洋文化或外来文化优越论思想的直接干扰。这一现实清楚地告诉我们，要坚定不移而不可动摇地不断强化文化自信，强化对本土文化及其价值内涵的深刻自我阐释与科学认同，以及不断提升本土文化的自信心与自豪感，这样才能够给我们的本土文化注入正能量，才能够在不同文化的比较或对比中看明白我们本土文化的优越性、优秀性、人民性、代表性、民族性和生命性，坚定而创新性地弘扬本土文化。

三

　　文化自信，包括本土文化自信，是抵御、防范、抗衡外来不良文化、糟粕文化、垃圾文化无情冲击与侵蚀的最有效、最强大、最坚固、最有生命力的精神力量。我们应该深刻地认识到，经济全球化进程和国际化发展格局的不断调整，各国各地区各民族文化产业事业的不断深度开发与推进，甚至是那些不文明、不进步、不干净、不正经而违背人类社会发展必然规律，违背人们美好夙愿的所谓文化观念及其价值取向不断干扰着本土文化与价值观念。特别是随着互联网、多媒体技术的无限扩展，新一轮文化冲击将对我们的文化安全带来新的更巨大、更残酷、更无情挑战。而文化自信，包括本土文化的自信，正是甄别与分清文化的优劣，应对和抵御劣质文化的干扰与影响的核心力量。这种现实面前，我们必须准确把握本土文化的本质特征、本土文化的优秀性和代表性、本土文化产业事业发展道路和发展方向，科学而牢固地把握本土文化发展变革的时代特点。在此基础上，深刻思考和探索本土文化的革命性变化与进步，以及本土文化所承载的物质文明与精神文明的最高价值、最强功能、最大作用、最好的思想内涵，并从人类社会发展规律的高度，理性而科学地选择本土文化的前进方向和道路。

　　众所周知，文化自信是本土文化繁荣发展的必要前提与必然条件。实现真正意义上的文化自信、自觉、自立、自强，才能够为本土文化建设奠定无可动摇的坚实基础。本土文化的发展离不开强有力的文化自信。本土文化的繁荣，同样要靠我们给本土传统文化注入强盛的生命力、影响力、感召力和前进的动力和活力。那么，这一切，都来自人民的历史、人民的劳动、人民的智慧，同时也源于人民对幸福、和平、安宁、祥和生活的无限热爱，源于对未来更加美好生活的无限期盼。同时，人们也高度自觉地认识到，要想发展自己，要想实现美好梦想，必须要把本土传统优秀文化科学融入现代生活、现代社会，才能够获得本土文化新的复兴、新的进步、新的发展和辉煌，进而才能够真正意义上夯实文化自觉、文化自信、文化自强。不过，我们不能把本土文化的发展与繁荣，简单地、全面地、整个地依赖或依托于现代文化和外来文化，不能把现代文化和外来文化生搬硬套地套在我们本土文化上，或让本土文化原原本本地模仿现代文化或外来文化。反过来说，我们也不能把本土文化生搬硬套地套在现代文化与外来文化上，也不能够让现代文化与外来文化原原本本地模仿我们本土文化，让它们成为我们本土文化的复制品或牺牲品。我们必须用理性、主动、积极、自觉、自信的姿态和心理接触现代文化和外来文化，去其糟粕、取其精华，不断优化本土文化，不断丰富本土文化新的内涵，不断给本土文化注入新的生命力，让本土文化同时代同发展、同命运、同辉煌。这就需要我们用全新理念开展新时代本土文化的新的革命性创新，进而实现本土文化内在亲和力、凝聚力、感染力、影响力、号召力，以及外在的吸引力、竞争力、辐射力。在此基础上，实现本土文化的大复兴、大建设、大发展、大繁荣。

四

党的十八大以来，特别是十八届三中全会以后，习近平总书记高度重视文化建设，围绕进一步提高我国文化软实力和强化文化自信为主题，提出许多新理念、新思想、新思考、新要求。这是有史以来我国对于文化的重视、文化的投入、文化的建设最理想的时期，也是我国文化事业产业最活跃、最繁荣、最兴旺的美好发展阶段。习近平总书记对文化建设、文化自信的一系列重要论述，不仅深刻回答了新时代新条件下为什么要坚持文化自信，以及如何坚持文化自信等重大理论和现实问题。而且，丰富和发展了我国特色社会主义文化思想、文化理论、文化战略。使我们更清楚地认识到，我国优秀传统文化的自信，包括丰富多彩而极具生命力的本土文化的自信，均深深植根于中华民族源远流长的悠久历史，植根于长江黄河、雪山草地、农村牧区和聪明智慧的人民，凝聚着我们民族最美好的精神追求与夙愿，积淀了我们民族浩然博大而厚重的精神财富。文化自信及其本土文化的自信是我们灵魂深处不可掠取、不可否定、不可忽视的最为基础、最为广泛、最为厚重、最为坚定的自信，它所体现的不仅仅是人们的文化活动与形式，更为重要的是渗透于人民的血肉与灵魂之中，是支撑民族精神活动、民族精神享受、民族精神世界的根本基础。独特而传统的本土文化所承载的历史与未来，所承载的本土人民劳动与智慧及其梦想与渴望，注定了本土文化必须走适合自身发展和中华民族文化复兴发展特点的文化发展道路。只有毫不动摇地坚持我们的文化自信，包括本土文化的自信，才能更加理性、更加自觉、更加从容、更加有力、更加理想地建立我们本土文化的精神家园。

现在内蒙古自治区已经把文化建设放在了全区工作的重要战略地位，举民族精神之旗、立民族精神支柱、建民族精神家园，坚持物质文明和精神文明共同繁荣发展，不断强化自治区文化事业和文化产业建设工程，不断深度推进本土文化建设，这使我们的本土化文化建设不断取得新的辉煌成就。所有这些举措，十分显著地提高了自治区全民思想道德素质和科学文化素养，促进了人和经济社会的全面可持续科学发展。同时，也显著提升了自治区文化软实力的活力和生命力，显著增强了本民族、本地区的文化自信，为坚持和发展地区特色的文化强区注入了强有力的精神力量。

五

人类社会的发展进步明确地告诉我们，我们的文明和文化在人类文明和文化发展进程中，为人类进步作出过巨大贡献。在全球经济一体化的今天，把我们优秀传统的文化同样不断传播到世界各地，在这一特殊时代，讲好我们的故事，传播好我们的文化，既是我们肩负的历史使命，也是全球文化激烈碰撞的复杂形势下给我们提出的新的更紧迫、更重要、更现实、更光荣的任务。同时，我们也应该懂得，全球性文化交融就像破堤洪流，从五湖四海、四面八方势不可当地越过我们的疆界扑面而来，从而带来文化的猛烈碰撞，不断加剧文化产业的生死竞争。特别是从20世纪80年代初开始，伴随全球化文化产业事业的迅猛发展和崛起，人们对文化产业事业的认识、认知、认同逐步加深。当今社会，尽管对文化产业事业内涵和外延的理解和阐述有所不同，但似乎没有根本上影响人们对自身文化产业事业性质和价值的看法与态度，进而不同国家、不同地区、不同民族开始制定适应自身发展的文化产业事业建设规划。科学把握本土文化产业事业的发展方向，努力抢占更高层面、更有活力、更具影响力的文化舞台，不断强化文化话语权和文化生存空间占有权。我们完全可以说，文化产业事业作为一种后期勃发的新兴产业事业和经济社会发展的新动力，不仅直接关系着各国、各地区、各族人民的经济社会的发展水平和质量，更为重要的是深刻影响着文化产业事业发展道路、发展模式、发展方向。对于我们来讲，本土文化的产业事业已毫无争议地成为本地区竞相发展的战略性产业事业，同样也成为我们不可忽略的软实力、综合竞争力和文明水平的重要标志。

我们的研究表明，发达国家的文化产业事业产值近年来一直占GDP的20%—60%，占全球文化市场份额的40%以上，由此自然而然地成为国际进出口市场的第一大产业。而且，在国际400强大企业中，文化产业企业就达到72家。这些文化产业事业的繁荣发展，不仅为本国在世界经济的竞争中起到关键性作用，而且为本国本地区经济社会的发展发挥举足轻重的重要作用。与国际大型强势文化产业事业相比，我们的文化产业事业发展速度还需要进一步加快，还需要进一步缩短文化产品在全球文化市场份额中存在的差距，还需要进一步提高市场经济效益。与此同时，我们有理性、有自觉、有信心地充分认识到，我国文化产业事业，包括我们的本土文化产业事业，在国际国内竞争中拥有巨大发展空间和潜力。尤其是，"一带一路"建设给内蒙古自治区本土文化产业事业走向全国、走向世界提供了千载难逢的好机遇。我们认为，没有文化内涵、文化支撑、文化精神的经济就是缺少内涵、缺少生命力、缺少民族精神的畸形发展的产物。但是，我们也应该认识到，没有强有力的经济支撑的文化是海市蜃楼。

我们有悠久的历史和丰富的文化资源，有绚丽多彩的民俗风情和灿烂辉煌的文化家园，开发本土文化产业事业并推向全国全世界具有厚重根基、巨大潜力和广阔发展空间。我们历史悠久而优秀的本土文化，具有它特殊、独到、强盛的生命力、辐射力、感召力和影响力。我们要用共同的艰苦卓绝的努力和不懈的奋斗，用共同的智慧和强大的文化自信，用永不放弃的坚定不移的追求，建立一个强大的精神文化家园。我们坚定地认为，一个国家、一个地区、一个民族的核心竞争力和软实力，同文化素养、文化生命、文化建设、文化信念、文化信仰，也就是和文化自信、文化自觉、文化自强、文化振兴、文化崛起、文化繁荣发展有其必然的内在联系。为此，我们要在文化建设中，特别是在本土文化建设中，要不断强化和毫不动摇践行文化自信、文化自觉、文化自强，迎来本土文化更加繁荣发展，更加灿烂辉煌的美好未来。

参考文献

安柯钦夫等主编：《中国北方民族文化》，中央民族大学出版社1999年版。
包路芳：《社会变迁与文化调适》，中央民族大学出版社2006年版。
包斯钦等主编：《草原精神文化研究》，内蒙古教育出版社2007年版。
查巴奇鄂温克族乡编著：《查巴奇鄂温克族乡》，查巴奇鄂温克族乡内部印刷，2006年版。
朝克等：《鄂温克族精神文化》，社会科学文献出版社2017年版。
朝克等：《鄂温克族社会历史文化》，社会科学文献出版社2018年版。
朝克：《通古斯诸民族及其语言》，日本东北大学2002年版。
丁念金：《人性的力量——中西文化变迁》，福建教育出版社2011年版。
杜刚等主编：《鄂温克族百年实录》，中国文史出版社2008年版。
鄂·苏日台：《鄂温克民间美术研究》，内蒙古文化出版社1997年版。
《鄂温克族简史》编写组：《鄂温克族简史》，内蒙古人民出版社1983年版。
何星亮：《图腾文化与人类诸文化的起源》，中国文联出版公司1991年版。
黑龙江省鄂温克研究会：《鄂温克族研究文集》，内部印刷，哈尔滨，2006年版。
黄维翰：《黑水先民传》，黑龙江人民出版社1986年版。
吉尔格勒等：《鄂温克族》，云南大学出版社2004年版。
季琼：《国际文化产业发展理论、政策与实践》，经济日报出版社2016年版。
蒋莉莉等：《文化产业融合发展路径研究》，中国出版集团东方出版中心2016年版。
卡丽娜：《驯鹿鄂温克人文化研究》，辽宁民族出版社2006年版。

孔繁志：《敖鲁古雅的鄂温克人》，天津古籍出版社1994年版。

李季等：《打赢文化战略》，人民日报出版社2016年版。

李季主编：《世界文化产业典型案例》，中国建筑工业出版社2015年版。

李竹青：《民族现代化探索》，民族出版社1993年版。

梁钊韬等：《中国民族学概论》，云南人民出版社1985年版。

刘殿贵等主编：《阿荣旗志》，黑龙江人民出版社1987年版。

刘高等主编：《草原文化与现代文明研究》，内蒙古教育出版社2007年版。

刘烈恒主编：《东北文化丛书》（共5册），春风文艺出版社1992年版。

蒙赫达赉编著：《鄂温克苏木的鄂温克人》，内蒙古文化出版社2003年版。

蒙赫达赉等：《通古斯鄂温克族社会历史》，社会科学文献出版社2016年版。

欧阳友权：《中国文化品牌发展报告》，社会科学文献出版社2016年版。

齐永锋：《中国文化的根基特色文化产业研究》，光明日报出版社2014年版。

祁庆富主编：《民族文化遗产》，民族出版社2004年版。

祁述裕主编：《中国文化产业发展战略研究》，社会科学文献出版社2012年版。

秋浦：《鄂温克人的原始社会形态》，中华书局1962年版。

汪立珍：《鄂温克族宗教信仰与文化》，中央民族大学出版社2000年版。

乌内安：《神秘的萨满世界——中国原始文化根基》，上海三联书店1989年版。

乌热尔图编著：《鄂温克史稿》，内蒙古文化出版社2007年版。

乌热尔图编著：《述说鄂温克》，远方出版社1995年版。

乌热尔图主编：《鄂温克族风情》，内蒙古文化出版社1993年版。

乌云达赉：《鄂温克族的起源》，内蒙古大学出版社1998年版。

吴守贵：《鄂温克人》，内蒙古文化出版社2000年版。

吴守贵：《鄂温克族社会历史》，民族出版社2000年版。

颜其香主编：《中国少数民族风土漫记》（下册），农村读物出版社2001年版。

叶朗主编：《中国文化产业年度发展报告》，北京大学出版社2016年版。

扎拉嘎编：《草原物质文化研究》，内蒙古教育出版社2007年版。

张碧波等：《中国古代北方民族文化史》，黑龙江民族出版社2000年版。

张碧波、董国尧：《中国古代北方民族文化史》（上下册），黑龙江人民出版社2001年版。

张伯英：《黑龙江志稿》，黑龙江人民出版社1992年版。

张景明：《中国北方游牧民族饮食文化研究》，文物出版社2008年版。

中国社会科学院民族研究所编：《鄂温克族社会历史调查报告》，内蒙古人民出版社1986年版。

中国社会科学院民族研究所与"少数民族语言政策比较研究"课题组、国家语言文字工作委员会政策法规室编：《国家、民族与语言》，语文出版社2003年版。

钟敬文：《民俗文化学梗概与兴起》，中华书院1996年版。

［俄］史禄国：《北方通古斯的社会组织》，吴有刚等译，内蒙古人民出版社1984年版。

［美］摩尔根：《古代社会》（上、下册），杨东莼等译，商务印书馆1977年版。

［日］角田文衞：《古代北方文化研究》（日文），新时代社，日本东京，1971年版。

后　　语

　　这本书稿经过努力终于撰写完成了，心里确实松了一口气。说实话，我是一个从事民族语言研究的学者，让我来写这么一本文化方面的书，心里一点没底儿。另外，近些年，有关鄂温克族文化历史方面也出了一些书，但总是觉得不够味，或者说看着不是那么回事。比如说，写敖鲁古雅鄂温克族的书里，几乎要把他们夸大其词地说成中华人民共和国成立初期处在原始社会形态的人。而在1958年全国人大民委办公室内部印刷的《使鹿鄂温克人的社会调查》里，就明确写到"1761年他们的先民就接受了俄罗斯社会的管理制度""在帝俄统治下接受了俄式教育""其中不少人加入当时的沙俄军队，有人军立功受过沙皇军衔或勋章，当了军官""他们中的一些人还到俄罗斯人家里当苦力种田""他们经常和俄罗斯人搞货币交易""1955年之前敖鲁古雅鄂温克人就种粮，主要种植燕麦和蔬菜"，等等，人家写得清清楚楚，怎么后来去的人把他们写成原始社会的人群了呢？笔者在20世纪80年代初去调研的时候，他们当中许多老人不仅会说十分流利的俄语，还用俄文写日志，我怎么没有看出他们的原始性？再说了，在那些书里，非得把他们作为副业来经营的狩猎生产活动说成主业，进而把他们说成有史以来一直到中华人民共和国成立初期以猎为生的猎民。与此同时，把人家几个世纪以来苦心经营的山林自然牧养驯鹿的畜牧业产业搁置一边不当回事，或者说成副业。那时，人家不懂汉语也不识汉字，你说什么或你写什么就是什么。问题是，现在人家都会说一口流利的汉语，又掌握了相当强的汉文知识，他们读了那些将自己写成原始社会形态的书，感到很不理解和很不是滋味。再比如，现在也出版了一些鄂温克族萨满信仰的书，其中就会用十分夸张的写法突出描述萨满能上刀梯、走火灰、敲单面鼓、又蹦又跳有说有唱等，却不去科学分析研究和解释萨满的社会功能、社会地位、医疗价值、养生预防疾病价值、心理治疗特殊功效等。众所周知，现在的医学科学还讲究三分治、七分养呢。萨满除了使用有效的心理治疗、养生治疗、预防治疗等之外，还能够熬制各种中草药，以及用骨针放出毒血或身上的毒素等传统疗法来医治患者。另外，在早期，孩子不听话、夫妻吵架、邻里之间产生矛盾、家里丢失牲畜等时，也都到萨满那里寻求合理的解释或解决方法。因此说，不切实际地写鄂温克族萨满的所谓文化书，不受广大鄂温克族人民的欢迎。

当然，就像任何一本书或研究成果中总会出现某种遗憾一样，我们总会从前人的书中找到一些问题，这也是合情合理的事情，问题是整个书的思想、观点、内容都错了，就会让人感到不可思议。那么，我们的这本书，就是在严守实事求是的科研工作原则、态度、精神和思想下撰写完成的。这本书只要出版，就会比我活的时间长，甚至可以永恒地和未来的人们生活在一起，使他们能够认识或读懂鄂温克族真实而传统的物质文化世界及其文明。说真的，好在写这本书之前，也就是从1981年开始直到2015年30余年时间里，我除了在国外学习、工作之外，几乎每年都到鄂温克族生活地区进行田野调研，进而搜集、整理、积累了相当丰厚的鄂温克族传统物质文化方面的第一手资料，这些资料成为能够顺利推动该项研究，以及能够按部就班地按照原定计划撰写完成该书稿的重要条件和基础。

为撰写该书稿，翻阅那些已变了颜色而发黄、上面还滴有油污的旧资料时，眼前总是出现改革开放的初期岁月，骑着驯鹿或马，或乘坐牛车、驯鹿雪橇、马雪橇，或由于找不到任何交通工具而独自一人徒步走过原野、草原、山林的情景；心里总是怀念那些小小的村庄、小小的木屋，以及在油灯下、炉火旁那些发音合作或协助调研的鄂温克族老乡和老人们。说实话，真是因为有了对于事业的执着追求，还有那些老乡们的坦诚合作，无微不至的关爱和帮助，才使自己拿到了必须要拿到的十分珍贵的第一手资料，在此向他们表示深深的谢意。另外，在这里，还要感谢在草原、山林、农村开展田野调研时，提供诸多方便的乡村领导，感谢跟着课题组一起进行田野调研的博士生和博士后科研人员，感谢中国社会科学院人事局"四个一批"项目管理处的负责人，感谢研究所人事管理及财务管理的工作人员提供的多方面的热情协助和支持。最后，要感谢中宣部"四个一批"人才管理部门，专项资助本人申请的该项研究课题，并及时下拨项目经费，使课题组按照原定计划启动项目工程，并顺利完成整个项目研究工作任务，进而为我国民族语言文化研究事业作出应有的贡献。

作为课题负责人的我，近些年承担了一些行政管理工作，同时还进行其他课题的研究工作，所以几乎是把自己的所有休息时间全部搭进去还觉得时间不够用。尽管如此，把"四个一批"人才的专项资助项目作为科研工作的一项重要使命，尽可能地拿出一定时间和精力搞调研、查阅资料、撰写书稿，最终还是比较理想地完成了整个项目工作任务。

我们想，在书中肯定也有疏漏或遗憾的地方，或者存在不尽如人意之处，希望广大读者提出宝贵意见。

作　者
2020 年 6 月